大佛顶首楞严经

中国佛学经典宝藏

80

圆 香 语译

星云大师总监修

人民东方出版传媒

东方出版社

总序

星云

自读首楞严，从此不尝人间糟糠味；

认识华严经，方知已是佛法富贵人。

诚然，佛教三藏十二部经有如暗夜之灯炬、苦海之宝筏，为人生带来光明与幸福，古德这首诗偈可说一语道尽行者阅藏慕道、顶戴感恩的心情！可惜佛教经典因为卷帙浩瀚、古文艰涩，常使忙碌的现代人有义理远隔、望而生畏之憾，因此多少年来，我一直想编纂一套白话佛典，以使法雨均沾，普利十方。

一九九一年，这个心愿总算有了眉目。是年，佛光山在中国大陆广州市召开"白话佛经编纂会议"，将该套丛书定名为《中国佛教经典宝藏》①。后来几经集思广

---

① 编者注：《中国佛教经典宝藏》丛书，大陆出版时改为《中国佛学经典宝藏》丛书。

益，大家决定其所呈现的风格应该具备下列四项要点：

一、启发思想：全套《中国佛教经典宝藏》共计百余册，依大乘、小乘、禅、净、密等性质编号排序，所选经典均具三点特色：

1. 历史意义的深远性

2. 中国文化的影响性

3. 人间佛教的理念性

二、通顺易懂：每册书均设有原典、注释、译文等单元，其中文句铺排力求流畅通顺，遣词用字力求深入浅出，期使读者能一目了然，契入妙谛。

三、文简意赅：以专章解析每部经的全貌，并且搜罗重要的章句，介绍该经的精神所在，俾使读者对每部经义都能透彻了解，并且免于以偏概全之谬误。

四、雅俗共赏：《中国佛教经典宝藏》虽是白话佛典，但亦兼具通俗文艺与学术价值，以达到雅俗共赏、三根普被的效果，所以每册书均以题解、源流、解说等章节，阐述经文的时代背景、影响价值及在佛教历史和思想演变上的地位角色。

兹值佛光山开山三十周年，诸方贤圣齐来庆祝，历经五载、集二百余人心血结晶的百余册《中国佛教经典宝藏》也于此时隆重推出，可谓意义非凡，论其成就，则有四点可与大家共同分享：

一、**佛教史上的开创之举**：民国以来的白话佛经翻译虽然很多，但都是法师或居士个人的开示讲稿或零星的研究心得，由于缺乏整体性的计划，读者也不易窥探佛法之堂奥。有鉴于此，《中国佛教经典宝藏》丛书突破窠臼，将古来经律论中之重要著作，做有系统的整理，为佛典翻译史写下新页！

二、**杰出学者的集体创作**：《中国佛教经典宝藏》丛书结合中国大陆北京、南京各地名校的百位教授、学者通力撰稿，其中博士学位者占百分之八十，其他均拥有硕士学位，在当今出版界各种读物中难得一见。

三、**两岸佛学的交流互动**：《中国佛教经典宝藏》撰述大部分由大陆饱学能文之教授负责，并搜录台湾教界大德和居士们的论著，借此衔接两岸佛学，使有互动的因缘。编审部分则由台湾和大陆学有专精之学者从事，不仅对中国大陆研究佛学风气具有带动启发之作用，对于台海两岸佛学交流更是帮助良多。

四、**白话佛典的精华集萃**：《中国佛教经典宝藏》将佛典里具有思想性、启发性、教育性、人间性的章节做重点式的集萃整理，有别于坊间一般"照本翻译"的白话佛典，使读者能充分享受"深入经藏，智慧如海"的法喜。

今《中国佛教经典宝藏》付梓在即，吾欣然为之作序，并借此感谢慈惠、依空等人百忙之中，指导编修；吉广舆等人奔走两岸，穿针引线；以及王志远、赖永海等大陆教授的辛勤撰述；刘国香、陈慧剑等台湾学者的周详审核；满济、永应等"宝藏小组"人员的汇编印行。由于他们的同心协力，使得这项伟大的事业得以不负众望，功竟圆成！

《中国佛教经典宝藏》虽说是大家精心擘划、全力以赴的巨作，但经义深邃，实难尽备；法海浩瀚，亦恐有遗珠之憾；加以时代之动乱，文化之激荡，学者教授于契合佛心，或有差距之处。凡此失漏必然甚多，星云谨以愚诚，祈求诸方大德不吝指正，是所至祷。

一九九六年五月十六日于佛光山

原版序
敲门处处有人应

慈惠

　　《中国佛教经典宝藏》是佛光山继《佛光大藏经》之后，推展人间佛教的百册丛书，以将传统《大藏经》精华化、白话化、现代化为宗旨，力求佛经宝藏再现今世，以通俗亲切的面貌，温渥现代人的心灵。

　　佛光山开山三十年以来，家师星云上人致力推展人间佛教，不遗余力，各种文化、教育事业蓬勃创办，全世界弘法度化之道场应机兴建，蔚为中国现代佛教之新气象。这一套白话精华大藏经，亦是大师弘教传法的深心悲愿之一。从开始构想、擘划到广州会议落实，无不出自大师高瞻远瞩之眼光，从逐年组稿到编辑出版，幸赖大师无限关注支持，乃有这一套现代白话之大藏经问世。

　　这是一套多层次、多角度、全方位反映传统佛教文化的丛书，取其精华，舍其艰涩，希望既能将《大藏经》

深睿的奥义妙法再现今世，也能为现代人提供学佛求法的方便舟筏。我们祈望《中国佛教经典宝藏》具有四种功用：

一、是传统佛典的精华书

中国佛教典籍汗牛充栋，一套《大藏经》就有九千余卷，穷年皓首都研读不完，无从赈济现代人的枯槁心灵。《宝藏》希望是一滴浓缩的法水，既不失《大藏经》的法味，又能有稍浸即润的方便，所以选择了取精用弘的摘引方式，以舍弃庞杂的枝节。由于执笔学者各有不同的取舍角度，其间难免有所缺失，谨请十方仁者鉴谅。

二、是深入浅出的工具书

现代人离古愈远，愈缺乏解读古籍的能力，往往视《大藏经》为艰涩难懂之天书，明知其中有汪洋浩瀚之生命智慧，亦只能望洋兴叹，欲渡无舟。《宝藏》希望是一艘现代化的舟筏，以通俗浅显的白话文字，提供读者遨游佛法义海的工具。应邀执笔的学者虽然多具佛学素养，但大陆对白话写作之领会角度不同，表达方式与台湾有相当差距，造成编写过程中对深厚佛学素养与流畅白话语言不易兼顾的困扰，两全为难。

三、是学佛入门的指引书

佛教经典有八万四千法门，门门可以深入，门门是无限宽广的证悟途径，可惜缺乏大众化的入门导览，不易寻觅捷径。《宝藏》希望是一支指引方向的路标，协助十方大众深入经藏，从先贤的智慧中汲取养分，成就无上的人生福泽。

四、是解深入密的参考书

佛陀遗教不仅是亚洲人民的精神归依，也是世界众生的心灵宝藏。可惜经文古奥，缺乏现代化传播，一旦庞大经藏沦为学术研究之训诂工具，佛教如何能扎根于民间？如何普济僧俗两众？我们希望《宝藏》是百粒芥子，稍稍显现一些须弥山的法相，使读者由浅入深，略窥三昧法要。各书对经藏之解读诠释角度或有不足，我们开拓白话经藏的心意却是虔诚的，若能引领读者进一步深研三藏教理，则是我们的衷心微愿。

大陆版序一

（签名）

　　《中国佛教经典宝藏》是一套对主要佛教经典进行精选、注译、经义阐释、源流梳理、学术价值分析，并把它们翻译成现代白话文的大型佛学丛书，成书于二十世纪九十年代，由台湾佛光文化事业有限公司出版，星云大师担任总监修，由大陆的杜继文、方立天以及台湾的星云大师、圣严法师等两岸百余位知名学者、法师共同编撰完成。十几年来，这套丛书在两岸的学术界和佛教界产生了巨大的影响，对研究、弘扬作为中国传统文化重要组成部分的佛教文化，推动两岸的文化学术交流发挥了十分重要的作用。

　　《中国佛学经典宝藏》则是《中国佛教经典宝藏》的简体字修订版。之所以要出版这套丛书，主要基于以下的考虑：

　　首先，佛教有三藏十二部经、八万四千法门，典籍浩瀚，博大精深，即便是专业研究者，穷其一生之精力，恐也难阅尽所有经典，因此之故，有"精选"之举。

其次，佛教源于印度，汉传佛教的经论多译自梵语；加之，代有译人，版本众多，或随音，或意译，同一经文，往往表述各异。究竟哪一种版本更契合读者根机？哪一个注疏对读者理解经论大意更有助益？编撰者除了标明所依据版本外，对各部经论之版本和注疏源流也进行了系统的梳理。

再次，佛典名相繁复，义理艰深，即便识得其文其字，文字背后的义理，诚非一望便知。为此，注译者特地对诸多冷僻文字和艰涩名相，进行了力所能及的注解和阐析，并把所选经文全部翻译成现代汉语。希望这些注译，能成为修习者得月之手指、渡河之舟楫。

最后，研习经论，旨在借教悟宗、识义得意。为了将其思想义理和现当代价值揭示出来，编撰者对各部经论的篇章品目、思想脉络、义理蕴涵、学术价值等所做的发掘和剖析，真可谓殚精竭虑、苦心孤诣！当然，佛理幽深，欲入其堂奥、得其真义，诚非易事！我们不敢奢求对于各部经论的解读都能鞭辟入里，字字珠玑，但希望能对读者的理解经义有所启迪！

习近平主席最近指出："佛教产生于古代印度，但传入中国后，经过长期演化，佛教同中国儒家文化和道家文化融合发展，最终形成了具有中国特色的佛教文化，给中国人的宗教信仰、哲学观念、文学艺术、礼仪习俗等留下了深刻影响。"如何去研究、传承和弘扬优秀佛教文化，是摆在我们面前的一个重要课题，人民东方出版传媒有限公司拟对繁体字版的《中国佛教经典宝藏》进行修订，并出版简体字版的《中国佛学经典宝藏》，随喜赞叹，寥寄数语，以叙因缘，是为序。

二〇一六年春于南京大学

大陆版序二

依空

　　身材高大、肤色白皙、擅长军事的亚利安人，在公元前四千五百多年从中亚攻入西北印度，把当地土著征服之后，为了彻底统治这里的人民，建立了牢不可破的种姓制度，创造了无数的神祇，主要有创造神梵天、破坏神湿婆、保护神毗婆奴。人们的祸福由梵天决定，为了取悦梵天大神，需要透过婆罗门来沟通，因为他们是从梵天的口舌之中生出，懂得梵天的语言——繁复深奥的梵文，婆罗门阶级是宗教祭祀师，负责教育，更掌控了神与人之间往来的话语权。四种姓中最重要的是刹帝利，举凡国家的政治、经济、军事、文化等等都由他们实际操作，属贵族阶级，由梵天的胸部生出。吠舍则是士农工商的平民百姓，由梵天的膝盖以上生出。首陀罗则是被踩在梵天脚下的土著。前三者可以轮回，纵然几世轮转都无法脱离原来种姓，称为再生族；首陀罗则连轮回的因缘都没有，为不生族，生生世世为首陀罗，子孙也倒霉跟着宿命，无法改变身份。相对于此，贱民比首陀罗更为卑微、低贱，连四种姓都无法跻身其中，只能从事挑粪、焚化尸体等最卑贱、龌龊的工作。

出身于高贵种姓释迦族的悉达多太子，为了打破种姓制度的桎梏，舍弃既有的优越族姓，主张一切众生皆平等，成正等觉，创立了佛教僧团。为了贯彻佛教的平等思想，佛陀不仅先度首陀罗身份的优婆离出家，后度释迦族的七王子，先入山门为师兄，树立僧团伦理制度。佛陀更严禁弟子们用贵族的语言——梵文宣讲佛法，而以人民容易理解的地方口语来演说法义，这就是巴利文经典的滥觞。佛陀认为真理不应该是属于少数贵族、知识分子的专利或装饰，而应该更贴近普罗大众，属于平民百姓共有共知。原来佛陀早就在推动佛法的普遍化、大众化、白话化的伟大工作。

佛教从西汉哀帝末年传入中国，历经东汉、魏晋南北朝、隋唐的漫长艰巨的译经过程，加上历代各宗派祖师的著作，积累了庞博浩瀚的汉传佛教典籍。这些经论义理深奥隐晦，加以书写的语言文字为千年以前的古汉文，增加现代人阅读的困难，只能望着汗牛充栋的三藏十二部扼腕慨叹，裹足不前。

如何让大众轻松深入佛法大海，直探佛陀本怀？佛光山开山宗长星云大师乃发起编纂《中国佛教经典宝藏》。一九九一年，先在大陆广州召开"白话佛经编纂会议"，订定一百本的经论种类、编写体例、字数等事项，礼聘中国社科院的王志远教授、南京大学的赖永海教授分别为中国大陆北方与南方的总联络人，邀请大陆各大学的佛教学者撰文，后来增加台湾部分的三十二本，是为一百三十二册的《中国佛教经典宝藏精选白话版》，于一九九七年，作为佛光山开山三十周年的献礼，隆重出版。

六七年间我个人参与最初的筹划，多次奔波往来于大陆与台湾，小心谨慎带回作者原稿，印刷出版、营销推广。看到它成为佛教徒家中的传家宝藏，有心了解佛学的莘莘学子的入门指南书，为星云大师监修此部宝藏的愿心深感赞叹，既上契佛陀"佛法不舍一众"的慈悲本怀，更下启人间佛教"普世益人"的平等精神。尤其可喜者，欣闻现大陆出版方东方出版社潘少平总裁、彭明哲副总编亲自担纲筹划，组织资深编辑精校精勘；更有旅美企业家鲁彼德先生事业有成之际，秉"十方来，十方去，共成十方事"之襟怀，促成简体字版《中国佛学经典宝藏》的刊行。今付梓在即，是为序，以表随喜祝贺之忱！

二〇一六年元月

目　录

序一

演培

　　《大佛顶首楞严经》，对于中国学佛者，有其特别的因缘。在还没有传到中国来，天台智者大师知印度有此经，就殷切地向西遥拜，求此经能传来中国，而且一拜即十六年。可以想见当时智者是怎么样的渴慕此经，而古德的为法精神，亦可于此得到消息。及至此经传来中国，历代佛教学者不特广为弘扬，且因阅读《楞严》，得以发明心要，其数亦不在少。同时由于笔受的房融宰相，译笔非常流畅易读，文字非常优美雅洁，以致我国士林学子，很多喜爱读诵《楞严》，且有因读《楞严》而信奉佛法者。可见本经对于中国，不论学佛或不学佛的人，确都有着很大因缘。

　　佛经传译来中国的很多，但像《楞严》这样文字优美，在所译经典中，毕竟是不多见。因而古今有很多人，认为此经不是佛说，而是中国禅者所造，或者就是房融所造。虽则有人从各方面怀疑，甚至从经中所说提出质疑，但都没有动摇《楞严》在中国佛法中的地位，亦未动摇弘扬楞严者对它的信念；不特如此，由于一般学佛的人感于它的简洁扼要，对之无不交相赞善，莫不竞相讲习不辍，因而此经在中国，得以不断地流行，受其所感化的甚众。是以吾人对于《楞严》，不能因其有些说法不同于一般的经典，就对它有所怀疑，否定它是佛所说。

　　《楞严经》在中国，为什么会受到学佛者这样的尊重？首先要知道的，就是此经在大乘佛法的三大系中，是属真常唯心论系。而中国学佛者的根器，与真常思想最为相契，所以真常思想的佛经，在中国也就特别流行。《楞严经》是发挥真常思想的典型经典，如经中说："当知一切众生，从无始来，生死相续，皆由不知常住真心性净明体。"而此常住真心性净明体，为诸菩萨之所体悟，亦为诸佛之所彻证。所以诸佛说教，全依此心发明，令诸众生修学，假定从修学中，破除无始妄惑，圆悟"本如来藏妙真如性"，那就一切皆得究竟穷极，更没有什么要修学的。

　　是以弘扬《楞严》的学者，经常一再地强调：修学大乘佛法，不论是修大乘因，或是求证大乘果，都要依《楞严》所说的楞严大定去修。不然的话，要想能坐道场，成妙正觉，那是绝对不可能的。原因十方如来得成菩提，其所行的菩提要道，无有超过这一法门。《楞严经》所开示的楞严大定，是诸佛的秘藏，是修行的妙门，是迷悟的根源，是真妄的大本。而其教人如何修行，乃是直指一味清净的如来藏真心。此如来藏真心，经中每说为"竖穷三际，横遍十方"。虽说圣凡一际，生佛等同，可是迷之则生死无端，悟之则轮回顿息，是以佛法行者，不得不求悟证此心。

为什么说楞严大定是这样的重要？因佛在经中曾对阿难说："有三摩提，名大佛顶首楞严王。"这是无量三昧中的三昧王。《首楞严三昧经》说："菩萨行首楞严三昧，一切三昧皆悉随从。"好像转轮圣王，要到什么地方，七宝必然随从。所以首楞严三昧，特被尊为王三昧，亦被尊为诸佛的法印，不论什么人得到这法印，就可在十方成无上正觉。吾佛如来佩此最上乘的法印，来到这秽恶不净的娑婆世界，四十五年间的曲折开遮，横说竖说地说种种法，无非提此最上乘的法印，普印一切众生心地，令诸众生也能得此法印，从尘劫生死中而获解脱。

《楞严》一经，文虽仅十卷，实为一大藏教的都序，有志于弘扬佛法者，不可不经常地读此经，更不可不熟读此经。因为在此经中，不但定慧齐运，而且禅教同归，果能熟读此经，实践楞严大定，非特将见自己性觉妙明本心，且必会体认到外在山河大地，无非是妙明真心中所现物，到此就可直下取证楞严圆照三昧，悟证妙明本心，得此大乘法印。是以古德说此经中，"义海冲深，法流弥漫，事理俱备，性相混融"，"无法而弗圆，无入而非道"，真是"所谓证金刚三昧，超妙严之一门"。本经的特胜，不难从此得知，有心探究佛法者，怎么能忽视此经？

《楞严》是真常系的重要经典，而文字又那样流畅雅洁，固然不错。毕竟诚如圆香居士所说："但到今日，也成为艰深难解的古文。"使诸知识分子，特别是知识青年，虽有意于了解佛法，不特深广的义理难以突破，就是文字的一关亦难通过，因而不知多少知识阶级徘徊佛法门外。民国初年，有心佛法的大德曾发出将佛经译为语体文的呼声，不但不见有人做此工作，而反对之声亦不绝于耳，这一呼声终于逐渐沉寂。现宝岛知识群，爱好佛法者日多，译佛经为语体文，又为人们所提起。圆香居士感于"的确有此必要"，毅然发心由己做起，特选《楞严》译为语体文，期诸知识分子，从此有个入处。居士有"良好的新文学素养"，译笔极为流畅典雅，这从此译在《狮刊》发表以来，受到各方的重视，得到僧俗的赞美，是为一大证明。

承圆香居士不以我的不文，来函要我为语译《楞严》写篇短序。我对《楞严》虽没有研究，但对译文非常的欣赏，认为语译《楞严》如能广为流传，相信必会如一灯燃百千灯，不但使诸冥者皆明，而且其明终无有尽，使诸爱好佛法者，皆从此得法益。故乐略赘数言于前，愿爱好佛法者人各一册。

佛历二五二六年一月十二日序于新加坡佛学院善住室

序二
灵根

　　玄奘大师于十三岁出家，就学于慧景、道基、宝迁、道深、道岳、法常、僧辩等法师。先学《涅槃经》，而后次第学《摄论》《毗昙》《发智》《成实》《俱舍》等经论。奘公对以上一代经师论师所诠义理，彼此各异，互相出入，多不一致，迷惑不知所从。若是现代一般讲经法师，纵然发现某师与某师之见解有所不同，就凭自己的聪明和辩才，认为某师与己意相投者，加以崇敬赞扬，认为某师与己意不相投者，加以诽谤贬抑。而奘公却不然，以为东土佛教圣典是从西域传入，若要解此迷惑，辨明是非真伪，必须要往西域探本寻源。遂于贞观三年八月，不顾政府阻难，不畏路途遥远，不怕毒蛇猛兽，万里跋涉，终于贞观七年抵达印度。在途中经过五年的披星戴月，风餐露宿，饱受饥寒，历尽艰苦。此种求法精神，可谓"惊天地泣鬼神"，是值得后人效法的。

当今一般初学佛者，不但没有玄奘大师万里跋涉、吃苦耐劳精神，就是玄奘、罗什诸前贤所译的经论，亦如平民远望皇宫，徒见其外貌堂之皇之，不能登其堂奥一窥究竟；对宫内所藏稀世珍宝，不能亲目所睹，亲手触摩，只遥望叹息而已。

圆香居士，出身书香世家，幼年皈依三宝，惟少入黄埔军校，置身营伍，不近佛门，达十数年。是故，自军中退役后，修学益勤，求法倍切，乃于一九六二年，复礼安公老和尚为亲教师，亲近以至安公圆寂，和尚甚为器重。一九六七年初，与范亚琳居士结缔，成菩提眷属，现有二子一女，皆为三宝弟子，是佛化家庭。平时为奉公守法的公务员，公余研究佛学，并诚礼诵，热心弘护，经常为各佛教刊物撰写弘法论文。五年前，撰写《圣僧玄奘大师传》，尤为缁素所爱读，一般大专学生因读该传，对玄奘大师的人格、求法精神，倍加崇敬。一九七六年冬，主编《狮子吼》月刊。安公老和尚圆寂后，又兼编《道安长老纪念集》及二百余万言之《道安法师遗集》，而每月仍常为各佛刊撰稿，为海内外佛教界知名之士。一九七九年，为介绍佛经于现代知识界，特发愿将《大佛顶首楞严经》译为现代语体文。

《楞严经》，在古人注疏中，有《楞严经文句》《楞严经正脉疏》《楞严经圆通疏》《楞严经秘录》等数十种之多。古人的注疏，分科判教，把一部经文分割得四分五裂，令人读起来如入迷魂阵，越读越迷糊。圆香居士亲身体验，从事新方法，以开门见山的方式，不拐弯抹角，运用流畅的文笔，保持经文原义，不取文艺小说、故事、问答、辩论等体裁。在《狮子吼》月刊分期连载之后，订阅《狮刊》者与日俱增，原因是圆香居士的"语译《楞严经》"甚为读者所喜爱。

对一般欲学佛而未学佛的青年男女，或对佛学尚无信仰心，对佛教经论未发生兴趣，以此方法，如对一个无咀嚼能力的婴儿，依赖乳母口嚼食物而活命，待婴儿成长之后，能自食常人一样的食物。初学佛亦如是，以此显明易读的经论，诱导入门，未信者生信，既生信心而后作深入的研究，能自读玄奘、罗什诸前贤所译原本经论，方不辜负撰写"语译《楞严经》"之苦心。今重新付梓，聊赘数语，以示随喜耳。

一九八二年壬戌元旦于松山寺

序三

圣严

在中国佛教的译经史上，由梵文译成汉文的佛经虽多，受到永久而普遍书写、注释、读诵遵行的，也仅《华严》《法华》《维摩》《圆觉》《楞伽》《弥陀》《金刚》《楞严》等诸经。其中尤以《楞严经》的流布最广，单从《卍续藏经》所收《楞严经》的注释书看，自宋至清，共有五十四种，一百五十三卷，一九一二年以来七十年之间的诸家《楞严》著作，尚不包括在内。

由于《开元释教录》与《续古今译经图纪》对《楞严经》的翻译者所述略有出入，致为少数考据家所议论。然其既为《开元释教录》所收，至少在第八世纪初的唐玄宗时代之前，已在中国流行。这是一部思辨性的哲学书，也是一部鼓吹实践生活的宗教书。这是一部具有论书形态的经典，也是一部富于文学价值的佛经。思维绵密，文笔优美，以致博学深思之士以及笃履实践之人接触到《楞严经》后，往往不能释卷。其内容包举极广，禅、净、律、密，无不周备，故受以华严宗六祖，长水子璇为首的性宗诸家，共遵为无上宝典。在禅宗的地位也很高，初祖达摩大师推举《楞伽》；六祖慧能大师，则以闻《金刚经》句而大悟。及于明清以还，阐扬《楞严》胜义者，不少是禅门大德。

从《楞严经》的内容考察，如来藏妙真如性与客尘烦恼之说，乃与《楞伽经》及《起信论》相呼应；观世音菩萨三十二应身之说，则与《法华经》的《普门品》类同；五十七位的菩萨阶次，与《菩萨璎珞本业经》所说的五十二位菩萨有关；另外亦与《大品般若经》《大乘阿毗达磨杂集论》《瑜伽师地论》等的部分观点有关，又与密教灌顶部的《金刚大道场经》之少分有关。正因本经兼备众多经论的特长，所以成了性宗代表式的佛典。

本经与其视为说理的，不如当作修证的典籍更为确切。它的内容包括修行心理的分析、修行方法及其条件的介绍、修证现象的指点、修行过程中圣境与魔境的揭晓。如此周详的内容，在其他经中，确实难见。

本经的文字虽极优美，但其已是一千二百七十年前的古文，尤以用字精简、结构谨严，不惟一般人不易读懂，即使已有古文学修养的人，也得再三研读并且加以实际修行之后，始能窥其堂奥。纵然如此，由于各人的立场不同，程度不一，所见的深浅出入亦异，因此诸家学者竞相撰著疏解，各自贡献出他们的智慧，以助后人对于本经的深入了解，从闻思修，入三摩地，得大自在。

文字随着语言，历代均有变化，现代人即有了佛经口语化的要求。有些中国人看不懂汉文的佛经，反而在欧美语文的译本之中接触到佛典，接受了佛法。我本人也觉得看日文标点及日文译本的佛典，要比看汉文原典来得省力。这是因为已经过翻译者的理解，用现代人的角度口语化及定义化了的缘故。一九七八年美国佛教会的译经院，由新竹迁至北投，并由我继任院长之职，亦发现译员们将汉文佛经选译成英文之前，花在对经文之理解上的时间，远过于译成英文的工作。当时从事翻译的三位译员分别选定的经典，即是《楞严》《楞伽》《圆觉》等三部经。这三部都是富于哲理又极其着重修证经验的经典，所以译员们除了中英语文及佛学的造诣之外，也要求他们在禅定的修持方面下些功夫。

可见，向欧美介绍佛教，固须将佛典译成欧美语文，向现代人弘扬佛法，也有将佛经语体化的必要，而其翻译者应具备语文的能力及修持的经验。正因如此，虽有译经的迫切需要，其人才却不易求得了。

当我见到刘公国香居士，于《狮子吼》月刊连续刊出"语译《楞严经》"的译稿后，读之有无限的欣慰欢喜。他不同于一般人所做的注解工作，正如他自己所说："原译与语译，只有文体的分别，并没有内容的差异。"他能做到，使得"一般知识分子和同道，但读语译经文，已可了解本经义趣"。可知刘公是在对于经文经义有了深切的了解之后，着笔为文。他的语译文字又能不失原译的优美，除了他本人的文学才华之外，也得力于他的诚敬的翻译态度，他说："每当握笔时，必须先念佛以求净心，然后翻开经本，求佛加被，启我智慧。"的确，这是大觉佛陀为悟众生而说的经典，充满了智慧，故唯智者能登其堂奥，若不求佛力加被，仅以世智是无法全盘了解的。

这是刘公语译经典的第一部，盼望有更多部的语译经典问世，也盼有更多的大德从事这项工作，集众人之力而完成全部《大藏》的语译，或先作计划性的逐类辑译。比如日本的中央公论社集合十六位学者，语译了成套的"大乘佛典"，精装成十五册。凡事开头难，今有国香居士起步在前，有志者亦可参考他的七点语译原则，共同为此佛典语译的大业努力。

一九八一年农历除夕于北投"中华佛教文化馆"

自序

　　佛法传入我国，究竟始自何时，虽难定论，但有信史可考的，自东汉明帝时代至今，已历二千余年。佛教经典原来都是印度古老的梵文，经历代高僧大德译成华言的，多达一万五千卷以上，合经、律、论，称之为三藏圣典，总名为《大藏经》。单论量，已可与我国《四库全书》比高低，这是中国翻译史上空前绝后的大事业、大成就，对我国历史文化的伟大贡献，至今尚没有可与比伦的。

　　由于佛经的大量翻译、吸收、融会、发扬，使我国固有文化注入了新养分，开创了新境界，终而大放异彩，光芒万丈，照彻古今；影响所及，虽时至今日，在欧风美雨、科技文明袭击之下，国人仍皆知有因果道理、善恶报应观念等等，无论在心理上、生活言行上，都或多或少受佛法的规范。至于正信的三宝弟子，就更不在话下了。

我国的译经事业，以隋唐时代为最盛。这期间人才辈出，译出的卷帙繁多，最为一般人熟知的，如梵僧鸠摩罗什、唐僧玄奘二位大师，前者稍重意译，文笔典雅，后者略偏直译，多见梵文原貌，各具殊胜，互相辉映。至宋、元、明，佛经的翻译已近尾声，成就较少。在这段悠长的岁月里，以毕生精力从事于译经事业的中外法师，据统计，确有史实可考的，有二百六十多位；而无史可证，不为人知者，不知还有多少。至于传入我国的经典，不论是梵僧负经而来，或我国高僧西行求取，皆要历尽千辛万苦，冒险犯难，死里求生，然后方能达到目的，故古有"去人成百归无十"的咏叹。我们今日幸有缘奉读大觉经文，能不以感恩的虔诚，恭敬珍重么？

我国佛经的翻译，初期多为西来弘法的外国比丘，虽精梵语，却不一定都善华言，大多为口传笔授，因语言的障碍，词不达意，自是难免。就是翻译极盛时期，尽多华梵并通的高僧大德，也大都完稿于隋唐以前，文笔纵已极近当时的一般口语，但到了千多年后的今天，也成了艰深难解的古文；且文体结构，用句遣词，都与现代语体文有所差异，所以一般知识分子，虽多知佛学义趣深远，经论浩瀚，也只有望三藏而兴叹，无法阅读。近年以来，希望将佛经再译为语体文的呼声越来越多，要求越来越切。事实上，也已的确有此必要了。惟这是一件大事，非比寻常，不能草率。第一是语译人才的难求，这不但要具备深厚的国学基础，良好的新文学素养，尤其难得的是要对佛教教义有较高深的造诣，并略具修持体验。第二是要有庞大的经费，完善的译经场所。古代的译场是由国家支持设立，罗致国内外最优秀的人才，专心以赴，一切经费皆由国库支付。译场有严谨的组织，翻译有一定的程序，非常郑重。除行政组织无从查考外，直接参与翻译的，就有译主、笔授、缀文、译语（传语）、证梵本、证梵义、证禅义、润文、证义、梵呗、校勘、监护使等职务，分工合作，极其谨严。一经的翻译，须经过以上十二种程序，方能完稿。至于参与译场人选的资格，要求也非常严格，有所谓八备十条。八备是：一、诚心受法，志在益人；二、将践胜场，先牢戒足；三、文诠三藏，义贯五乘；四、旁涉文史，工缀典词，不过鲁拙；五、襟抱平恕，器量虚融，不好专执；六、沉于道术，淡于名利，不欲高炫；七、要识梵言，不坠彼学；八、传阅苍雅，粗谙篆隶，不昧此文。十条是：一、句韵，二、问答，三、名义，四、经论，五、歌颂，六、咒功，七、品题，八、专业，九、字部，十、字声。由此可以窥知古代译经场的大略，也可见国家的重视。

由于时代的变迁，政治体制的更改，我国现在已是一宗教信仰自由的民主国。各宗教的地位，一律平等，国库不可能再以庞大的经费特别支持佛教经典的语译，只能寄望于热心弘化事业的大富长者，有力护法，共同推动这一伟大的佛教文化事业；然似亦为时尚早，因注意及此的，尚未多见，且坚持佛经不可改译为语体文的，又大有人在。况"离经一字，即同魔说"，稍违原义，将遗害无穷，难免无间苦报，不是任何人都可以尝试的，也不敢轻于尝试。但事实上，却又如箭已上弦，势在必发；因自民国初年以来，以倡导白话文为词，高唱打倒孔家店，要将线装书丢进茅坑，以致矫枉过正。到了今天，能阅读文言文史典籍的已经不多，相信再下一代，不但我国的古文典籍将成为历史博物陈列馆供人观赏的"国宝"，浩瀚的三藏圣典也必成供诸高阁的无字天书。每一想到这些，不禁忧心如焚，深愧福薄慧浅，无能为力。我也曾妄想，希望有大富长者，发菩萨心，于山明水秀的清幽之地，建立译经院。参照古代译场遗规，征选有道而通经教的缁素大德，先选一般流通经本，作示范语译；同时招考有弘化大愿的大专毕业优秀青年，刻意培植，以三至五年的古文造就，并加以修持的训练，培养其宗教情操，坚定其普度众生的菩萨愿行；然后依藏经目录，分门别类，订立进度，循序翻译，以完成新译全藏为目的。若此，即使经费一项，就非数亿元莫办。我虽有过全盘的构想，但不过是个人的幻想而已。

幻想无补于实际，不若尽一己所能，做多少算多少，与其焦急地等待众缘和合，倒不如独自摸索着向前举步。我坚信：只要发心诚正，于众生有益，纵堕地狱，又有何妨，菩萨行者，原就该如此；况语译经论，关系众生慧命，龙天必然护持，诸佛菩萨一定欢喜加被，或不使发生乖违，未必一定会招致无间苦报。依此信念，乃不顾学浅慧劣，决定大胆尝试，首先选择了《大佛顶首楞严经》。

我在二十年前第一次诵读本经的时候，虽不甚了了，但感到特别亲切，译文的典雅简洁，固然是使我喜欢的因素之一，主要还是觉得内容与自己的心性相契。每端身正坐，恭敬讽诵，常有置身楞严会上亲见亲闻之感，深觉本经与《金刚经》有异曲同工之妙。一是教人从事修下手，自可亲证般若；一是使人从理悟入，彻见本源。所以在本经中，对宇宙的奥秘，世界的成因，众生的轮替，人生的真象，以及真、妄、邪、正等等，无不一一剖析，分别指陈，为现代的所谓哲学家梦想之所不能及。因此，总想将本经介绍于学术界，希望知识分子人人有缘读到本经，但当初没有想到要译为现代语体文。

十年前，美国佛教会在新竹福严精舍成立译经院，要将佛经译成英文。原定主持译经院者乃顾法严（世淦）道长，他的构想是译经院应分设英译与语译二部，欲先将经典译成语体文，再依语体文译为英文，并想邀我主持语译，后以因缘不契，此议即作罢论。但自那时起，我就有将《楞严经》译为语体文的意念，虽然一晃已是十多年，但这个意念时刻在心中浮现，及至一九七九年十一月初，才决心正式佛前发愿，恭敬着笔，开始翻译。

个人独自译经，当然备加艰难，既没有善知识在前可资随时请教，也没有善友共处可以互相研讨。所以有时整天只能译三数行，甚至难译一字，比自己写文章，难得太多。况又俗务牵缠，不能专诚以赴，每当握笔前，必须先念佛以求净心，然后翻开经本，求佛加被，启我智慧，莫使乖违。也许是精诚所至，心境日趋明朗，全经要义，好像了然胸次，有时竟恍如躬逢楞严胜会，下笔无滞，如作纪录一般，由是更坚信发心至诚，必获诸佛菩萨冥中加被。

一九八〇年六月，已译成三万余字，欲公诸大众，求教十方高贤，决定在《狮刊》连载。但除了蒙赵亮杰大师兄指正一处错误外，大多是谬赞与鼓励，尤以前几期接获的函电最多，并使《狮刊》增加少数新的订户。内心虽感欣喜，证实这项工作确系顺应时代要求，不是画蛇添足；同时也稍感失望，肯慈悲指正的太少了。另外也有些歉意，那就是有几位道长，建议改采文言白话对照的方式，也就是一段原译经文之后，先加注释，然后附一段语译。我以为这样做，主要在帮助读者对文句的了解；这样反复阅读或讽诵，却不易对全经的义理获得融会贯通的领悟。欲求文句字义的了解，古今讲义、讲话之类的撰述已经不少，又何必再多此一译？我想这是个观念的问题，当知语译的经文，应与原译一样是经，这与注疏、讲义之类不同，不应视为原译的附属文字，亦如古代一经有多种译本一样，原译与语译，只有文体的分别，并没有内容的差异。这是我个人的观念，也是原则的确定；所以我不同意作对照的排列，一般知识分子和同道，但读语译经文，已可了解本经义趣，如作深究，或对语译有所怀疑，自会去查考原译，甚至追寻梵本，因此，我觉得也没有对照排列的必要。另外我对语译的几点原则，也在此顺便一提，以供有心语译的同道参考：第一是经中序分及正文中，凡是复诵人阿难尊者对当时法会上情境的描述文字，不妨设身当境，全心揣摩，稍为自由舒发；第二是古德所订的五不翻原则，除特殊而有成例者外，仍应遵守；第三是佛陀与法众对话的语态及用词，于活泼中应力求庄严，以符合其身份；第四是不强作注解式的增添，必须文气一贯；第五是经中偈颂，能不语译即不译，因偈颂大多已经很口语化，且系长行的浓缩；第六是译正文不能妄杂任何私意，或妄加评论之词；第七是不拘于逐字对译，有时只译义不译文，也就是直译与意译交相运用。这七点原则，虽不完善，要做到恰好，也是不太容易的。

本经以说理为主，论事为辅，阅读本经，就如读一篇高级"哲学"辩论大会的记录，讨论的全是宇宙人生的根本问题，有浓厚的学术气氛。古德说"开悟《楞严》"，阅读本经，确可以增智慧、除烦恼。最后佛陀在结论中，列举堕地狱的十因六报及十二类众生轮替的因缘，以及五十种魔境的相状，尤为学道修行者不可不读。若能细读《楞严经》，现在一些装神弄鬼之徒，就欺瞒你不得了，这也是我首先选译本经的动机之一。

本经原译六万余言，语译文达十八万余字，自一九七九年十一月初正式着笔，至一九八一年六月底止，费时整整二十个月，五百余天，平均每天译文不到三百字，可见语译的艰难。回忆写《圣僧玄奘大师传》，有日成万余字的纪录，平素写二三千字的短文，大多无所谓草稿，这是自小养成的习惯。译经就完全不同，没有丝毫自由挥洒的余地，必须字字推敲，句句斟酌，如履薄冰，深恐稍违经义，故删了再改，改了又删。在《狮刊》连载以后，再增删改易的，仍然不少。我不敢说已经完全无误，当仍有待诸方高贤的指正。

本来想在每节之末，另加名词注释，实因没有时间。只好留待他日，这是很抱歉的。将经文译成现代语体文，这是首次尝试，是否适合时代要求，为现代求法者所接受，本译稿的出版，当将可得到部分答案。

本译稿能提前出版，实蒙诸多缁素大德的鼓励与支持。吴毅老垂昆长者，最为热心，早在数月前，即先惠赐千元，表示资助。十月间，旅菲弘化，现任宿雾普贤中学校长唯慈法师又赐二万元助印。随后助印的缁素大德师友，接二连三，未便一一列举芳名。诚令感愧交集，惟有谨刊芳名于经后，借彰功德而志谢忱。

复蒙白圣、印顺、南亭三长老慈赐题词，李炳南、李鹤年、吴垂昆、傅清石诸长者惠赐题韵，演培、灵根、圣严诸法师于百忙中赐序，此诸隆情厚爱，实令万分感激，岂是一谢字可以了得。以后惟有倍加精进，努力修学，以图报三宝深恩、诸德厚爱于万一。

一九八一年除夕于无漏室

开悟《楞严》

　　"开悟《楞严》，成佛《法华》。"这两句话，在佛门流传颇为普遍。《楞严》的全名为《大佛顶如来密因修证了义诸菩萨万行首楞严经》，简称《楞严经》或《大佛顶经》。共有十卷，为中印度沙门般刺蜜谛主译，首由北印弥伽释迦将梵音译成华言，初定词句，再由华梵兼通的沙门怀迪审定，最后经时在谪贬中的宰辅房融精心润色，所以本经用词的典雅，文法的谨严，尊为诸经第一。

　　"如是我闻，一时佛在室罗筏城，祇桓精舍，与大比丘众，千二百五十人俱。皆是无漏大阿罗汉。……"

　　阅读本经，好像读一篇高深哲理的辩论记录，讨论的是宇宙人生的根本问题，有浓厚的学术气氛。"开悟《楞严》"确非虚言，若能细心研读，真可增长智慧，减少烦恼。迷真逐妄的凡夫，只要读完佛陀与阿难尊者的一大论辩，就应真妄分明了。

我觉得初机学人，不必先急着去看古德解经的玄谈，如名、体、宗、用、相的五重玄义及疏钞之类，这些大都牵涉深广，不是初学能够融会。不如先老实就一经理解一经，用平常的读书心态，依经文去求了解，文字及名相的障碍，可借助于词典去突破。

佛陀说法，不但层次分明，所用的言词譬喻，也多很平实通俗。只要很用心阅读，大都是可以理解的，并不如一般人想象的那样玄妙、深奥；我们感到玄妙的，多是在佛菩萨的自证境界上。这种自证境界，本来不是言语文字能表达的，佛陀为了诱导众生同登觉路，又不得不方便描述；佛无妄语，对于这些，我们只能信，若想明了真相，除非依佛陀的教示去修习，别无他法。所以我们读经，最重要的是如理思维，最要注意的是佛陀开示的修证方法。

《楞严》是一部说理详细，讲修证方法明确的大经。起因于阿难的受魔咒所惑，几乎到了破戒的最后关头，幸而佛陀遥知，及时命文殊持楞严咒往救，方得脱身。他回到佛陀座下，涕泪交流，深自悔责，恨一向只求多闻，不务实修，以致道力不足，为魔咒所惑，因此恳求佛陀开示成佛的修持法门。由于这段因缘，我们生在末法时代才幸有这部《楞严经》可读。

"今欲研无上菩提，真发明性，应当直心，酬我所问。十方如来，同一道故，出离生死，皆以直心。……"

阿难的受邪咒迷惑，是因执妄迷真。佛陀乃先使辨认什么是妄识，什么才是自己常住不变的真心。于是就他的所执，问心在何处？果然阿难和常人一样，认定心在各自身体之内，立即理直气壮地回答：一切世间十类众生，皆知心在身体之内。

没有想到这把握十足的答案，都被佛陀彻底否定了。但阿难仍不服气，接着相继提出了七种答案，这就是一般所说的"七处征心"。征是质问的意思，就是问心在何处，其实佛陀只是问心在何处，七处是阿难的答辩，被佛陀一一善巧破斥，并没有七处征问之意。这一大段经文，好像阿难与佛陀的激辩，极为生动有趣，也很精彩。阿难的固执、佛陀的批驳，都是就当前的事物，人人能了解的常情常理为论证。如果没有文字上的障碍，应是知识分子都看得懂的，也理当能体会什么是妄心。

既令阿难知道什么是妄心了，不能不令他认识真心。佛陀说，一切众生，从无始以来，生生死死，相续不断，都是由于不知道自己有一常住不变的真心本自光明清净的缘故，完全以妄想意识作为自己真正的体性。妄想非真，众生都认假作真，以致沉沦生死苦海，轮转六道，永无了期。所以接着就是教阿难认识自己的真心本性，于是借眼根来显示。

"三因不生，心中达多，狂性自歇，歇即菩提，不从人得。"

佛陀指出，有些修行人所以不能成就菩提道果，而别成声闻以至魔王魔眷，都是由于不知二大根本：一是错认攀缘的妄识心为自己的真实本性；二是不知菩提自性，本自清净。以眼为例，说明真能见的是心而不是眼，以客尘、主人等譬喻，以八种境相显示生灭与真常。辨妄显真这两大段经文，极为重要，如果能对七处八还逐一用心推究，如理思维，或会有所省悟，对往后的经文，就比较容易体会而信受了。

佛陀在开示修持法门之前，欲先令阿难在理上有所领悟，所以不惜口舌，说明世间万象，都是由真心影现，不是真实不变的永久存在；进而剖析世界的成因、人生的真谛以及息妄证真的先天条件、解脱的程序等等，说的都是平常的事相与常理，并没有什么玄妙、奇特难解的言句，只要自己心中不先存玄想，依循佛陀的开示，应是人人可以心领神会的。

"如是！如是！若欲解除，当于结心……"

接着特别点出众生沉沦生死苦海的症结所在，就是眼、耳、鼻、舌、身、意等六根；欲证得寂静妙常的本觉真心，关键也在这六根。乃以花巾打结解结为喻，详细说明其中道理，使知如何下手修习，然后一门深入，若一根的结缚得以开解，其他五根也就自然随之清净。到底应从哪一根下手呢？佛陀却不主动指示，而令二十五位圣者各自提出修证报告，然后予以分析比较，复命文殊选择。文殊认为观音法门最为对机，因"此方真教体，清净在声闻"，故"欲取三摩提，实以闻中入"。所以"堪以教阿难，及末劫沉沦，但以耳根修，圆通超余者"。佛陀接着叮咛，欲真修大定，当严持杀、盗、淫、妄四根本大戒，方能期望有所成就。

我读《楞严》，最为感动佛陀对众生的怜爱，尤胜于慈母。呵护可说无微不至，除了以理开启蒙昧，又详教修习解脱的方法。还怕自己涅槃之后，没有明师适时指点，因而误入歧路，堕入魔网，又不厌其烦地说明修习过程中种种现象，如证道的次第，以及列举五十种魔境的相状，使皆能自己辨别邪正，知所防范，知所取舍。

可惜末世众生，大多不读此经，致误入邪师罗网的日多。这种情形，在台湾尤为普遍，邪师所在皆有。他们多能针对一般人趋奇好异的天性、好走捷径的侥幸心理及希望不劳而获的懒惰习性等等，乃以星相、卜卦、风水、巫术等江湖伎俩，冒称神通，以预言吉凶祸福诱惑大众。加上社会纷扰不安，人心彷徨，大多有空虚恐怖之感，茫然不知所之的慨叹，在病急不择医的时势中，信从而求依附的，自是趋之若鹜。有自命现世佛的妄人，竟宣称己拥有百万徒众，少也动辄成千上万，慈眼看来，实在至堪怜悯，也很忧心。

"悉怛多般怛啰"

我曾看过某邪师的"说法"录影带，专注地观赏了三十多分钟，只得四字观感，就是"胡言乱语"，最起码的理路都没有。从形貌上看，又非僧非俗非道，不知是何魅力，能吸引成千上万的徒众。但见他满口孔子曰孟子云、佛陀说老子言、耶稣如何等，却不知他是从何处听来。他的"敢"说，实在把他的徒众看扁了，料定没有几人能知真假，何妨信口雌黄？这是他的大胆聪明处，魅力也许就在此吧？《楞严经》是面照妖镜，愿我佛门弟子都能精读《楞严》，邪师妄人也许就不敢这样嚣张了。

1 卷一

佛说本经因缘

这部经，是我阿难亲听佛陀讲的，现在照样宣说。

有一天，佛和他的常随弟子一千二百五十位大比丘，住在舍卫国祇陀太子林中的祇桓精舍。这些大比丘皆是断除生死烦恼的大阿罗汉，威仪严谨，戒行清净，智慧深湛，即三界而超越三界，足以继承如来，宣扬正法，堪为三界的师范；实在也是随类现身，普度众生的大菩萨。他们以大智舍利弗、摩诃目犍连、摩诃拘缔罗、富楼那弥多罗尼子、须菩提、优婆尼沙陀等为首。

还有无数的辟支佛、无学阿罗汉以及初发心的学人，也一齐来到佛陀的住所。因为那天是比丘结夏安居期满的日子，乃一年一度的盛会。比丘有过，可当众公开忏悔，也可任人公开检讨，所以又名为僧自恣日。随后佛必应请说法，并任由发问；由此十方诸大菩萨，也很珍视这个机缘，特别赶来参加法会，希望解决心中的疑难。一个个虔诚恭谨，静待世尊开演微密教法。

当时如来亲自敷座，安详趺坐，先为大机法众密说深奥妙义，像迦陵鸟一样美妙的声音，十方都能听到，所以无量无数的菩萨，皆闻声来到了道场，他们以大智文殊师利菩萨为首。

那天也正是波斯匿王的父王逝世纪念日，波斯匿王为超荐他的父王，特别在宫廷中，恭敬设筵，广陈珍馐妙味，并亲至祇桓精舍，恭迎如来及诸大菩萨，莅临王宫应供。城中一些福德俱隆的长者、清净自守的居士，也都预备了美味的食物，恭候佛陀和他的弟子降临。当时佛命文殊菩萨率领诸大菩萨及阿罗汉，分别至各处应供，以满足众人的愿望，使皆有种福的机会。只有我阿难一人，在自恣日以前，先受善信的迎请，到别处去了，因路途较远，一时赶不回来，没有参加集体应供的行列。

依照佛陀的规定，僧徒远出，必须有一位资深的比丘和一位亲教师同行，以防止过犯，或失威仪。这次我阿难的远行，却是独自一人，以致几乎破了根本大戒，将要犯堕落恶道的重罪，但也是使佛陀宣说本经的因缘。起因是这样的：

那天因为是僧徒解夏的日子，不但波斯匿王请佛应供的事全城皆知，城中的长者居士，也各在家设供，恭候法驾降临，自然也就没有人再送斋供到精舍。阿难独自回到祇桓，也就没有饮食可用（按：当时的寺院，没有自办伙食的，完全是按时托钵乞食）。阿难不得已，只好独自持钵入城乞食，忘了自己不过是初果学人，定力非常薄弱，原是不可单独托钵的；但一向自恃多闻，不知自己修持有限，竟欲仿效菩萨的行为，以致误入了淫女之室，遭遇了无力自破的魔障。

当时阿难心想，只求最初一位布施者作为斋主，不论他是贵族还是贱民，也不问供养的食物是净是秽，一律以平等心接受，使他们都有种福修慧的机会，成就他们无量的功德。阿难知道，世尊曾亲自诃责过须菩提和大迦叶，说他们身为阿罗汉，仍存有分别心。须菩提舍弃贫贱的人，专向富贵之家乞食；而大迦叶又舍富贵，专求贫贱者供养。他们的用心，虽然很好，到底总不是平等心。富贵人家固然要继续培养福田，方能长保富贵；可是贫贱的人，更要多多修福，才可摆脱贫贱的痛苦。阿难最敬慕如来的平等襟怀，尤其仰慕如来那种没有限量的慈心；况且以平等心乞食，还可避免世人的讥讽和疑谤呢！想着想着，阿难已到了城外，于是刻意端正仪容，遵照乞食的律仪，徐步进城，给人一种安详肃穆的印象。希望借清净的仪态，能使见者受到默化。

他既决心学菩萨，要以平等心乞食，当然不择门户，沿门托钵，不料经过一娼妓之家，家有一女名钵吉蹄，十分娇艳，美若天仙。她的母亲名摩登伽，会梵天咒术，法力非比寻常。摩登伽的女儿一见阿难，不禁倾心爱恋，认为是世间独一无二的美男子，立即要求她母亲一定要使阿难成为她的终身伴侣。母知阿难既跟佛陀出家学道，已舍弃了世间爱欲，决不可能返俗娶妻；何况阿难出身王族，自为贱民，门户悬殊，教她不要痴心妄想。然她一见钟情，力劝不醒，摩登伽爱女情深，不得已，只好使用梵天咒术，以求迷惑阿难，满足女儿的心愿。于是以咒术加持过的净巾覆盖在食物盘上，令钵吉蹄亲自捧着献与阿难。阿难一见，果然为咒术所迷惑，神智恍惚，身不由己，像做梦似的，跟在钵吉蹄身后，进入了她的香闺，同入罗帐。在钵吉蹄百般媚惑、肌肤相亲之下，阿难已如醉如痴，完全不能自主。心里虽然明白，但不能抗拒她的摆布，眼看将犯根本大戒，毁弃戒体，心中非常恐惧，惟有默祈佛陀救护。

世尊有他心通，阿难动念求救，佛陀早已心知，故受供之后，立即赶回祇桓精舍。波斯匿王和他的大臣，以及在陪的长者居士，见佛饭后匆匆回舍，知有特殊因缘，都跟随佛陀至祇陀林，希望恭听心要大法。

佛回到精舍之后，立即从头上的肉髻中，放射出百宝无畏光芒，光中出现千叶宝莲，有化佛在莲花上，结跏趺坐，宣说神咒。佛随即命大智文殊菩萨，以佛说神咒，亲往救护阿难。邪不敌正，在佛说神咒之下，邪咒幻术消失，文殊亲携阿难及摩登伽女——钵吉蹄——回到佛陀座下。

征心辨妄

阿难见了佛陀，如恶梦初醒，不禁悔恨交集，顶礼痛哭。悔恨从无始以来，一向只求多闻，不肯真实修持，以致道心脆弱，道力不全，抵不住邪咒幻术的迷惑，几至丧失戒体，铸成大错。因此诚恳地祈求佛陀开示：十方如来，所以得证佛果，成就妙奢摩他、三摩、禅那的菩提大定最初下手的方便法门。

当时在座的无数菩萨、十方的大阿罗汉、辟支佛等，听到阿难的启请，无不非常高兴，大家都静静地绕在佛陀四周，恭候亲聆圣教。

世尊在大众中，伸出他金色的手臂，轻抚阿难的头，显出无限的慈祥，告诉阿难及大众说："有一种三摩提，名大佛顶首楞严，这是三昧之王，若能证到楞严大定，即可任意入一切三昧，就像如意宝王那样，能随意出生一切珍宝。这大佛顶首楞严王具足六度万行，是十方如来超越生死苦海、通达涅槃的至上法门，庄严的正道。你欲研究无上菩提，开佛知见，当先认识佛的无见顶相，现在专心细听。"

阿难闻佛慈音，再度顶礼，伏受教诲。

佛慈和地对阿难说："你我共一血统，情如同胞兄弟，我今问你，当初你是见到什么好处，决定舍弃世俗的深重恩爱，发心跟我出家？"

阿难老实地回答："我因见到如来的三十二种相好，胜妙庄严，世无伦比，身体莹洁，恍若琉璃，如紫金光聚。我常这样想，如来这种庄严的妙相，决不是世间欲爱所成的肉身。欲气污浊，父精母血，腥臊交杂，怎能生出这样清净庄严的胜相？因此非常渴仰，故决心跟随佛陀，剃须落发，出家修道。"

佛安慰说："很好，阿难！你因见我三十二相，就能割爱出家，不失为世间的大丈夫。不过这厌染求净的一念，也正是众生的知见。一切众生，从无始以来，所以生死相续，病源也就在这一念，都是不知自己本有一常住不变的真心，本自清净光明的缘故。完全以意识妄想，作为自己真正的体性。妄想非真，众生却认假作真，以致沉浮生死苦海，轮转六道，永无了期。

　　"你现在要想研究无上菩提大道，希望亲见自己清净的本性，先当以直心回答我的问题，不得半吞半吐，支吾以对，这样便名为委曲相。十方诸佛，皆以直心而越生死，一超直入妙庄严海。心直言直，内外一致，自初发心，直至妙觉，其中永无任何委曲相。

　　"阿难！你当初发心出家，既是因为见到我的三十二种相好，产生渴仰的心情；我今问你，是用什么看见？谁在爱乐？"

　　阿难照实回答："世尊！观见和爱乐，是用我的心和眼。因眼见如来胜妙庄严的相貌，自然心生爱乐，所以发心出家，愿离生死苦海。"

　　佛说："依你的话说，真正的爱乐，是因为你有心和眼，这样就该先知道心眼的所在。若不知心眼的所在，就无法征服染污和扰乱你本性的尘劳。

　　"譬如有一国王，受贼寇侵扰，决心发兵讨伐之前，必先知贼寇啸聚的所在，才能用兵剿灭。现在使你沉沦生死，轮转六道，就是你的心眼在作祟。现在问你，可知你的心和眼在何处吗？"

　　阿难不知佛的深意，满怀自负地说："世尊！三界以内，十类众生，凡有身心形象的，谁不知这灵觉能知的心是在身体之内。我看如来您青如青莲花瓣一般的眼睛，也是生在您的面上，我自己的肉眼，也自是生在面上。可见无论圣凡，都是眼在身外，心在体内，我这灵觉能知的心，当然也是在我身内了。"

佛明知阿难执着心在身内，也不直接解说，却先就眼前最浅近的事相，加以反问："你现坐在如来的讲堂中，看祇陀林现在何处？"

"世尊！这重楼高阁的清净讲堂，在给孤独园中，祇陀林就在讲堂之外。"

"阿难！你在讲堂中，最先见到的是谁？"

"世尊！我在堂中，先见如来，后见大众，再向外望，就远见林园了。"

"阿难！你身在堂中，怎能远见林园？"

"世尊！因为讲堂的门窗开阔，身虽在堂，也可以看见外面的景物。"

"阿难！依你说，身在堂中，因门窗开阔，就能望见堂外景物；可是也有人身在堂中，却不见如来，只见堂外的吗？"

"世尊！身在堂中，不见如来，只见堂外，决没有这个道理。"

"阿难！你就是身在堂中不见如来，只见堂外的人。若是你灵觉能知的心果在身内，就该先见身内，后见外物。你可曾听说过，有人先见身内一切，后见外物的吗？心、肝、脾、胃等，在身内深处，纵然看不见；肤浅的如爪生发长、血脉流动等情形，总该看得明明白白吧！为什么深浅都看不见呢？既不知内，却能见外，这和你在堂不见如来，却能见堂外景物有何分别？以此例彼，你该知道，说你这灵觉能知的心，实居身内，是不合理的。"

阿难听佛这样的分析解说，果觉心不在身内，但又以为心在身外，并想出了一番自以为是的道理，又向佛陀顶礼说："我听了如来的开示，方体悟这心，确不是在身内，实居我身之外，什么缘故呢？好像室内燃灯，必定先照亮室内，然后由门窗外射，方能照见庭院。人所以不见身内，独能见身外之物，就和灯在室外一样，故不能照见室内，这是毫无疑问的事实，不知是不是合于如来的究竟义理？"

佛知阿难仍在妄想上寻答案，再就他的错处，就事追问："阿难！今在座的各位比丘，都是跟我从室罗筏城托钵乞食回来，现在我已用斋，你试问他们，是不是一人吃饭能使大家皆饱？"

阿难回禀："世尊！这是不可能的，各位比丘虽然都已证阿罗汉果，但依然各有各的身体，怎么一人吃饭能令大众皆饱呢？"

佛开示阿难说："你明觉能知的心，如果实在身外，那么心和身，应该各不相干。心有所知，身体必无所觉，身若有所觉，心一定也不会知道。现在看我的兜罗绵手，你眼见时，心中起分别吗？"

阿难回答："是的，世尊！"

佛告阿难："既然身心能够互知共感，怎么能说心在身外？所以你该知道，认为心在身外，也是毫无道理。"

阿难一向博学多闻，总打不出妄想思量的圈子。虽已知心既不在身内，也不在心外，仍想一定别有处所，于是又想出一番道理来，恭敬地对佛陀说："世尊！如您所说，因为不能见内，心不在身内；身心相知，互不相离，心也不在身外。仔细思量，我现在知道心在哪里了！"

佛问："在什么地方呢？"

阿难推测着答："这能分别了知的心，既不知内，却能见外，依我的想法，一定是潜藏在眼根里面。就好像有人，将一只透明的琉璃碗，盖在自己的眼睛上，虽然眼被遮住了，但不会妨碍视线，这眼就好比琉璃碗，当眼见物时，心即随着起分别。这灵觉能知的心，所以不能见内，是因心潜藏在眼根内的关系，能分明见外，是没有障碍的缘故。"

佛反问阿难："依你说，心是潜藏眼根内，眼如琉璃，这个人用琉璃罩住双眼的时候，一样能见到身外的山河大地，也能看见罩在眼上的琉璃吗？"

阿难说："是的，世尊！当然能见到眼上的琉璃。"

佛开示说："你的眼若如琉璃罩，既见山河大地，为何又看不见自己的眼睛？如果能看见自己的眼睛，眼又成了所对的境界，境自不能见境，怎么随见而起分别？若不能见眼，又怎能证明这灵觉能知的心，是潜藏在眼根之内，如与琉璃相合？所以你该知道，认为心是藏在眼根里，如与琉璃相合，也是错误的。"

阿难妄想思考的答案，一再受到佛的训斥，渐有不知所措之感，但仍勉强想出另一番道理来，欲向佛求证说："世尊！我想众生这个因缘假合的身体，内有五脏六腑，外有大小九窍，体内黑暗，故不能见，有窍则明，所以能见。现面对我佛，开眼就见一片光明，名为见外，闭眼就是一团黑暗，这就名为见内，不知这样说对不对？"

佛问阿难："当你闭眼见暗的时候，那暗境界是和眼睛相对呢，还是不相对？如果是和眼相对，那么暗就是在眼前，怎么能说是见内？如果这样可称为内，你若居于暗室中，室中不都成了你的腑脏，世间可有这个道理？如果黑暗不是和眼相对，如何又见眼前的黑暗境界？

"若说眼所对的暗境，不是外对身外的暗境，而是内对身中的暗境，这是说眼有反观的功能了。既然如此，但开眼见明的时候，为何又不能看见自己的面貌？既不自见其面，内对的说法就不能成立。若能自见其面的话，你灵觉能知的心和你的眼根，岂不都在虚空，怎可说在内？心眼既在虚空，那么虚空就成了你的身体，你本有的身体，反不是你的自体了。若定要固执己见，离体见面，仍是自体，那我与你不是一体，也能看见你的面貌，难道说我也是你的身体吗？况且你的心与眼，既在虚空已有灵觉能知的功能，则你的身体应该和没有知觉的物体一样。如若强说身自有觉，在虚空中的眼也自有知，果是这样的话，你一身就有二知了；一在虚空，一在自身。既然有二知，那么你一身就应成两尊佛，有是理吗？所以你应知道，认为见暗，名为见内，也是完全错误的。"

阿难仍不能领悟世尊的旨意，一味在思量卜度里绕圈子，心想：我自己的想法，既然一无是处，现在照佛陀的话说，总该不会再错了。于是再向佛说："我常听到佛陀开示四众弟子说，由于心生种种分别，所以产生宇宙万象；也因有宇宙万象，所以产生种种心。我今思维，这个能思维分别的自体，就是我的心性，随所合处，心就随之而在，并不在我身的内外，或是中间等处。"

佛慈和地分析说："你说由于有宇宙万有的缘故，

所以产生种种心，随所合处，心就随之而在。须知所谓相合，应该两者皆为实体，且须性质相同，如盖合函。但你所认为的心，根本就没有实在的体性，怎么能相合呢？若说没有实体也能相合，则十八界之外，必另有一无体性的十九界，六尘之外，也有一无体的第七尘来与之相合；但这第十九界、第七尘，既然都是没有实体的虚名，用什么来相合呢？如果说心也有自体，在随所合处，那么以手触自身的时候，这能知的心，是由身体内出呢，还是从身外入？若是由内出，应当先见身中；如从外来，就该先见自己的面貌。"

阿难辩解说："眼看名见，心只能知，见与不见，是眼不是心。今以心论见，应于理不合。"

佛训斥说："若是眼睛单独能见物，你现在室中，门也应能见物了。又已死的人，眼睛尚完好，应能见物；若仍能见物，又怎能叫死呢？

"阿难！你灵觉能知的心，如说一定有体，是一体还是多体？是全身共一心体，还是四肢各自有一心体？

"若全身是共一心体，那么以手自触一肢时，应当遍身觉触；既遍身觉触，则被触的就没有一定的所在；若有定处，又不成其为一体了。如果说是多体，一身又成多人；因为一人惟有一心，多心自成多人。这多体之中，到底哪个是你阿难自己？若说心体是遍及全身，又如前触的情形，已证明错误。若不遍身，那么当你触头的时候，同时触其足，则头有所觉，足就应该无所知了，但是事实上不是这样的。所以你该知道，认为随所合处，心则随有，是毫无道理的。"

阿难总是在知解上思量猜测，不能直下息念妄见，一味地东想西想，所以又向佛说："世尊！我曾亲见佛与文殊等法王子，谈论宇宙万有的真实本相，世尊说过，心不在身内，也不在体外。依我的想法，既然不能自见身中，又能够身心相知，说心在身外，也于理不合。今既相知，但不能见内，当是在中间了。"

佛开导说："你说在中间，中必不迷，当有一定的位置。你现在仔细地想想看，所谓中，究在哪里，是在你身上吗？这是在边，不是居中。在身中吗？又和前说的在内相同。如说在身体之外，另有处所，是有固定的标示，还是没有固定的标示？若无固定标示，根本就没有中间可言。若说有固定标示，但世间根本就没有不变的标准，为什么？譬如有人设一标示，说这就是中心点；可是站在东边去看，它却是在西，从南面去观，它又变成在北了。标准既然不能固定，我们的心岂不成了杂乱无章。"

阿难申辩说："我所说的中间，不是指上述两种而言，是如世尊所说的，因眼与色相互为缘，产生眼识。

眼能分别，自属内根，色尘是无知之物，当属外境。因根与尘内外相对而识生，这中间的分别作用，不就是心的所在吗？"

佛诃斥说："心若在根与尘的中间，试问这心体是兼具根与尘二者，还是根与尘分离？须知色尘为无知之物，根为有知之体，若二者兼具，岂不是根尘混合，心物相杂，那么半属无知，半属有知，已成两相敌对，落于二边，何得说名为中？若说不兼具二者，又非有知，也非无知，根本就没有体性，又以何处为中呢？由此当知，说心在中间，也是毫无道理。"

阿难一向多闻，对佛陀的教言，往往是一知半解，甚至是断章取义。今见一说被破，又引用另外的教言，附会己意，试探地说："世尊！我从前见佛与大目犍连、须菩提、富楼那、舍利弗等四大弟子共转法轮的时候，常说这灵觉能知的分别心，既不在身内，也不在身外，更不在中间，没有任何处所，不执着于一切事相就名之为心。我现在也无所着，能名之为心吗？"

佛告阿难："你说灵觉能知的分别心，一无所着，名之为心。须知所谓不执着于一切，就是指世间虚空以及水陆飞行等一切物象而言。你所说的不着，是你的心本来就有处所而不执着其他一切，还是本来就无处所而不着一切呢？若本来没有处所而自然不着，这心就如同龟毛兔角，原就是虚无，怎么又再说不着？若你心本有处所，而不再去执着其他一切，那么你说的无着，早已先有着了，又怎能说是无着？因为着由相起，要完全没有心相的概念，才是真正的无心，无心就自然无着。既有心相的概念，就一定有所在，既有所在，就一定有所着，怎能说不着一切，名之为心？由是当知，认不着一切名之为心，仍然一无是处。"

论见显真

阿难连续七次陈述，佛慈悲地七番开导，仍未能使他息妄归真，领悟妙旨。他也不敢再逞知解，妄自揣测，只好在大众中，从座位站起，偏袒着右肩，以右膝跪地，合掌恭敬地哀求佛陀说："世尊！我是如来最宠爱的小弟，蒙佛摄受，虽然出家，依然仰恃娇怜，不肯精进修行，专务多闻，以知解为真实的见地，故不能亲证无漏圣果，以致没有能力折服娑毗罗咒术，终被魔力迷惑，陷溺于淫女的私室，这当然是我不知真心实际之过。惟愿世尊，大慈哀悯，明白指出心的所在，开示我等奢摩他大定之路，使我等有所遵循，俾能精勤修习，不再迷惘，并令一切未起信的众生，都能生起敬重的信心，舍弃邪知邪见。"

阿难说完了这段忏悔而哀恳的话，又再次五体投地地礼拜，在会大众也都以肃然诚敬的心情，渴待佛陀的教诲。

　　当时，世尊从面门上放出各种光辉，就如百千个太阳的光芒同时照临一般。普佛世界皆发生六种震动，十方如微尘数的国土同时显现。佛以他的威神力，令一切国土，合成一世界。在这一世界中，所有的大菩萨，各在他们本居的国土上，合掌恭听佛陀说法。

　　佛陀教诲阿难说："一切众生，自无始以来，迷失了真实的本心，而产生种种颠倒妄见，以致起惑造业，终招苦果。惑、业、苦三者，循环不息，如恶叉果。一些修行的人，所以不能成就菩提道果，而别成声闻、缘觉，以及成为外道、诸天魔王及魔眷属，皆是由于不知二种根本，盲修瞎练的缘故。如人煮沙欲使成饭一样，纵然煮到微尘数劫，终不可得。是哪二种根本呢？

　　"第一，就像你现在一样，一切众生，都认定这攀缘心，是自己的真实本性，而不知这正是众生的生死根本。

　　"第二，无始以来的菩提自性，本自清净。这清净体，就是你现在的第八微细精想，名为识精，本不与妄染相应；由于不守自性，致随缘而起妄想，众生都认定这种攀缘妄想，为自己的心性，对本自清净的真性，反弃而不顾，不知这正是证菩提涅槃的根本所在。由于众生迷失这本自妙明的清净性体，虽常在日用寻常中显现，亦不识不知，迷而不觉，所以枉自轮回六道，不得超脱。"

如来举起金色的手臂，屈指为拳，问阿难说："阿难！你现在欲知奢摩他路，愿出生死，今再问你，现在看见这个吗？"

阿难据实地答："我看见如来举臂屈指，为光明拳，照耀我的心目。"

佛问："你用什么见？"

阿难答："我和大众，都是用眼见。"

佛循循诱导地问："阿难！你现在告诉我，如来屈指为光明拳，耀你心目，你目可见，但你以何为心，知这是拳？"

阿难说："如来现在问我的心之所在，我仔细地推究寻逐，这个能推寻者，我以为就是心。"

佛陀欲震落阿难的妄想推逐，直下见本心，认取自性，于是突然大喝一声："咄！阿难，这不是你的心！"

阿难闻声，不禁惊惶失措，马上起立合掌，恐惧地说："世尊！这不是我的心，当唤作什么呢？"

佛见阿难仍惊疑不定，知不能顿领微妙旨意，只好解释说："这心是对当前六尘的虚妄相状所生起，名叫妄想，就是这妄想，迷惑了你的真正本性，怎么能够认它作心呢？

"由于你从无始以来，直到今天，都误认它为自己的心相，恰如有人认贼为子一样，以致迷失了本真，枉受轮回的痛苦。"

阿难不胜忧疑地说："世尊！我是佛的宠弟，因为爱佛的缘故，令我出家。我不但是以此心恭敬供养如来，以至遍历恒河沙数的国土，承事诸佛和善知识；及发大勇猛，于一切难行的法事，也都是用这个心；就是谤法或永退善根，也是因有此心。现在忽然说这不是我的心，我岂不成了没有心的人，和泥塑木雕的偶像一样？离了这个能分别觉知的心，已别没有心了，今如来说这不是我的心，实在使我感到万分惶恐，在会大众，也无不疑惑，惟愿大悲，开示我及未悟的大众。"

这时，世尊欲开示阿难及大众，使皆悟入无生法忍，乃于狮子座上，伸手抚摩阿难的头说："如来常说，宇宙万象森罗，皆是由于唯一真心所显现，众生迷妄，误认万物各有实体，而不知世间林林总总，皆是由这唯一真心随缘变现出来的幻象，原是虚假不实。一切因果，大至世界，小至微尘，皆因这一真心而成体相。阿难！如种种世界，所有一切现象，甚至草芥缕结之微，追根究底，也都各有体性，就是虚空，也有名状相貌，何况我们清净妙明的真心，为万象的本源，反而没有体性吗？

"你若要固执这分别觉观的知性，以为自心，那么这心应该离开一切色、声、香、味、触等尘境，自有独立完整的体性。但是，如你现在听我说法，这个听法的心，却是因有声尘才起分别作用。纵然能令六识不起现行，灭除一切见闻觉知，内守悠闲，执着寂灭的法乐，不肯放舍；这个内守悠闲，执着不舍的心，仍属意根，还是法尘与分别心，同样是由真心显现的影像。

"我并不勉强你承认这不是心，但是你应对自己能分别觉观的心，仔细地揣摩，它到底是有，还是无？是真？是妄？如果没有前面所说的六尘境相，仍另有能分别的自性，那么就是真心。若是这能分别的自性，离开六尘境相，就随之而消失，这就是前尘分别影事，非你的真心了。尘境本无常态，或变易，或幻灭，若变灭时，这个心岂不也同于龟毛兔角，无可寻觅？那么你的法身，也同于断灭，还有谁去修证无生法忍？"

那时阿难以及大众听了佛陀这样的开示，都不禁颓然若有所失，默不作声。佛知不能自悟，乃又训斥说："阿难！世间一切修行的人，现前虽次第成就四禅、四空及灭、受、想等九种禅定，但不能证得无漏圣果，成为阿罗汉者，都是因为执着这生死妄想的识神，误为自己的真正主人。所以你虽博学多闻，也不能成就圣果。"

阿难闻责，再次悲伤痛哭，五体投地向如来顶礼，然后合掌长跪，悔悟己过说："我自发心跟佛出家以来，一向仰恃佛陀的威神之力，常自妄想，何必劳我自己苦修，将来如来一定会赐我三昧；不知彼此身心不能相代，今蒙诃斥，始知一向自误，失却本心，以致身虽出家，心不入道。譬如有富家子，不知本自富贵，反弃父逃走，向外乞求。今日方知，虽然多闻，若不修行，终不能获得实益，和不闻并没有两样，如人说食，终不能饱。世尊！我等现在所以受烦恼障和所知障的缠缚，实在是由于不知本有湛然寂照的常住心性。惟愿如来，哀悯我们的贫穷孤陋，开启我们的道眼。"

当时如来，立即从胸前的卍字，涌出宝光，其光显耀，有百千种颜色，照彻普佛世界，遍射十方宝刹及各如来顶，旋及阿难并与会大众，然后方告阿难："我现在为你建立大法幢，也要使十方一切众生，各见自己幽微深密的自性、清净圆明的本心，获得大开圆解的慧眼。

"阿难！先告诉我，你现在所见的光明拳，这拳为什么放光？如何能成拳相？你又为何能见？"

阿难恭敬地答："由于佛陀的法体，不是依世间欲爱所生，乃无量清净功德所成，全身为最胜的赤金色，光焰好像一座宝山，所以拳也放光，我以眼观，见五轮指端，屈握以示人，所以就成拳的相状。"

佛提示说："阿难！如来今日实在告诉你，一切有智慧的人，也须要由譬喻，方得开悟。

"阿难！譬如我现在的光明拳，若是我没有手的话，也就不会有这个拳；你若没有眼睛，就不能成见。现在以你的眼根，来比喻我的手，道理相类吗？"

阿难说："是的，世尊！我若无眼，就不成见；佛若无手，亦不能成拳。以眼例手，道理是相类的。"

佛说："阿难！你说相类，其实不然，为什么呢？没有手的人，根本不能成拳的相状；但是没有眼的人，并不是完全无见。不信你试问那些盲眼人：'你何所见？'盲人必然会说：'我眼前惟见黑暗，其他什么也看不见。'这样看来，前尘自暗，见性并没有什么亏损。"

阿难不解地问："盲人眼前，只见黑暗，怎么可以说是见呢？"

佛以问为答："阿难！无眼盲人，只见黑暗，这和明眼人处在暗室所见的黑暗，有没有分别？"

"是的，世尊！在暗中人和彼群盲，二黑相较，没有任何差异。"

佛乃进一步解释说："阿难！没有眼睛的人，所见只是黑暗，若忽然眼明，就能见到种种颜色，如果说这是眼见，那么在暗室中的人，忽得灯光，亦能看见一切什物，也就应该名为灯见。若是灯见，灯既能见，应不该叫作灯了。况且既是灯观，又与你什么相干呢？因此，你当知道，灯只能显色，不能见色，能见色的是眼，并不是灯。同理，眼亦只能显色，不能见色，能见的见性，是心不是眼。"

阿难听了佛陀这番解说，和大众一样，虽默然无语，但是心里还是不十分明白，仍希望如来慈音宣示，一个个合掌净心，恭候佛陀的慈悲教诲。

当时世尊见阿难等仍不能心开意解，又伸开五轮指，舒展兜罗绵网相的手，征询阿难及大众说："我于菩提树下成道之初，曾在鹿野苑中，为阿若多等五比丘及你们四众说法，那时就告诉过你们，一切众生，所以不能证得菩提道果，成阿罗汉，皆是由于客尘烦恼所误。你们当时因何开悟，现在已成圣果？"

这时憍陈那首先站起来说："我是佛陀最初的弟子，在大众中，今应为长，且独得先解之名。回忆当时，实因客尘二字悟入，乃证圣果。

"世尊！譬如旅人，投寄旅社，或歇宿，或进食，食宿事毕，必再整装前行，不能安住一处；若是主人，就不须再行他往。因此我这样想，不能安住的就叫作客，能安住不移的就名主人，于不住的，名为客义。又如雨止新晴，太阳初升，光射隙中，照见空隙中的滚滚尘埃，游移不定，虚空却寂然不动，如是思维，澄寂名空，游移名尘，以游移的，名为尘义。"

佛印可说："对了！是这样的。"并立即向大众屈五轮指，一开一合，慈和地问阿难："你现有何所见？"

阿难说："我见如来的百宝轮掌，当众开合。"

佛告阿难："你见我的手，当众开合，到底是我的手在开合呢，还是你的见性有开合？"

阿难回答："世尊的宝手，当众开合，所以我见如来手自开合，我的见性，并没有开合。"

佛问："谁动谁静？"

阿难说："佛手不住，至于我的见性，求其静相尚不可得，怎么还有动相呢？"

佛说："对了！"又就势诱导，先自轮掌中，放出一道宝光，射向阿难右侧，阿难立即转头右顾，又放一光，射向阿难左方，阿难又转头左看，佛随后问阿难："你的头今天为什么左右摇摆？"

阿难回答说："我见如来，出妙宝光，射向我的左右，我自随着宝光左右看，所以头就左右摇动。"

"阿难！你因看佛光，所以头左右转动，是你的头动，还是见性在动？"

"世尊！我头自动，我的见性，静相尚不可得，怎么会有动摇之相？"

佛说："这就是了！"接着普告大众说："你们若是已经明白了客尘的意义，就不必说了。如果还有人不明客尘的意义，那就以摇动不定的，名之为尘，不能安住一处的，名之为客。

"你们且看阿难，就是最好的示范，他的头自动摇，见性并没有动静之相。再看我，手自开合，见性也没有舒卷之相。你们为何以变迁不停的为实身，以变化无常的为实境，念念生灭，不能认取不失不变的真实本性，颠倒行事？因为迷失了不动不变的本性、清净圆明的真心，致认物为己，在身境颠倒之中，自取生死流转，岂不可悲！"

2 卷二

论见显真

当时阿难以及大众，听了佛陀这样明确的教诲，都感到身心泰然，十分愉悦。回想自无始以来，迷失了本心，误认缘尘分别影事，当作自己的心性，致受轮转。今日幸闻正法，方得开悟，恰似失去乳哺的婴儿，忽然遇到了慈母一般。大家一齐合掌礼佛，都愿如来能分明彰显身心的真、妄、虚、实，在当前的动摇生灭身中，明白地指出不生不灭的本性，使真妄二性皎如日月，一目了然。

这时波斯匿王从座而起，向佛自述以往的过咎后，请开示："我在没有恭承佛陀教诲以前，曾见外道论师迦旃延、毗罗胝子等，他们都说，这肉身死后，就成断灭，即名为涅槃。现在我虽见佛闻法，但对这个问题，还是犹疑难决。世尊！您到底有什么方法，能证明这个心，确实是住于不生不灭地，今在会大众，一切有漏学人，都希望听到佛陀的开示。"

佛告波斯匿王："你身体现今健在，我且问你，这个身体是如同金刚一样，永存不朽呢，还是要日渐变坏？"

"世尊！我这个身体，终归要由变化而消灭的。"

佛说："大王！你现健在，怎么知道终要变灭呢？"

"世尊！我这个变化不停的肉身，现在虽然尚存，但仔细地观察，现在就在念念迁流，时时不停地在变，如火成灰，必渐渐消殒，我也不断地走向死亡之路，所以知道这个身体，终归要灭尽。"

佛说："你说得很对，大王！你现在已到了衰老的年龄，看看自己的相貌，比童子时代如何？"

"世尊！我在童稚的时代，肌肤细嫩，颜色红润；及至长成，精神旺盛，血气刚强；今到晚年，迫近衰老，形色干枯，精神昏昧，鸡皮鹤发，老态龙钟，大概已不久于人世，怎能比得上童稚之时？"

佛说："大王！你的形貌，该不是突然老朽的吧？"

波斯匿王说："世尊！身体的变化，暗自推移，由少而壮，以至老死，我实在不曾察觉其间变迁的情形。且以十年为一期来说，如我二十岁时，虽称少年，但颜色容貌，已老于十岁时，及至三十之年，又衰于二十。今已六十有二，回观五十岁时，觉得宛然强壮。世尊！我的身体，密自变迁，日趋衰老，今以十年为一期，不过大略而言。如果仔细推想起来，不仅是十年二十年一变，实在是年年在变。岂止年年在变，而且是月月在变，以至日日迁流，时刻变化。再细审察，实在是刹那刹那，念念之间，不曾暂停地在老化，所以悟知这血肉之身，终要坏灭。"

佛告波斯匿王："你因察觉身体的变化，迁流不停，因而悟知你身必灭，但是你知道你身灭时，身中却有不灭的存在吗？"

波斯匿王合掌回答："我实在不知道尚有不灭者的存在。"

佛说："我现在告诉你，生灭身中的不生灭性。大王！你年几岁看见恒河的水？"

波斯匿王说："我生三岁，慈母携我拜谒耆婆天时经过此流，那时就知是恒河水。"

佛说："大王！如你所说，二十岁时，衰于十岁，乃至六十，其间日月岁时，念念变迁，你已知道。那么当你三岁时，见到此河，至年十三，再见此河时，觉得河中的水，有什么不同吗？"

波斯匿王据实回答："与三岁时所见一样，就是现在已六十二，所见也没有什么差别。"

佛说："你现自伤发白面皱，当然面必皱于童年。你现在见此恒河，和从前见此河的见性，也有老幼的分别吗？"

波斯匿王说："世尊！没有分别。"

佛开示说："你的面皮虽皱，但这见性，并不曾皱。皱的有变迁，不皱的当然没有变迁；有变迁的就有生灭，不变迁的自然没有生灭；既没有生灭，怎么会随着你的身体生死？如何可相信外道的话，认为身体死后就完全消灭。"

波斯匿王听了这番开示，相信佛语真实，悟知身死之后，不过是舍此生彼，并非断灭，因此大家都非常高兴，无限欢喜。

阿难因为多闻，每每遇事生情，方起信而兴奋，却又另起疑问，于是从座而起，先恭敬地顶礼，然后合掌长跪着说："世尊！如果这见闻之性，确实没有生灭，常寂不动，世尊怎么又诃斥我们遗失真性，颠倒行事呢？我心蒙昧，如镜蒙尘，愿我佛兴大慈悲云，降甘灵法雨，洗涤我心上的尘垢。"

如来慈悲，毫不厌烦，当即垂金色臂，以千辐轮相的手指，指向地面，示阿难说："你现在看我的兜陀罗绵手，是正还是倒？"

阿难连番遭受训斥，不敢再强逞知解，只好含糊地答："世间一般人，都以这样为倒，我实在不知怎样才是正，如何才名倒。"

佛问阿难："若世间人以这样为倒，又要怎样为正呢？"

阿难说："如来竖臂，以兜陀罗绵手，向空上指，就名之为正。"

佛立刻又竖起手臂，告阿难说："若以这样为正，不过是冠履倒置、头尾互换而已。就算上竖为正，下垂为倒，手臂却本无一定的正倒；世间一般人，却定要执着上竖为正，下垂为倒，这是双重执迷的看法。不知正与倒，同是这条臂，原不过头尾互换罢了。这样便知你的色身，与诸如来的清净法身，可以类比而明白，如来身名正遍知，你的身名性颠倒，这身并没有什么不同，只是迷悟有别而已。说你遗失真性，何妨原不生灭。你试仔细观察，你的色身和佛的清净法身比较，你身既有颠倒的名称，就一定有相状可以指陈，到底是何处号为颠倒呢？"

这时阿难以及大众被世尊如是一问，一个个瞠目结舌，不知所对，根本不知身心颠倒之所在。

佛见阿难和大众，皆茫然无知，实堪怜悯，大兴慈悲，如海潮音，应时而至，普告大众说："诸善男子！我常常说，色法与心法诸缘，以及五十一心所法，凡是由因缘所产生的万象，都是由真心上所显现出来的幻影。就是你现在的色身妄心，也皆是你照彻古今、纯净无染的真精心中影现之物。你们为何遗失本自圆满妙明、常自寂照的真心，清净坚实的本性，反认悟中的一点迷情，为自心性呢？这实是由于最初一念妄动，而起无明，因这一念无明，即化灵明洞照的真空，而成冥顽晦暗的虚空，复又依此无明而成妄见，致成地、水、风、火四大，幻现大地山河，再由妄心摄取四大妄色，色心相杂，就变成众生的根身。积聚能缘的气氛于妄身中，内对色、香、声、味、触五尘，不断妄想分别，对外又不停地追求五尘境界的满足，就误把这妄想贪求的意念，当作了自己本有的心性，并执迷不悟，故认为这妄心，一定藏在色心之内，不知色身之外，一切山河大地，虚空世界，宇宙万有，皆是我们本有真心中所影现之物，无一超出自心之外。譬如有人，弃却百千澄清的大海，仅认一浮沤，当作全潮，以为已穷尽大瀛小渤。

"你们就是迷中倍迷的人，就像我垂手竖臂一样，本来无所谓倒正，却定要说倒说正，又要固执地以下垂为倒，上竖为正，不是迷中倍迷么？所以说你们是最堪怜悯的啊！"

阿难蒙佛悲怜，恭承深切的教诲，得脱颠倒之苦，幸获正遍知之乐，不禁感激而泣，叉手作礼而禀佛："我虽蒙佛如是妙音，悟知妙净明心，本自圆满，寂然常住，照彻古今。但我现在能够见佛闻法，却是用的这个攀缘思虑心，若舍弃了这个心，将以什么心来听闻佛陀的法音呢？所以虽知本有常住的妙明真心，广大圆满，然不能得其用，徒生瞻仰，却不敢断然认作本元心地。愿佛哀悯，再宣圆音，拔除我的疑根，使归无上正道。"

　　佛陀这样的明白指出，阿难还是不能当下息念，认取法性，仍在佛陀的言说上转念头，只有再殷殷教诲："你们还是以妄想攀缘的意识心听我说法，把我指述的圆满常住心法，当作了求知求解的对象，怎么能够契证法性呢？譬如有人，以手指着月亮示人，那人应当循着手指的方向去看月亮，如果错把手指当作了研究的对象，不但见不到月亮，就连手指也会失去本来的意义，为什么呢？不知所以标指，原是要人因指见月，人却将指作月了。这样不但不识手指为何物，同时也不知道什么是明与暗；因为这人既把手指当作了月亮，对明暗二性，也就一无所知的缘故。你阿难就是执着手指为月亮的人。

　　"若以能分别我说法声音的，就是你的真心，那么这个心，离开声音，就应该有能分别声音的体性存在。

譬如有客，寄居旅亭，暂歇便去，终不常住；而旅亭的主人，就常住不动。心也是这样的，若真是你的心，应常住不去，为何离开了声音，就找不到能分别的体性存在呢？不但分别声音的心是如此，分别我容貌的心，离开了色相，也没有能分别的体性，以至香、味、触等，都不例外。就是非空非色的境地，离开法尘，一样没有能分别法尘的体性存在。外道不知个中道理，昧为冥谛，认为是万法的本源。既然如此，你所认为的心，却是遇境而生，随境而灭，皆如过客，各有所还，怎能称为主人翁？"

阿难诚恳请问："若是我们这心性，各有所还，如来所说的妙明本心，又为何无所还呢？惟祈垂慈哀悯，为我们明白解说。"

佛告阿难："你现在见我的见，本是第八识精明之体，映现在六根门头，在眼就名为见精。这见精虽不是妙净明心，但已好像捏目所见的第二个月亮，并不是月影了。你现在仔细地听，我当告诉你们，这妙明的本心，为什么无处可还？

"阿难！这个大讲堂，门向东开，当红日东升的时候，就一片光明；一到夜晚，云雾弥空，就昏暗一团。门窗开敞，见就通达；墙壁阻隔，见就闭塞。有分别心，就见差异的相状，无物的空间，就只见一冥顽的虚空而已。蒸气随尘土飞扬，就呈显一片混沌景象；雨过天晴，就有一种清净如洗的景色。

"阿难！你看以上所说八种变化的相状，我现在皆可一一还归它本起的来处。哪是它们的来处呢？阿难！这些变化，一一都有它生起的原因，如光明可以还归于太阳，为什么？因为没有太阳就没有光明。光明既由太阳来，所以还于太阳。准此，昏暗当然还归于黑夜，通还于门窗，塞还于墙壁，差异的相状，还归于分别心，顽虚还于空阔，混沌还于尘土，清净还于晴天。世间万象，都可依此类推。

"以上八种变化的境相，都有所还，你这能见的精明之性，应当还给谁呢？今且任举一例来说，如果还于明，那么没有光明的时候，就应不能见暗了。可见明、暗、通、塞等种种变化，千差万别，而这能见的精明的性体，常自湛然寂照，如明镜当台，从来没有往还。这些可以还归原处的，自然不是你，这从来就没有往还的，不是你是谁？

"由此当知你的真心，本自妙明清净，虽随缘而不变，你自迷昧而不知，丧失本心而自沉沦，漂流于生死苦海之中，所以如来说你们是最堪怜悯的。"

阿难又问："我虽然已认识见性无去无还，但怎么能证知，这就是我的真正本性呢？"

佛告阿难："我现在问你，你尚未证得无漏的清净圣果，不过是初果学人，但仰仗佛陀神通力的加持，也能遍视初禅的一四天下，毫无障碍。像已证罗汉果的阿那律，他看这个娑婆世界，就如看掌中的庵摩罗果一样清楚，无所不见。至于那些大菩萨，所见的境界，就更大了，能见到百千世界。十方诸佛之所见，可穷尽微尘数国土，没有看不到的世界。像众生的肉眼，就只能见到目前分寸之地。以上五种所见的境界，虽有广狭的不同，但这能见之性，并没有分别。

"阿难！现在姑且置我能见的境界不谈，就以我与你共同所见的一四天下来说，观四大天王的楼阁宫殿，遍览其间的水陆空行，各种飞禽走兽，鱼鳖之属，虽然明暗不一，形色各异，但无一不是因对眼前尘境，妄起的分别相状，产生滞留隔碍之处。你应该在这能见与所见之中，去分辨哪是自性，哪是他物。我现从你亲眼所见中，指出谁是自性，哪些是物象。

"阿难！从你能看见最远处的日月宫殿起，那是物不是你，以至绕须弥山外的七金山，周遍细看，虽有各种光明显现，也都是物象，不是你的见性，再往近看，云腾鸟飞，风吹草动，尘土飞扬，树木山川、草芥人畜，统皆是物非你。

"阿难！我们所见的这些远近物象，虽然千态万状，形类各异，但同在清净的见精瞩望之下，物象自有差别，而见性则朗然一照，毫无异样，这个能见的妙净明体，实在就是你的见性。

"你若执着见性就是物，那么物必有相状。这样你的见既然有相状，我的见当然也有相状了。这样说来，你也就可以看见我的见哪！

"若说你我共同见物之时，我的见就在物上，当你同见此物之时，就是看见了我的见；然则我闭目不见物的时候，你为何不能见到我的不见之处是什么形状呢！

"若能见到我闭目不见之处，自然不是彼所不见的物象，而是我不能见的见体；如果不能看见我的不见之地，自然不是物。我的见既不是物，你的见当然也该不是物，那不就是你的真心本性吗？

"再说，见若是物，当然物也应是见。现在当你见物的时候，物也当能见你了。这样一来，岂不是无情的物体和有情的见性，纷然混杂，没有办法分辨么？那么我和你以及有情世间、器世间等，都无法成立了。

"阿难！如你见物和见我的时候，一定是你的所见，而不是我的所见，这个无所不在的见性，不是你的真实本性还是谁的呢？为何对你自己的真性疑惑不信？这真性原是你本有家珍，却不敢直截认以为真，反希望从我的言说上，以求证实，不是舍近求远么！"

阿难听说见性周遍十方，又另生疑惑地问："世尊！若是这见性果是我的真性，而非其他任何物体，那么见性既遍满十方，理应不再有障碍，为何仍有物碍？如我与如来，同观四天王的宝殿，或在日月宫中，俯览一四天下，这见性确是周圆，遍及阎浮提。为何退回精舍，就只见此园，再进入这能令人心清的讲堂中，却只能见到四壁和庑廊呢？

"世尊！若这见体，本来遍满娑婆世界，就不应由大变小，为何会在室中，这见性惟满一室，这是见性缩大为小呢，还是被墙壁隔断而成内外二分？我今不明个中义理所在，愿垂大慈，为我解说。"

佛告阿难："一切世间的大小内外，所有事相业用以及方圆之类，都是前尘器世界相状上的事，与见性没有关系，不应说见性有伸有缩，有大有小，也不是尘境可以隔断的。

"譬如我们由方形的器皿中，就见方的空间，我现问你，在这个方的器皿中，所见到方的空间，是固定不变的呢，还是可变的？如果说是固定不变的，那么另外装一圆器，这个空间，就不应该又成圆形；若是可变的，在方器的中间，应该就没有方形的空相，你说不知个中义理之所在，当知方器见方，圆器见圆，你的见大见小的道理，就是如此，为何不知义理之所在？阿难！

你要想除却方圆的形状，只要除去方圆的器皿就可以了，不须再向虚空去寻找一方圆的形状而除之；若想要见无大小，但除却前尘就可以了，不须再去除见性的大小相状。方圆的相状，产生于器皿；见性的大小，产生于尘境的缘故。

"若照你的所问，进入室内之后，便缩见性使小，那么仰观太阳时，你岂不是要将见性拉长，接近太阳的表面么？若是筑起墙壁，就能隔断见性，如在墙壁间，穿一小孔，见性也应该有接续的痕迹啊！但事实上却不然。

"一切众生，从无始以来，不知森罗万象，皆是真心影现之物，却反客为主，将心属物，认物为己，因而失却万物一体的本心，以致心随物转，触处成障，于前尘影事之中，见大见小。若知物原属心，自然物随心转。心能转物，就同如来，身心就是法界，灵明洞彻，圆照周遍，统此身心，为寂然不动的道场，于一毛端，遍能容纳十方国土，如镜照境，广狭无碍。"

阿难仍不能彻底明白，再次求佛开示："世尊！若是这见精，必定就是我的妙明真性，现在这妙明真性，就在我的眼前。这见精既然是我的真实本性，我现在这身心又是何物呢？而且这身心，各是真实的存在，并有能分别的作用，那在眼前的见精，并没有分别的功能，既不能分辨我身，又不能分辨万物。如果此见精，确实是我的真心，我现在这身体，反为所见的对象，那么见性就是实在的我，而这身体，反而不是我，这何异如来前面所说物能见我的问难，惟愿再垂大慈，善言启发，使未悟的，皆能悟知。"

佛告阿难："你现在说见精就在你面前，应是妄言，并非真实。若真正是在你面前，你确实可以看见，那么这见精就有方所，既有方所，必有相状可以指陈。我现在与你，共坐祇陀林中，遍观山水以及殿堂，上至日月，前面是恒河，你现于我的狮子座前，可以举手指陈，种种物象，阴暗处为森林，光明照耀的是日光，有障碍处是墙壁，通达处是空间，依此类推，乃至草木昆虫、纤芥大小等种种不一，都有形状，可以指陈示人。若坚持见精是在你面前，你也应该确实指出，那是你的见精。

"阿难！你当知道，若说空是见精，空既成了见精，又什么是空呢？若说物体是见精，又什么是物呢？你可以细细地去分析世间万象，对这纯一无杂、明净不变的见精，指以示我，就如同指陈其他事物一样，历然分明，毫不含混。"

阿难思惴着说："我今在这重楼高阁的讲堂中，远看恒河，上观日月，举手所能指，放眼所能见，一切都是物象，根本指不出哪是见精。

"世尊！正如佛说，不要说我是有漏的初学声闻，就是无学罗汉、辟支佛，以至菩萨，也不能于万物象前，剖析出见精，离开一切物象，别有自性存在。"

佛赞许说："如是！如是！"复告阿难："如你所说，没有见精离开一切物象，另外有自性存在，那么你所指的一切物象之中，自然没有这见精了。现在再问你，你和如来，仍坐祇陀林中，再看林苑以至日月，各种物象，一定没有见精来接受你的指陈，但你又能于各种物象中，分明指出何者不是见精吗？"

阿难说："我实际观察这祇陀林中，一切物象，不知这中间，到底哪样不是我的见精。为什么？若说树不是见，又怎能见树；若说树就是见，又以什么叫作树？这样以至若说空不是见，又怎能见空；若说空就是见，又以什么叫作空？我再仔细思维，在这万象之中，又无一不是能见的见精。"

佛印可说："如是！如是！"

于是与会大众，尚未到无学地位的声闻弟子，听佛这样的印可，皆茫然不知始终究竟之义，一时惊惶悚惧，忧疑不定，谁是谁非，不知所从。如来知道他们六神无主，思绪紊乱，心生怜悯，乃安慰阿难及大众说："诸善男子！你们不必惊疑惶恐，无上法王语必真实，完全是依照所证到的真如实理而说，决不会以虚妄的议论，欺诳众生，不像末伽黎外道的所谓四种不死，矫乱议论，完全是两头语，并没有肯定的意义。你要如实地仔细思维，莫辜负我对你们的哀怜，也不要辜负自己对我一番仰慕的虔诚。"

当时法王子文殊师利菩萨，看到四众迷惘的神情，心生怜悯，于是在大众中，从座而起，先向佛陀顶礼致敬，然后合掌当胸，恭敬地代众请示说："世尊！与会大众不能领悟如来所说见精与色空、是是非是的双重义理。世尊！若说前缘色空等象即物是见，见精亦应有象可以指陈，但事实上见无可指。若说即物非见，就该即万象而一无所见，但极目望去，又无所不见。他们现在不知无是见与无非见之所以然，故皆惊疑忧怖。不过他们已不像从前，善根浅薄，现在已堪承受大法，惟愿如来，大慈启导，说明这些物象与这见精，究竟是什么？二者之间，到底有何关系？"

佛告文殊以及大众："文殊！你们当知道，因为你们不曾证得楞严大定，所以于万象森罗中，分别物我，说是论非。像十方诸佛和诸大菩萨，已自证首楞严三昧，常在定中，能见的见精及所见的尘境，以至想象的身心，皆如空中花，水中月，本来一无所有。实在这能见的见精与所见的尘境，都是同一菩提妙净明体，为何在一体之中，有是与不是？

"文殊！我现在问你，譬如你现在这个身体，是个真文殊，若在你文殊之外，增一个文殊，叫作文殊；或在你文殊之内，减却一个文殊，叫作无文殊，可以吗？"

文殊在佛的菩萨弟子中，称智慧第一，自知佛意，立即敬答："是的，世尊！只有我是个真文殊，不能另增一个文殊；若再增一个文殊，那我便成了两个文殊；既有一个真文殊在，也不能唤作无文殊，这其间，实在没有是非二相。"

佛接着说："这妙明的见精和一切物象，也是如此。因此这见精与物象，本来都是同一妙明无上菩提圆净真心，由于最初一念不觉，致由真起妄，才产生万象杂陈的境相和能见能闻等业识。如人以指捏目所见的第二个月亮，既有二月，于是妄计是非，说哪个是真月，哪个不是真月。文殊！若只见一真月，就没有真假是非之争了。

"阿难！你现对于见精和尘境的各种想法和说法，总是分别计度，都名之为妄想，永远超不出是非之外。若能悟知这无妄离垢的真体，圆照法界的本性，原无自他的分别，方可超出物我是非之外。"

阿难听了这番开示，虽领悟见性遍满法界，又疑与外道的说法相似，所以向佛说："诚如法王所说，灵觉能缘的见性，充满十方，能遍见一切，无所不在，湛然常照，不生不灭。不过从前有梵志金头外道，在他所说的冥谛中，也说冥性常住不变。另有投灰等苦行外道，也说有一真我，遍满十方。现在世尊所说，和他们有什么差别呢？世尊从前在楞伽山时，也曾为大慧菩萨等，演说因缘的义理，广泛地辩论如来圣教与彼外道相异之处。那些外道，常说自然，认世间一切，内而心性，外而山河大地，皆是自然而有，不须造作，不假修证。这是拨无因果，故佛说因缘以破斥之。现我看这灵觉能缘的见性，亦成自然，非生非灭，远离一切虚妄颠倒，好像不属因缘，倒与外道所说的自然相同了。究竟是同是异，愿佛分明开示，使知所拣择，免入邪见网中，能顿获真如实心，而证妙觉明性。"

佛告阿难："我现在这样方便开示，明明白白，将一真实相，和盘托出，你却仍不能领悟，反而惑为自然！

"阿难！你若一定以为这灵觉能缘的见性，因为周遍十方，寂然常照，不生不灭，是自然而有的，首先当甄别明白，当有一自然之体方可。你且细细观察，看这妙明的见性，所见的万象中，到底以什么为自然体？以明为自体呢，还是以暗为自体？以空为自体呢，还是以塞为自体？

"阿难！若以明为自体，就应该不能见暗；如果以空为自体，就该不能见塞。这样乃至以诸暗等相，为自然体的话，那么当光明的时候，见性就应该完全断灭，又怎么能够再见明？既然明时就见明，暗时也能见暗，乃是随缘成见，怎么可以执着为自然？"

阿难说："这妙明的见性，既决定不属自然，我想当是从因缘生，但是心里却不能彻底了悟，尚祈如来，明确开示，这妙明的见性，既是本来遍满十方，不生不灭，又怎样才能符合因缘生法的旨意？"

佛说："你说见性也是由因缘和合而生，是你因为见到境相，见性方得显现。我现在问你，这见性是因明有见呢，还是因暗有见？因空有见，还是因塞有见？

"阿难！若因明才有所见，光明消失的时候，见性也应该随之而消失，就应不能再见暗；如要因暗才有所见，同理也应当不能再见明。以至因空因塞等，方有所见，也和明暗一样，不能两皆有所见。

"今再问你，阿难！这见性须要缘明才有所见呢，还是缘暗才有所见？缘空有所见呢，还是缘塞才有所见？

"阿难！若要缘空才有所见，就不应能见塞；如要缘塞才有所见，就不应再能见空。这样以至缘明缘暗等，也与缘空塞一样，不能两皆有所见。

"你当知道，这精觉妙明的见性，既不属于因缘，也不是自然而有。但也不能说不是因缘，或不是自然，本来没有非不非，也没有是不是，若能觉知世间万象，皆是妄情计度的幻相，就可彻见万象的本源真性了。你怎么于这精觉妙明的真性中，仍本识情妄想，以一些世间的戏论和名相，来思量分别呢？以所谓自然因缘等戏论，来测度如来妙觉明性，恰如有人以手撮摩虚空，欲想捉住虚空一样，只是徒自劳苦罢了，虚空怎么会被你捉住。"

阿难因知道的太多，总是在言语上夹缠不清，随着识情知见所牵扯。闻佛这样解说，又随言说想到别处去了，于是恭敬地问佛陀说："世尊！若说这妙觉灵明的见性，一定非因非缘，世尊为何常向比丘宣说见性须具四种缘，就是要具足空、明、心、眼四条件，方能成见，这又怎么解释呢？"

佛说："阿难！从前我说世间一切因缘相状，只是诱导小乘学人的权宜之说，并非真实的第一义。阿难！我再问你，如世间一般人，都说我能见，到底怎么叫作见？又如何名为不见？"

阿难答言："世人因为有日、月、灯光，见到种种色相，就叫作见；若没有上说三种光明，就看不见什么，这名为不见。"

"阿难！若没有光明就名不见的话，应该也不能见暗；若定能见暗，只是没有光明而已，怎能说不见？阿难！若在暗中，因为不能见到一切物象，就名不见；今在光明之下，却不见暗相，也能名为不见吗？这样见明见暗，应该都名不见了。若说明来暗相消失，暗相现时，必无光明，这不过明暗二相，互相交替而已，并不是你的见性，随着暗明二相，暂有暂无。可知见明见暗，两皆名见，怎能说见暗之时，名为不见。阿难！所以你现在应该知道，见明的时候，并不是见精随之而明；见暗之时，也不是见精随之而暗；见空之时，不是见精随之而空；见塞之时，不是见精随之而塞。

"明暗通塞四义的成就，既已证明与见精无关，你更应知道，这能见的真见，能见到尚带一分无明的见精。这纯真无妄的见体，实在就是本具妙净明心，已不同于妄见所见的境相。这个真见尚离于带妄的见精之见，比见精尚高一层，哪有并见亦离，还能说什么因缘、自然以及类似因缘的和合相状？

"你们声闻，见地狭小，心志下劣，故不能了解清净本然的实相，原是寸丝不挂，一尘不染。我现在告诉你们，真正能通达菩提的大道，你们应当用心细听，正念观察，努力向菩提道上迈进，不可以得少为足，悠悠忽忽，懈怠不前。"

阿难禀佛说："世尊！如佛世尊，先为我们宣说的因缘、自然、一切和合相以及非和合相等义理，我们尚且不十分明白，现在又听说见见非见的教诲，更加迷惘，莫明所以，伏愿弘慈，赐我慧眼，开示我们，使觉心明净。"随即含泪顶礼，恭候承受圣教。

当时世尊怜悯阿难以及大众，在未讲述大总持门中一切三昧最简要、最高妙的修行路径以前，先训诫阿难说："你虽有强记的能力，只能增益多闻而已。对于奢摩他自性本定中，真智的微密观照，尚不能明白，你现专心细听，我当为你分别开示。也使将来一切凡夫和二乘学人，都能获得菩提圣果。

"阿难！一切众生，轮回世间，不得解脱，皆是由于二种颠倒分别妄见所致，这种妄见，于何处发生，就于当处惑境之中，取着而造业，随业受报，次第迁流，也就是说，当业轮转。是哪二种见呢？一是众生业感不同，个别的妄见；二是众生业感相同，共同的妄见。

"何谓业感不同的个别妄见呢？阿难！譬如世间有人，因患眼病，目有赤瞖，于夜间见灯火时，必见灯火外围，另有一五彩的圆晕，你认为这灯火外围的圆晕，是灯光本有的颜色呢，还是病见所有的颜色？

"阿难！如果说是灯火本有的颜色，那么没有眼瞖病的人，为何见不到这圆晕，惟独患眼瞖病的人才可见。若说是病见所成的颜色，这见既成圆晕，当不能以见再去见见，那么彼病目人，能见到圆晕的见，又是叫作什么呢？

"复次，阿难！这五色圆晕，若能离开灯火而自存在，那么旁观屏、帐、几案等物，也都应该有圆晕显出，为何又只灯火独有呢？如说舍却病见而自存在，就应该不是眼才能见，为什么患眼病的人，必须用眼才能看到那五彩的圆晕？既不是即灯与见而生，也不是离灯与见而有，到底这圆晕从何而起呢？所以应当知道，光明在于灯火，因目病有瞖才见圆晕，不但所见的圆晕是因眼中赤瞖而生，就是能见圆晕的妄见也是由赤瞖所造成，但能见眼瞖的见体，却不受眼瞖的影响，从来本自无病。究竟而言，不应该说是灯是见，也不应该说不是灯，不是见。譬如前面所说的第二个月亮，既不是月亮的自体，也不是月亮的影子，为什么？因为这个第二月，是由捏目而成，捏就是妄见之因，不捏就没有第二月。一切有智慧的人，不应议论由这捏目的根本原因所见第二月，是真月或不是真月，离见或不离见。这见圆晕的道理，也是一样，本由眼病所造成，凭什么说是灯是见？何况又去妄加分别，说什么非灯非见呢！

"什么叫作同分妄见？阿难！我们所居的这阎浮提，除四周的大海，中间的平原陆地有三千洲，正中央有一大洲，四境之内，有二千三百个大国，其他的小洲在各海中，有二三个国家的，也有一国或二国的，以至三十、四十、五十国不等。阿难！如果其中有一小洲，只有两国，其中一国的人民，同感恶缘，则居住这小国的人民，就会见到一些不祥的境界，如见两个太阳，或同时见到两个月亮，甚至看见恶气环绕的日晕、黑气遮掩的日蚀，或见白气横空，或作半环而绕日月，或见彗星陨落，或见流星横飞，种种灾象，名字不一。但只这一国人能见，他国众生，却无所见，也无所闻。共见的为共业所感，这就名为同分妄见。

"阿难！我现就以这两种事实为例，反复地为你说明真妄的至理。

"阿难！像前面所说众生的个别妄见，看见灯光所现的圆晕，虽然似实有的境象，但到底是见者的眼病所造成，并非真有圆晕。因眼病疲劳所见的幻影，既不是灯的本有颜色，也不是灯光所造成的颜色；然能见这病翳的真体，从来无病，自亦没有虚妄的过咎。以彼例此，如你现在眼见山河大地的物质界，以及一切众生的根身，也都是你无始以来，见病所造成的幻影。这能见的妄见与所见的妄境，皆属依他起性，似有实无。若推本穷源，原是我们本觉妙明的真心，忽然一念妄动，就如眼中生翳一样，致有能见的妄见、所见的妄境。但本觉妙明的真心，可觉照能缘的妄心、所缘的妄境。这觉照的真体，本自无病，自非妄见可以比拟。

　　"觉照既能觉知妄见，这能觉照的真体，自然不再堕于妄见之中，实在就是前面所说的，能见带妄的见精之真见。这见性实即是常寂的心性，也是众生的本修正因，怎么能说是见闻觉知的妄见呢？所以你现在所看见的你我，以及一切世间十类众生，都是属于妄见，不是能照见妄见的真见。真见纯净无杂，一尘不染，不变随缘，虽为妄见所依的根源，但不随妄见而变易，根本不受眼翳的影响，只如明镜当台，常自寂照，所以不能名为知见之见。

　　"阿难！别业妄见，显著而易明，同分妄见，普共而难知，今以别业妄见为例，再作说明。如将一病目的人，比作一国，这病目的人，所见的圆晕，既是因眼病而生，那么彼一国人共见的不祥征象，也是由共业中的恶缘而起。同样是无始以来的见妄所生，虚幻不实，和病目人，独见圆晕的情形，完全一样。

　　"更进一步说，阎浮提的三千洲中，兼四大海及娑婆世界以至十方一切凡夫国土的众生，都是由这灵明觉照的清净妙心，一念妄动，转为见闻觉知的妄能，四者和合，成为虚妄的病源。于是和合妄生，和合妄死，这就是众生的生死根本。

　　"若能以微密观照之力，照破诸和合缘及不和合缘的虚妄，不再执为实有，就能断除分段生死及变易生死的根本原因。二种见妄既除，就是圆满的菩提自性，又名不生灭性，也称清净本心，亦名本觉常住。

"阿难！你先前虽已悟知本觉妙明的真心，双双超越妄情的分别计度，既不是由因缘生，也不是自然而有，但是尚不明了这本觉妙心，原自非和合及不和合而生，今再为开示。

"阿难！你现在尚以一切世间的妄想情计，妄计和合诸因缘性，怀疑这清净的菩提，也是以和合而有的。我现在以眼前所见的尘境问你，你现在的妙净见精，当明、暗、通、塞之际，究竟是与谁和？须知所谓和，必如水和土，混而不可分，如果说这妙净的见精，是与明和，你且开眼见明，正当明相现前的时候，到底从何处杂和这见精？况明相属外境，见精属内心，明之与见，两不相杂，历然可辨。若两相杂和，则明不成明，见不成见，哪有什么形状相貌可以辨认，知道是见与明杂和呢？又见与明，二者杂和以后，到底是见或不是见？若杂和后，已不是见，就应什么也看不见了，为何可以见明？若说明相就是见，相既然成为见，应不自见其相，为何以见可以自见其见？如一定说是见性圆满无缺，则无处可以与明和；若说明相圆满，自亦无空隙可容见性与之相和了。

若说见性与明相，一是有情之性，一是无情之境，两者原自互异，今若杂和，当失去见性与明相本有的名字，不但失去本名，且亦失去见与明的本性，如水和土，即名为泥。见与明的名字都没有了，还怎么能说见与明和呢？

"其他暗与通、塞，皆比例可知，说见与明相和，是毫无意义的。

"复次，阿难！你现在这妙净的见精，是与光明的境界相合呢，还是与黑暗的境界相合？是与通达的境界相合，还是与堵塞的境界相合？

"若说与光明的境界相合，待到黑暗的境界现前时，光明的境界已不存在，你的妙净见精，应该随着光明的境界而消失，当然不会再与暗合，怎么又能见暗呢？如见暗的时候，并不与暗相合，仍然是与明合的，那么当与明合时，也应该不能见明。既不能见明，为什么与明合时，却能分明知道是明而非暗？由此可知，这见精决不与明合。其他如暗与通、塞等，也是如此，比例可知其非。"

阿难听佛所说，证菩提心，不是从和合起，又惑为非和非合，以为离缘别有，于是求佛决疑说："世尊！依我的想法，难道这本妙觉明的清净体，与所缘的明暗通塞等尘境及心识念虑不能和合吗？"

佛说："你现在又说这本觉妙明的清净体为不和合，我再问你，这妙见精，若不和合者，是不与明和，还是不与暗和？是不与通和，还是不与塞和？

"若不与明和，那么见之与明，必有界限，你现不妨仔细观察，到底何处为明？哪里是见？是见是明，以何为界？

"阿难！若在明的境界中，一定无见精的话，则为见所不及之处，自然不能知道明相的所在，界限之名，又如何能够成立？至于暗与通、塞等，义理相同，比例可知，皆不成立。

"又妙见精，若不和合者，那么在明、暗、通、塞等尘境之中，到底不与何境合呢？

"若说不与明合，则见与明，好似牛之两角，相互对立，永不相触；又如以耳听明的相状，自然了不相涉。如是说来，这见精尚且不知明相之所在，又如何能够明白地甄别合与不合？

"其余暗与通、塞等，也是如此，义理相同，比例可知。

"阿难！不但上说的见精是相妄而性真，其实世间万象，都是如此。一切虚浮不实的尘境，皆是幻化的假象，忽而生，忽而灭，生无所来，灭也无所去，徒有虚妄的名相，根本没有实在的体性。然皆从妙觉本明的真体上生，这个真体如镜，一切幻化的众象，如镜中影，无镜就无影，众生迷影而忘镜，不知影虽虚幻，而镜为实有，所以说相不离性，离性就无相，相虽妄现，而性实不虚，这真性就是我们的妙觉明体。如色、受、想、行、识等五阴，眼、耳、鼻、舌、身、意等六入，以及六根与六尘的十二处，六根、六尘、六识合成的十八界，人皆知道是因缘和合，虚妄有生，因缘离散，虚妄名灭。殊不知道物质世界的成、住、坏、空，万象的生、住、异、灭，众生的生、老、病、死，本来都是如来藏中，寂然常照，不生不灭，无去无来，遍满法界的妙真如性，随缘影现而已。在这真常妙明的本性中，去求生灭去来，迷悟生死诸幻相，根本就不可得，如梦行千里，一觉醒来，未离床枕，如何有来去之迹可见？

万象皆由真心影现

　　"阿难！五阴、六入、十八界等，原是世间有为的事象，为何又说五阴本是如来藏中的真如妙性呢！

　　"阿难！譬如有人，以清澈明亮的眼睛，仰观晴空，惟见碧空万里，一无所有。但若目不转睛，长久直视，瞪眼成劳，精神不振，就会见到空中狂花乱坠，或各种怪异形象，当知色阴，也是如此。

"阿难！这些狂花，既不是从空中来，也不是由眼中出。

"阿难！若是空中来的话，既从空来，就还归于空，应从空入；若有出入，便有内外；既有内外，就不是虚空。虚空不空，便是实体，自不容有狂花于中乱坠，正如你阿难一样，自不容你体内，再有一阿难的身体。

"若说是从眼中出，既从眼出，就应还归于眼，仍从眼入，因为这些花从眼中出，就应当有见的功能，如果有见的功能，出来既成空中的花，返回时应能看见自己的眼。若是这花，虽从眼出，体本不能见，只有遮蔽的功能，那么出既能遮蔽虚空，还归入于眼时，当能遮蔽眼睛。又见空花的时候，花既已从眼出，眼睛应已没有遮蔽，为何现在看到空花时，乃是因眼有翳障？而能见到万里碧空，才称为清澈明亮的眼睛？所以你当知道，色阴虚妄，原没有自性，本就是非因缘、非自然的妙真如性了。

"阿难！譬如有人，四肢舒畅，百骸调适，忽忘有身，不知人生尚有苦乐事，但他无缘无故，以二手掌，互相摩擦，于是二手，妄起涩滑冷热等相。当知受阴，也是如此。

"阿难！这些幻触，既不是从空而来，也不是从掌中出。阿难！这幻触若是从空中来，既能够触掌，为何又不触身呢？难道虚空还知所选择，只喜触掌，而不爱触身吗？若是从掌出，就不应待双掌相合，互相摩擦才有。又如为掌中出，那么合时，当知触从掌出，两掌分开时，也应知触从掌入。既然有出有入，则最接近的臂腕骨髓，也该知道触入时的踪迹，为何都无所觉呢？若是臂腕骨髓真有觉心，知道它的出入，那不是说原是一物，在身中往来自触了么，又何必待合掌后，方知出入才名为触呢？所以你当知道，受阴虚妄，原没有自性，本来就是非因缘、非自然的妙真如性了。

"阿难！譬如有人，谈说酸梅的时候，听闻的人，必定口中出水；如果想到脚踏悬崖之上，脚掌心就会感到酸涩。你当知想阴，也是如此。

"阿难！这样因说酸梅，口中生水，这水既不是从梅而生，也非由外从口而入。阿难！若是从梅而生，梅就该自谈，又何须待人来说；若是从口入，自当口闻，又何须待耳听口中才出水呢？若独耳闻，就有水出的话，这水为何又不从耳中流出呢？

"至于想到脚踏悬崖，也与口说酸梅的道理相同。所以你当知道，想阴虚妄，原没有自性，本来就是非因缘也非自然的妙真如性了。

"阿难！譬如汹涌的流水，后浪催前浪，波波相续，后不逾前，前不落后，日夜滔滔，无时停息，当知行阴，也是如此，念念迁流，不可遏阻。阿难！这流动性，不因空生，不因水有，也不是水的本性如是，但亦不离空与水。阿难！如果这急流是因空生，那么十方无尽的虚空，应成一片汪洋，世界必尽遭沉溺，岂有是理。若是因水而有，则这急流的性体，必与水各异，一定另有相状，别有处所，如父生子，形体各别，两皆存在，但事实上没有。又如急流混浊，如果就是水的本性，那么澄清的时候，混浊已除，就应当不是水的自体了。若说离开空与水，另有急流，但空没有外，水外也没急流。所以你当知道，行阴虚妄，原没有自性，本就是非因缘、非自然的妙真如性了。

"阿难！譬如有人，取一像妙音鸟形的瓶子，堵塞两孔，擎瓶中的空，远行千里，用以馈赠友国，当知识阴，也是如此。妄业如瓶，妄识如空，业牵着识走，亦如擎瓶中空而行，舍身受身，亦如用以馈赠他国。

"阿难！这个虚空，并不是由擎瓶之地而来，也不是由到达之地而入。阿难！若是从彼处来，则瓶中既装满空而去，彼处的虚空，就应该少了。若是由到达之地而入，那么开孔倒瓶，应当先看到原来的空从瓶中出来。所以你当知道，识阴虚妄，原没有自性，本非因缘，亦非自然的妙真如性了。

3　卷三

万象皆由真心影现

"其次，阿难！怎么说六入本是如来藏中的妙真如性呢？

"阿难！我前说清净明澈的眼睛，瞪视使劳，就别见狂花，这能见的眼睛与所见的狂花，都是菩提心中，所产生的疲劳之相。因为于明暗二种虚妄的尘境，粘湛发见，居浮根中，见精映色，吸取这种尘相，名为见性。这能见之性，离开明与暗二种尘境，终归无影无形，可见只是依尘境而妄现，根本没有独立而实在的体性。阿难！当知这能见的见，不是从明暗二尘境而来，也不是自眼根中出，更不是由空而生，什么道理呢？如果是明中来，遇黑暗时，见应随明而灭，就不应再能见暗；若从暗来，遇光明时，见已随暗消失，自不再见光明。若是由眼根生，就应没有明暗二相之可言了，如是见精，本来就没有自性。若说是从空出，空离眼根与尘境，那么眼根与尘境，皆成所见的见了，这样一来，前看既可以见诸尘境，退也应可自见眼根。但事实不然，纵然能见，也是空自能见，又何关你的眼入？所以你当知道，眼入虚妄，本就是不属因缘，亦不属自然的妙真如性，随缘显现而已。

"阿难！譬如有人，以两手指，紧塞双耳，因塞成劳，头中就发生嗡嗡的声音，这能闻的耳入与所闻的声音，同是真性菩提心中所产生的疲劳之相。

"因有动静二种虚妄尘境，而耳根之中，有种闻的功能，吸取这种尘境，名听闻性。这听闻性，亦不过因境而显，离开动静二种尘相，即无影无形，根本没有独立而实在的体性。阿难！当知道能闻的闻性，不是从动静二相中来，也不是由耳根所出，不是由空而生。什么缘故呢？若这能闻的闻是从静境生，那么动境出现的时候，这闻应已随着静境而灭，当不能再闻动，怎么可能听到风声鹤唳、虎啸猿啼？若说是由动境生，则静境当前时，这闻性应随动境而消失，为何又能觉知寂然无声？若是从耳根生，自不须假借动静等尘境方能显现，如是闻体，本无自性。如从空出，空既能闻，就该名耳，不应再叫作虚空；况空自闻，又与闻入何关？所以当知，耳入虚妄，本就是非因缘、非自然的妙真如性了。

"阿难！譬如有人，急速地连续收缩他的鼻孔，缩久成劳，于是鼻中就有冷触之感，因而分别通塞虚实，以至香臭等气味。这能嗅的鼻入与感到的冷触等劳相，皆是菩提心中所产生的疲劳之相。由于有通塞二种虚妄的尘境，而鼻根有种闻的功能，吸取这虚妄的尘相，名为嗅觉性。这嗅觉离开通塞二尘，根本没有独立而实在的体性。当知这嗅觉性，不是从通塞来，也不是由鼻根出，又非由虚空生。什么道理呢？若说是从通来，塞时嗅觉应随通而灭，怎么能再知塞？如因塞有，通时亦不应再有嗅觉，为什么又能嗅知香臭等气味呢？

"如说是由鼻根生，那么仅有根而没有通塞等尘境，如是闻机，本就没有能入的自性；既没有所入的尘境，又怎么有能入的鼻根？若说是从鼻孔的空出，则是空自有嗅觉，那么当返归时，应可自嗅其鼻。就算能嗅，也是虚空自有嗅觉，又与你阿难的鼻入何关？所以你当知道，鼻入虚妄，本来就是非因缘亦非自然的妙真如性随缘显现而已。

"阿难！譬如有人，以舌猛舐自吻，熟舐使劳，这人如果有病的话，会感到有种苦味，健康的人，会觉有淡淡的甜味。由于甜与苦的妄尘，正是显出舌根不动的时候，不甜不苦的淡性常存。这能尝的舌根与甜苦的劳相，都是菩提心中所产生的疲劳相状。

"因为有甜苦与淡的两种妄尘，借舌根之中，启发知的功能，吸取这两种尘相，妄加分别，名为味觉。这种味觉，若离开甜苦及淡二尘境，根本就没有独立而实在的体性。

"阿难！你该知道能尝苦淡的味觉，不是甜苦中来，不是因淡而有，又不是由舌根所出，也不是从空而生。什么道理呢？若自甜苦中来，遇淡当没有味觉了，怎么可能知为淡味？如果说是从淡中出，遇甜就也应无知觉，为何可能分辨甜苦等味？若说是从舌生，这味觉本无自性，那么根本就没有甜、苦、淡等尘相了。若说是从空生，虚空自当知味，何必假你的舌，然后方知？又虚空既自能知味，和你的舌入有什么关系呢？所以你该知道，舌入虚妄，本来就是非因缘亦非自然的妙真如性随缘显现罢了。

"阿难！譬如有人，以一只冷手，合触另一只热手，若冷度强于热度，热手就会变冷，如果热度高于冷度，冷手也会成热。这冷热二种触觉，合时知合，离时知离。以这合的触感，彰显离开的知觉，这与平常有知的身体，和无情的物体相合而成触不同。因同属身体，对于触尘，有离合二种感觉，两手冷热相涉之势若成，因两手相合，合久成劳，所以现冷热相涉的触感。这身体和冷热相涉的触感，都是菩提妙心所产生的劳相。

"因为有离与合两种虚妄的尘相，借身中知的功能，吸收这两种尘相，名之为知触性。这种感知触觉的体，若没有离与合及各具的违与顺二种尘相，根本就没有独立实在的体性。如是阿难！你当知道觉触的觉，并不是从离与合中来，也不是因违顺才有，不是从身中出，也不是凭空而生。什么道理呢？若说这觉因两手相合时才来，那么两手分开时，这个觉应该随之而消失，怎么又能觉知分开呢？至于违与顺二种相尘——违时顺灭，顺时违灭，也是如此。

"若说是从身根自出，一定没有因离合而产生的违顺二相，况你身知，也没有独立而实在的体性。若说必定是空生，那么空自知觉，又与你的身入有什么关系？离开尘相，并没有实在的体性，也无所从来。所以你当知道，身入虚妄，本就是非因缘，亦非自然的妙真如性，随缘显现罢了。

"阿难！意根的劳相，就比较难说了，譬如有人，劳倦的时候，就须要睡眠，熟睡之后，自然会醒来，醒后就记起各种尘相，名之为忆；熟睡以后就失去了这种记忆，名之为忘。忘而后忆，忆而又忘，这样颠颠倒倒，首尾循环，念念之间，有生、住、异、灭各种尘相，循环不息，这都是无始以来的习气。吸取这种习气，中归于意根，生、住、异、灭，四相变迁，次序井然，不相逾越。所谓四相，不过略举，实在意入的一切妄知，类皆如此，故称为意知根。这意与劳，都是菩提妙性瞪视而产生的发的劳倦现相。然生、住、异、灭虽称四相，但总名法尘，实在只有生灭二种妄尘。承揽生灭二种妄尘，集能知之性，居于意根之中，内缘五尘落卸的影子，能缘眼、耳、鼻、舌、身五根所不到之处，这就是名为昭昭灵灵的觉知性。但这觉知性，并非真知，若离开醒而生、睡而灭的二种妄尘，毕竟没有独立而实在的体性。所以说，阿难！你应当知道，这能觉能知的知，不是由醒、睡来，也不是因生、灭二尘而有，不是从意根出，也不从空而生。

"什么缘故呢？若说是从醒时来，睡熟时即应随之而灭，又将以什么为睡？在熟睡中，能做梦的又是谁？睡时亦然，类此可知。如说必定生时才有，那么灭时，就同于无，又有谁来觉知有灭？若说从灭而有，生就应无，又何以能知有生？由是可知，不是从尘相来。若说是从根出，与醒时睡时没有关联，殊不知人身中的肉团心，状如莲花瓣，常自开合，没有暂停的时刻。这觉知之根，离开这二种尘相，这个能觉知的，将同于空花水月，根本没有独立的自性。若言是从空生，自然是空知，和你的意入又有什么关系？可知这种劳相，既没有体性，也无所从来。所以应该知道，意入虚妄，本来就是非因缘也非自然的妙真如性随缘显现罢了。

"复次，阿难！为何说十二处本是如来藏中的妙真如性呢？阿难！你现在且看这祇陀树林及一切泉石清池。

"你的意思以为如何？是由祇陀林产生你眼中的见，而能看见祇陀林呢，还是因你眼中的见产生祇陀林，而后你才能见？

"若说是你的眼根产生祇陀林，而使你能得见，那么当你眼观空的时候，就看不见祇陀林了，祇陀林便应该消失。能生的见既然消亡，当然也就没有所生的一切色相；若没有一切色相，空相也自不可得。因色空是相对而显，色相既无，更有何物以彰显空义呢？若说眼生空相，道理也是一样。

"如果说是祇陀林产生你的眼见，因而能看见祇陀林的话，那么当你眼观空的时候，并不是观色。既没有能生的色相，也自没有所生的眼见了。眼见既然消失，为何又能见空见色呢？若言空生眼见，道理亦同。所以当知，眼见与色空，皆没有一定的处所，色不生眼，眼也不生色，各自寂灭；而执着色尘与眼见，实有二处，皆是虚妄。因见与色，本来一体，皆是由非因缘亦非自然的妙真如性随缘显现而已。

"阿难！你再听这祇陀园中，吃饭的时候击鼓，集众的时候敲钟，钟声鼓响，前后相续，你的意思以为如何？这是声音来到耳边呢，还是耳至发声之处？

"阿难！若说这是声音来到耳边，如我已往室罗筏城乞食，在祇陀林中，就没有我了。这个声音既然到了阿难的耳际，而目连、迦叶等，应该都听不到了；但是一千二百五十位比丘一闻钟声，皆会来到吃饭的食堂，可见不是声来耳边。

"如果说是你的耳到那发声的地方，又如我归返祇陀林中，在室罗筏城就没有我了。你现在既闻鼓声，你的耳已往击鼓之处，那么钟鼓齐鸣，应该不能同时听到两种声音，何况象、马、牛、羊等一切音响，都能同时听到，证明不是耳到发声之处。

"若说耳根与声音，各住本位，两不来往，就应有声音而耳不闻，但事实上，有声音就能听到，可证也并不是互不来往。所以你当知道，听觉与声音，两皆虚妄，都没有一定的处所，也就是听与声，皆没有实在的自体，谁往谁来？原不过虚妄的名相而已，本来都是由非因缘也非自然的妙真如性随缘所显现。

"阿难！你现在嗅这炉中的栴檀香，若燃这香一炷，在室罗筏城四十里以内，都能同时闻到这种香气。

你的意思如何？以为这香气是由栴檀木生呢，还是生于你的鼻根，或是由虚空所生？

"阿难！这香气如果是生于你的鼻中，称鼻所生，就当从鼻中出，鼻不是栴檀木，为何鼻中有栴檀的香气？况名闻香，当从鼻入，现鼻孔出香，说闻就名不副实了。

"若说这香气由虚空所生，空性常恒不变，这香气也应该常存不失，又何以要借香炉，燃烧这种栴檀枯木？

"若香生于栴檀木，这生香的木质，因爇成烟，若鼻得闻，理应先蒙受烟气，但青烟袅袅，应当飘逸不远，为什么四十里内都能闻到这栴檀木香呢？可见这香气，并不是木生。详究这香气，尚且没有来处，而这嗅觉，岂有体性？所以你当知道，嗅香的鼻与能闻香的性，皆没有处所，也就是嗅与香，皆没有实在的体性，徒有虚妄的名相而已，但都是由非因缘也非自然的妙真如性上所显现。

"阿难！你每日二时，随同大众，托钵乞食，有时也会乞到酥酪醍醐，名为上味。你的意思认为如何？这味是产生于空中，还是由舌中生，或生于食物？

"阿难！若这味生于你舌，在你的口中，只有一舌，这舌当时已成酥味，再食黑石蜜时，理应不能转移，只能独知一味，不会再知甜味。若果不能变易，就不能说舌能知味，若是变易，舌不是多体，为何种种滋味，一舌都能尝知？

"若说味生于食品，食品乃无情之物，并没有意识，怎么能够知甜知苦？况食品自知其味，即如同他人进食，与你舌何干，而说你舌有知味的功能？若言味生于空，你试食啖虚空，到底是什么滋味？如作咸味，应遍空皆咸。既能咸你的舌，亦当能咸你的面，那么这世界上的人，岂不都像海中的游鱼？既常游泳在咸水中，根本就不会知有淡水；如果不知淡为何滋味，自亦不感觉咸了。因咸淡本是相对而显，这样岂不是一无所知，为什么又知酥酪醍醐，名为上味呢？所以应当知道，知味的舌与能尝的性，都没有一定的处所，也就是尝与味皆没有实在的体性，徒有虚妄的名相。然相虽妄，而性实真，本来都是由妙真如性上所显现。

"阿难！你依我的教法，每于早晨，以手摩头。这一摩，手知所摩的是头，头知来摩的是手，两皆有知。我现在问你，这头与手二者，谁是能触？谁是所触？须知能触的应为有知，所触的必为无知，能触与所触相合，才能名之为触。若说能触的是手，头就应该无知，现头也有知，怎么能够成触呢？若言能触在头，手就应该没有知触的功用，今手也有知，也不能名之为触。如果说头和手，各自有知，那么你阿难就应该有两个身体了。

"若说头和手只有一知，则头手当为一体。既然是一体，就没有能触与所触，既绝对待，根本无法成触。如说是二体，这触当何所属呢？若属能摩的手，就不在所摩的头，若在所摩的头，就不属能摩的手，现头手两皆有知，都成了能触而没有所触的对象了，难道虚空为你所触的对象吗？所以应当知道，能觉的触和能觉的身，都没有一定的处所，也就是身与触都没有实在的体性，两皆虚妄。但相妄性真，本来都是由非因缘亦非自然的妙真如性上所显现。

"阿难！你平常在意根之中，憧憧扰扰，所缘的不是善性，就是恶性，或不善不恶名为无记等三性。这三性为万法生成的法则，凡有造作，皆依这三性而生。这三性，皆是眼、耳、鼻、舌、身等五根所取现行落卸的影子，各有轨则，为意根心所缘的境界，名叫法尘。这法尘是意根心所生呢，还是离开意根心别有方向处所？

"阿难！这法尘如果就是意根心所生，那么能生的心既然有知，所生的法，也应该有知，如父生子一样。法尘既是有知，就应该不是尘，自不是心所缘之境，怎么可以成处？

"如果说离开这意根心，另外有方向处所，则法尘应该有自性。试问法尘的自性，是有知还是无知？有知则当名为心；既然离开你的意根心，而又有知，自然就不是尘境，乃是另外一个心了，这不是同别人的心一样么？如果说离开意根心而有知的法尘，仍然是你的心量，自不应该离开你，你心为什么不与你合而为一，却与你相对为二？

"若说是无知，应当就是外尘，理该有所标示。然而这法尘，既不是色、声、香、味与离、合、冷、暖的触，以及虚空等相，那这法尘当在何处呢？现在于色、空之间，都没有办法标示，不应这人间，还在空以外，另有为法尘所容之处。纵居空外，亦不是心所能缘，从何立处？是故，当知法尘与心，都没有处所，则意与法，两处皆是虚妄。然相妄性真，本来都是由非因缘亦非自然的妙真如性上所显现。

"再次，阿难！为何说十八界本是如来藏中的妙真如性呢？

"阿难！如你所知道的，眼与色尘相互为缘，而生眼识。这眼识是因眼根所生，以眼为识的界限呢，还是由色尘所生，以色为识的界限？阿难！若因眼根所生，如没有色相和虚空，就没有可以分别的境相，你纵有识，也不能施展分别的功用。况你眼根的见，无形无相，既没有青、黄、赤、白等颜色，也没有长、短、方、圆等形状，但为一体，并没有内外可以标示，将以何处为中间，而建立识的界限？

"若说这识是由外境的色相所生，以色为界的话，当眼观虚空，空无一物的时候，你的识就应当随之而消灭。识灭则没有辨别的能力，为什么又能识知当境为虚空？可知识并不是因色所生。况色境有变迁时，你又能识知色境的变迁，而你的识，并不随色境变迁，而是色灭而识独存，一存在，一消失，已没有对待之相，又从何处去建立识界？

"如果识随色变迁，是色与识都变灭了，自然再没有界限可言。若识不随色而变迁，识性当是常恒。虽常恒不变，然既是由色所生，自属无知之物，应该不能认识虚空的相状，现在既能知空，可证识不是由色生。

"若说这识兼俱眼根与色尘，由眼与色所共生，试问是由眼与色合并而生，还是分开而生？若是合并而生，则半从眼根生，半从色尘生，如二物相合，中间必有结合的痕迹。若是分开各生一半，就半属有知，半是无知，有知的合于眼，无知的就合于色，自成两合。如是则性体杂乱，怎能成界？

"所以你当知道，所谓眼色为缘，生眼识界，从上的分析，眼识既不从眼生，又不从色生，也不由眼色共生，则中间所生眼识既不成界，内眼外色，又何得为缘？中界既然虚无，内外亦不可得，三处都是徒有虚妄的相状。所以眼与色及色界三者，本来都是非因缘、非自然的妙真如性。

"阿难！又如你所明白的，耳根与音声为缘，产生耳识。这耳识是由耳所生，以耳为界呢，还是由声音所生，以声为界？阿难！若说耳识是由耳根所生，当有声的动相和没有声息的静相都没有显示的时候，耳根就不会成为能知者。既没有能知的耳，当然不会有所知的声音；能知的耳根且不可得，那么所生的耳识，到底是什么形貌，你能明白指出吗？

"若是这肉耳能闻声，但是没有动时的有声与静时的无声，也无从构成闻听的事实，又何能生起识别作用？为什么以如新卷叶形的肉耳夹杂色触等尘，而可名为耳识界呢？耳识既不是耳根所生，复依什么而立界？

"如果说这耳识是由声音所生，那么识既然因声而有，当与耳闻没有什么关系。然而声必因耳闻才能彰显，假如没有闻，也就不知声相何在，声音尚不可得，又怎能产生识的分别作用？且识既从声生，却许可能生识的声，亦必须因闻才有声相；这样说来，声中就应该有识，如是闻声之时，也当同时能闻到识。若不能闻识，就是声中没有识，既没有识，则声就不能产生识界了。如闻声的时候，亦同时闻于识，是识就当与声音相同，皆成耳根所闻的对象，又是谁在分别了知所闻的声，亦并闻于识呢？若说没有能分别了知者的存在，人岂不是同草木一般，皆成了无情之物！况不应该声与闻相交杂，而成中界，既没有中界之位，又从何而分内根外尘的界相？由是当知，所谓耳与声为缘，生耳识界，三处的界限，都是无从寻觅，全是虚妄，可知耳与声尘，以及声识界三者，本来都是非因缘亦非自然的妙真如性了。

"阿难！又如你所知道的，鼻根与香尘为缘，产生鼻识，这鼻识是因鼻所生，以鼻为界呢，还是因香所生，以香为界？

"阿难！假设因鼻而生，那么在你的心想中，以什么为鼻？是以肉质的双爪形为鼻，还是以有嗅觉的动摇之性为鼻？若以脸上双爪形的肉质之物为鼻，肉质乃属身根，身体的所知，就是触觉，应名身根，不是鼻根，其所知的亦当名触尘，不是香尘，如是说来，鼻根之名，尚不可得，怎么能说因鼻所生，依鼻立界？

"如果取嗅知之性以为鼻，又在你的心想中，以什么为能知？如以鼻头之肉为能知，鼻肉原属身根，肉的知就是身的知，身知名触，自不是鼻根嗅知之性，嗅知之名，尚不可得，怎么能依之立界？

"假若鼻孔中的空为能嗅的知，则空本无知，纵说它有知，也是空自有知，鼻头的肉应为没有知觉之物，这样说来，虚空就应该是你，你的身体反成无知觉之物。虚空既然是你，但虚空无相，现在你阿难，也应该无所在了。又如以香为能嗅知之性，则知自属于香，又与你的鼻根什么相干？

"若言香臭二种气味，一定由你的鼻所生，那么香与臭二种气流，就不必发生于死尸臭一般的伊兰树及具妙香的栴檀树了。如果没有上说的香臭二树，你试自嗅鼻，是香？是臭？如是香，就应不是臭，如是臭，自当不是香。若是香臭两者皆能闻到，那么你一人应有两个鼻知，如两鼻对我问道，有二阿难，谁是你阿难的真体？

"若说鼻知是一，香与臭亦应混而为一，当不复成为二，臭既可以成香，香自亦可以成臭。既没有嗅知香与臭的二种根性，又能依据什么而建立鼻识界？

"如执着鼻识为香所生，这识因香才有知，就如眼有所见，却不能自见其眼；识既因香才有知，亦应不能自知其香。如能自知其香，这个能知的识，就不是由香所生；若不能自知其香，又不能名为能知的识。香如果没有识来知其有香，则香界不能成立，识既不知有香，怎么又能从香而建立识界？鼻识既不从鼻根生，又不从香尘生，自亦没有中间的识界；没有中间的识界，如何能成内根外尘二界？内外不成，则能共生的既不实，又没有中间，所共生的当然亦非真，可证能嗅闻的识，究竟是虚妄了。所以当知，所谓鼻与香为缘，生鼻识界，三处都是没有的，那么鼻与香及鼻识界三者，本来都是非因缘亦非自然的妙真如性了。

"阿难！又如你知道的，舌与味为缘，产生舌识，这舌识是因舌根所生，以舌为界呢，还是因味尘所生，以味为界？阿难！若这识是舌根所生的话，那么世间甜的甘蔗，酸的乌梅，苦的黄连，咸的石盐，辣的细辛、姜、桂等，都成了没有味的东西了。如果没有这些有味之物，来让你的舌尝，你试自尝其舌，到底是苦呢，还是甜，或是酸是辣？

"若舌性是苦，谁来尝舌，舌既不能自尝，又有谁能觉知是苦？若言舌性本来不苦，就是没有味，则味自然不是由你的舌所生，怎么能以舌建立识界？酸、甜、苦、辣等味，皆如是类比可知。

"若说舌识是由味单独而生的话，识自身就是味，这又与舌根一样，也是不能自尝，怎么能够识知到底是什么味？况一切味，不是由一物所生，味既是由多种物体所生，识也就应是多体了。

"识体若是一，这个体一定是由味所生的。所生的识既是一，能生识的味，当然也必非多，则咸、淡、甘、辛等，以及各种变异诸味，当皆成一味，应没有酸、甜、苦、辣等分别。既没有分别，就不应名为识，怎么能名为舌与味为缘，产生你中间的舌识界呢？也不应由虚空生，因空性顽钝，浑然无知，无知的虚空，当然不能产生你有知的心识。

"若说这识是由舌根与味尘和合为一而生，须知舌是有知，尘是无知，一经和合，体性混杂，各失却原有的自性，怎么再能从而产生识界？所以当知，所谓舌与味为缘，产生舌识界，三处都是乌有，那么舌之与味及舌识界三者，本来都是非因缘亦非自然的妙真如性了。

"阿难！又如你所明白的，身根与触为缘，产生身识界。这个身识是因身所生，以身根为界，还是因触所生，以触尘为界？

"阿难！若说是单由身根而生，一定没有离与合二种触尘以为觉观的缘，这样只有身而没有相对的境，怎么能够于中生识？若说单由触生，不假身根，就一定没有你的身体，这样又有境无身，世间哪有无身的人，却知有离有合的触尘，离开身根，能生识的触尘尚不可得，如何还有所生的识？

"阿难！世间万物，不能自触而成知，知一定与身相接，方知有触。若能够知身，这识就是由触所生；能够知触，这识就是由身所生。若触生就不兼身，若身生就不兼触，总属单一边，故不得说为根与尘所共生。况身、触二相，本来也没有内外对待的处所，以触合身，就与身合为自体，离开身体说触，就是虚空等相。既没有内外相对的相状，怎么立中？中既无从安立，则内外性空，那么你身识之生，究竟从何立界？所以你当知道，所谓身根与触尘为缘，生身识界，三处都是虚无，因此身根与触以及身识界三者，本来都是非因缘亦非自然的妙真如性了。

"阿难！又如你所知道的，意根与法尘为缘，产生意识。这个意识是因意根所生，以意为界，还是因法所生，以法为界呢？

"阿难！若是意识是由单一的意根所生，在你的意根中，必定原有所思的对象（法尘），方可显示你的意根有思的功能。若没有所思的法尘、能思的意根，就无由显现它的相状，也就是说，没有了法尘，就没有了意根。意根离开了所缘的法尘，既没有形象可辨，纵然有识，又将如何显示识的作用呢？

"再说你的意识心和能思量的意根，两皆具有分别的性能；这能生的根与所生的识，是相同还是各异呢？如果说识心和意根相同，那么识心就是意根，又怎么能说心识为意根所生？若说识心异于意根，必定与无情之物相同，不识不知，既无所识，就不得说由意根所生。若说有所识，那么识心与意根，就都具有分别的性能，到底何者是识？又何者名意？根与识二者的性相，为同为异，尚没有办法确定，凭什么能建立意识的界限呢？

"若说这意识是由内法尘所生，须知世间万象，不离色、声、香、味、触等五尘，你可仔细观察，当前的五尘，皆有分明的相状，为眼、耳、鼻、舌、身等五根所对的境界，都不是意根所对的范围。意所缘的法尘，不过前五尘落卸的影子而已。

"你的意识若一定是依法尘而生，法尘当必有形状，你现不妨仔细观察，这法尘到底是何形状？

须知有形方有影，法尘既为外尘落卸的影子，若离开色空、动静、通塞、离合、甜淡等外尘的生灭现象，欲别求超越外尘等相状的实体，终不可得。法尘尚没有实在的体相，怎么能依它立界而生识？由此可知，既不是自生，也不是由他生，到底从何而来呢？所以你当知道，意根与法尘为缘，所生的意识界，三处都没有自性，完全虚妄，是故意根与法尘及意识界三者，本来都是非因缘亦非自然的妙真如性了。"

揭示真心的实相

阿难听了以上的开示，虽已领悟真如性体不属因缘自然，但仍执着权宜诱导的开示，怀疑真实的教法。只知妙觉明性，非因缘和合，对世间万象，仍然执着是由因缘而生，所以再次向佛陈述所疑，恳求教诲说："世尊！您平日常言和合因缘，说世间一切有情的众生、无情的万物，各种变化，皆是由地、水、火、风四大因缘假合而幻现，为何现在对因缘自然，一并都否定呢？我实在不知这究竟是什么道理，惟愿慈悲哀悯，开示我们究竟的中道义谛，不再迷于世间的戏论。"

当时佛告阿难说："我从前所说的因缘法，原是对小乘人说的。你现在既然厌弃了声闻、缘觉等小乘教法，发心勤求无上的菩提大法，所以我现在为你开示真实的中道第一义谛，你为什么又以世间一般议论，妄想因缘等法，自相缠绕？你虽博学多闻，正如平日说药的人，原没有见过药，当真药摆在眼前的时候，却不能分别辨认，如来说你们真是可怜悯者！

"你现专心细听，我当为你分别开示非因非缘的究竟道理，也使将来修大乘法的人，能够彻底明了世间真实的清净本相。"阿难默然，秉承佛陀的圣旨。

阿难久习小乘教法，一味迷性逐相，所以总是计是计非，佛惟有不厌其烦地循循开导说："阿难！正如你所说的，由于地、水、火、风的四大和合，才产生世间的各种变化。但你不知道，这四大的性体，原是不能和合的，也不是不能和合的。阿难！若四大的性体不能和合，则各不能与另三大的相状相杂和，正如虚空不能与一切色相杂和一样；但事实上不然，真如自性具有随缘显相的功用。

"如果四大的性体是能和合的，就应随同四大所生的相状，变易迁化，由始而终，终而复始，始终相成，从生到灭，灭而复生，生灭相续不绝，于是生死、死生，生生死死，像旋转的火轮，没有休歇的时刻。但事实亦不然，真如却有永远不变的体性。阿难！譬如水结冻而成冰，冰融解依然是水。

"你试观察地的性质，有粗有细，粗的莫过于大地，细的为微尘，以至邻虚尘。须知微尘的七分之一，名极微尘，极微七分之一，才名邻虚尘。这已是最后的色相，不能再加分解。若将邻虚尘再加分解，就等于空，已归于空性，自不再属于色性。阿难！若能将这邻虚尘分解成虚空，应当比例可知，虚空也能产生色相，而转变成邻虚尘了。你现在相问的意思，以为由于因缘和合，才产生世间万象的各种变化，那么你现在细细地观察，这一邻虚尘是用几多虚空和合而有？当不应该以邻虚尘而合成邻虚尘吧？又邻虚尘如可以分解成虚空，又是多少邻虚尘合成虚空呢？

"若是色相与色相和合，合成之物当仍属色法，不会成为虚空；如果虚空与虚空和合，就绝不可能变成有碍的物质。物质是可以分解的，而虚空无形无相，如何可以和合？

"你平常只知析色成空，从来就不知道，这本觉妙明的如来藏性体中，无法不备。性中之色，当体即是真空，是不须待析色而后成空；性空之中具有真色，也不必待和合而后成色。这真空性体，原自清净本然，充满法界，以不变之体，幻现随缘之用，能随着九界众生根性的优劣、知量的大小，依各自的业感而发生现行作用而已。故从平等性中，有了差别的相状。世间的无知凡夫，致惑于因缘自然等戏论，这都是识心分别妄计的产物，徒有言说，并没有真实的意义。

"阿难！火本没有自我的体性，须寄托于各种条件的配合，才可显现。你看城中那些尚没有进食的人家，要煮饭的时候，就拿着凸透镜，到太阳光下求取火种。

"阿难！所谓和合者，就像我与你以及一千二百五十位比丘，合为一众；虽名一众，实在各各有身，各有出生的氏族名字。如舍利弗是婆罗门种，优楼频螺是迦叶波种，阿难是瞿昙种姓等等。火大若是和合而有，火大就似一众，实在也应各有自体、种类、名字等可以指陈。

"阿难！若这火性是因和合而有，那人以手执镜，在日光之下求火，这火是由镜中出，还是从艾中生？或是由日中来？

"阿难！火若从日中来，自能燃烧你手中的艾，日光照射之处，树林草木，就皆当遭受焚烧。若由镜出，镜自能直接点燃手中的艾；又镜中既有火，镜何以不自熔化，不但不熔化，你以手执镜，且没有热烫之感，可见火一定不从镜出。若由艾生，艾必自燃，又何必要借日光与镜相接，然后火生？

"你再仔细观察，镜在手中，日光从天空来，艾由地而生，这些都由来自有，火是由何处而游历到这里呢？日与镜，相隔遥远，不能相和，也不相合，总不能说火是无因无缘，自然而有吧？你仍不知道，这本觉妙明的如来藏性中，无法不备。性具之火，当体即是真空，真空之中，本即具有火性，不须待和合而后成火。这真空性体，原自清净本然，充满法界，以不变之体，能随着九界众生根性的优劣，应其所知量的大小，幻现随缘的妙用。

"阿难！当知世间上的人，一处执镜，一处火生，遍法界执镜以求，满世间都有火生，火性充满世间，哪有一定的处所呢？总是妙真如性，依众生各自的业感，发生现行作用而已。故于平等性中，有了差别的相状。世间的无知凡夫，致惑于因缘自然等戏论，这都是识心分别妄计的产物，徒有言说，并没有真实的意义。

"阿难！水没有定性，流止无常态。如室罗筏城中，有迦毗罗仙人、斫迦罗仙人以及钵头摩、诃萨多等大幻术师向月中求水，用以和合迷幻药物。这些幻术师，于月明如昼的中夜，手持水晶珠，向空承接月中水。

"你以为这水是从珠中出呢，还是空中自有？或是真由月中流下来？

"阿难！若真是由月中流下来，相距那样遥远，尚能使珠出水，流水所经过的树林草木，皆应有水流出，又何待水晶珠才出水？若是林木不能出水，当可分明知道，水不是由月中流下来的了。

"若水是从珠出，这珠应自流水，又何待于月明如昼的中夜，对月祈求，而后生水？如从空生，虚空无边，水亦应无际，天下地上，岂不是洪水滔滔，同遭淹没，又何来水陆空行的分别？

"你再仔细观察，月在天空，珠握手中，承珠的水盘，由幻师本人敷设，三物都有所来自，这水到底是从何方而来，而流入于盘中呢？月与珠，相距遥远，既不能相和，也不能相合，总不能说，这水是无缘无故的自然而有吧？我前已两番开示，你仍不知，本觉妙明的如来藏性中，无法不备。性具的水，当体即是真空，真空之中，本即具有水性。真空性体，原自清净本然，充满法界，以不变的体，能随着众生根性的优劣，应其知量的大小，幻现随缘的妙用。所以一处执珠，一处水出，遍法界执珠，遍法界都有水出，水性遍满世间，哪有一定处所？无非是妙真如性，依众生各自的业感，生起现行的作用而已。故于平等性中，有了差别的相状。世间的无知凡夫，致惑于因缘自然等戏论，这都是识心分别妄计的产物，徒有言说，并没有真实的意义。

"阿难！风性没有自体，有时动，有时静，并没有不变的常态，你平常整衣步入大众之中，袈裟飘动，触到身旁的人，那人就感到有微风拂面。这风是出自袈裟呢，还是发自虚空？或是由那人的面上起？

"阿难！这风若是出自袈裟，那么袈裟就是风，你现在身披袈裟，就是披着风；风性飘动，袈裟应会离开你的身体，飘飞而去。你的袈裟既是风，我的袈裟当然也是风，但我现在说法，于法会之中，我的袈裟却是下垂不动，你现在能看见我的袈裟，看风又在何处呢？总不能说我的袈裟中，别有藏风的处所吧？

"若风生自虚空，当你的袈裟没有飘动的时候，为何又没有风去拂别人的面？又空性常住不变，风亦应常拂不停，若没有风时，虚空亦当灭，风息有状可见，空灭之后，是何形状？况虚空若有生灭，就不得名为虚空。既名虚空，空无生灭，怎么能生出有生有灭的风？若风起自被拂那人的面，既由那人的面而出，理当向你吹拂；为何你整衣的时候，从彼面所出的风，却倒拂向他自己的面？

"你再细细观察，整衣的是你，面属他人，虚空寂然，不曾流动，三者皆有踪迹可寻，这风到底自何处鼓动来此呢？如一定认为风是从空而来，须知风动空静，体性各异，既不能相和，也不能相合，空决不能生风，难道说这风是无所从来，自然而有吗？我前已三次开导，你根本没有领悟。这本觉妙明的如来藏性中，无法不备。性具的风，当体即是真空，真空之中，本即具有风性。真空性体，原自清净本然，充满法界，以不变的体，能随着众生根性的优劣，适应其所知量的大小，幻现随缘的妙用。阿难！如你一人，微动衣服，有微风起，遍法界拂衣，遍法界生风，风性遍满世间，哪有一定的处所？总是妙真如性，依众生各自的业感，生起现行作用而已。故于平等性中，有了差别的相状。世间无知的凡夫，致惑于因缘自然等戏论，实在皆是识心分别妄计的产物，徒有言说，并没有真实的意义。

"阿难！虚空没有形象，必须借物质以彰显，如方器中见方空，圆器中见圆空等等。如室罗筏城，距河遥远，诸王族以及婆罗门、农夫、商贾、贱民等，新建家园，安居立业，必须凿井求水。掘出一尺深的泥土，就有一尺深的虚空，掘土丈深，就得一丈深的虚空，虚空的深浅，决定在挖出泥土的多少。

"我现在问你，这虚空是土中出呢，还是因凿而有？或是无因而自生？

"阿难！若这空间，是无因而自生，在没有凿土以前，何以不见地中有空间，却只见大地，根本没通达的相状？若因土出，那么出土的同时，就应见空入，土出可见，空入是何形状？若土先出，而没有空入，怎么能说虚空是因土出？

"若言因凿而出，就当是凿出空，不应是出土而空。如说不是因凿出空，虚空当与凿没有关系，那么凿井的时候，但只出土，不应成空，怎么又随之而见空间呢？

"你再仔细地详审，彻底地观察，凿依人的手，随方运转，土由地中挖掘而移，这井内的虚空，到底何所自出？凿之与空，一虚一实，虚实不能交互为用，既不能和，又不能合，总不能说这虚空无从自出吧？

"到底这虚空从何而来呢？你们都知道，地、水、火、风，名为四大，却不知虚空一大。像这虚空之性，周遍圆满，本不动摇，当知应与现前的地、水、火、风，合称为五大。五大同一性真，圆融无碍，无一不属如来藏性，从本以来，寂然常住，不生不灭。

"阿难！你心迷昧，总认定一切现象皆是以四大和合而生，不能悟知四大原来都是如来藏妙性的幻现。你现且观凿井所见的虚空，是因凿而出呢，还是因移土而入？或是不出不入？

"你完全不知道这如来藏中，性具的觉，当体即是真空，性具的空，即是真觉的性体。这真空性体，原自清净本然，充满法界，以不变的体，能随着众生根性的优劣，适应其所知量的大小，幻现随缘的妙用。阿难！如一处井空，这空就是一井，十方虚空，都是如此，虚空圆满，周遍十方，无所不在，哪有一定的处所呢？总是妙真如性，依众生各自的业感，生起现行的作用。故于平等性中，有了差别的相状。世间的无知凡夫，致惑于因缘自然等戏论，实在都是识心分别妄计的产物，徒有言说，并没有真实的意义。

"阿难！见觉若离开色空，就一无所知，因有色空二相，方有能知和所知。如你现在居祇陀林中，早上日出则明，黄昏日落则暗，设若夜半之时，有月则明，无月则暗。因有这明暗的二相，而见始得加以分辨何者为明，何者是暗。

"我今问你，这见与明暗二相及太虚空，是同一体呢，还是非一体？或同或不同？或异或不异？

"阿难！这见觉若与明、暗二相及虚空相原是一体，那么明与暗二相，乃交互存亡，暗时就没有光明，明时黑暗就消失。若说与暗为一体，遇到光明的时候，见觉岂不与暗一齐消失？如说与明为一体，则遇暗时，见觉必又与明同时消灭，怎么可能见明见暗呢？

　　"若说明与暗虽然不同，见觉并没有生灭，这见觉到底与谁为一体呢？若是这见觉既不与明为一体，也非与暗为一体，你试看离却明暗二相以及虚空，仔细地分析见觉究竟是什么形象？须知舍却明暗二种尘相以及虚空，见觉就如龟毛兔角，无可寻觅；离开暗、明、虚空等三相，则无从立见，怎能说这见觉与明暗等尘相不是一体？明暗二相，恰恰相反，怎能说同？离开明、暗、虚空，原就没有独立的见体，谈什么或异？又细分析所见的虚空与能见的见性，根本没有边际和界限的相状可说，还能说什么同不同？见明与见暗，明暗虽然相夺，但见性并不随之而变易，一有生灭，一是常住，怎能混同，如何可说不异？

　　"你再细细地审查，彻底地观察，光明是由太阳而来，暗是因黑夜而生，通达无碍，属于虚空。壅塞的相状，归于大地，可是这能知道明、暗、通、塞的见精，到底是从何处所出？见精有知，虚空钝顽，体性既然不同，自然非因缘和合而有，总不能说这见精没有所从来的自然而出吧？

　　"当知这见、闻、知三者，相虽有别，性实一真，圆满周遍，从来没有生灭动摇等相。须知这见性，与寂然不动的虚空及动摇的地、水、火、风，体性平等，一真圆融，可与合称为六大，皆是如来藏性，自无始以来，根本没有生灭动摇等相状可得。

"阿难！你的心性下劣，沉迷于权小知见，没有真实的智慧，故只知见、闻、嗅、尝、觉、知六者的妄相，不能悟知六者的实性本来皆是如来藏妙真如性。你当观察这见、闻、觉、知之性，为生为灭，还是不生不灭？和前说的五大，是同还是不同？是不生不灭吗？是不同不异吗？

"你从来不曾悟知，这如来藏中，无法不备。性具的见，就是觉体的本明，本觉的精莹，正是妙明的真见。原自清净本然，充满法界，以不变的体，能随着众生根性的优劣，适应其所知量的大小，幻起随缘的妙用。如一见根，见性就周遍法界，耳听、鼻嗅、舌尝、身触、意知等根之性，皆是如此，总是妙真如性的德用，清净光明，如玉一般的晶莹皎洁，周遍法界，圆满十方，无所不在，依众生各自的业感，生起现行作用而已。世间的无知凡夫，致惑于因缘和合及自然等戏论，这都是识心分别妄计的产物，徒有言说，并没有真实的意义。

"阿难！识性本来没有根源，因假托眼、耳、鼻、舌、身、意等六种根尘，忽起忽灭而已。现在且以当前的眼识，因根尘妄起为例。你现在遍观这楞严法会中的圣众，依次看过去，当以眼睛周围巡视，一念未起的时候，不过如镜照物，本来没有美丑高矮等分别。随着你的眼而生起意识之后，才知分别，能够次第指出这是文殊，这是富楼那，这是目犍连，这是须菩提，这是舍利弗等等。

"我现问你，这个能知分别的识，到底是能见的眼根所生，还是由所对的境相所生？是从虚空所生呢，还是无缘无故，突然跑出个识来？

"阿难！若是这能知分别的识性是由能见的眼根所生，应当不须明、暗、色、空等尘境。你能见的眼根，自己就能生识。然而除却尘境，也就没有能见的眼根了，见性尚且没有，何能从而生识？

"若说你的识性，是生自尘境之中，不是从你能见的眼根所生；那就既不须见明，又不须见暗，尘境自可生识。然明暗皆不见，就没有色、空等境，境相且不可得，识从何发？

"如果是生于空，就非尘相，也不是见根。若非见根，当没有辨别的性能，自然不能分辨明、暗、色、空。若没有尘境，就没有所缘的对象，而所谓见、闻、觉、知的意义，又从何成立？处在非相非见的情形之下，能生识的虚空，实在等于没有，就算是有，也不同于物。纵然能产生你的识，但已没有相对的尘境，又何所分别？如没有任何缘由，就突然生出个识来。为何不见在日正当中，本没有明月的时候，突然特别生出你的识，以认知明月的相状？

"你详细地揣摩，精微地审察，这能见的根，寄托于眼睛之内，所见的尘相，为当前的境界，有形状的为有相的色境，没有形状的就成为无相的虚空，色空分明。这根、尘、色、空四者历然，这生识的缘，到底是依何者所出？

"凡言和合，必须体性相类方可，现在识能分别，属于动；见性没有分别，当属澄静，体性既然不同，自然非和非合。闻听与觉知，也是如此，总不能说生识的缘，无所从出吧？

"若知这识心，本来无所依从，不是和合而有，当知这能分别的识，和前所说见闻觉知的根一样，同是周遍圆满，湛然常住，其性本不是从缘而生，当与虚空、地、水、火、风、见等，合并而名七大，同一性真，圆融无碍，无一不属如来藏性，从本以来，寂然常住，不生不灭。

"阿难！你的心性粗浮，不能作深细的观察，所以不能悟知见、闻等根就是藏性，不明白这能分别了知的识性，本即如来藏，你应深入地观察，这六处识心，为同为异？是空是有？是非同非异，或非空非有？

　　"你从来就不曾知道，如来藏性中，本具的识，就是妙明的真知；本觉的妙明，就是性真的识。妙明的本觉，湛然常照，寂然不动，周遍法界，含吐十方虚空，无所不在，岂拘于一定的方所。只是依众生各自的业感，生起现行的作用而已，故于平等性中，有了差别的相状。世间无知的凡夫，致惑于因缘自然等戏论，实在都是识心分别妄计的产物，徒有言说，并没有真实的意义。"

　　当时阿难以及与会大众，蒙佛如来这样微妙高深的开示，莫不身心泰然，坦坦荡荡，了无滞碍，各皆自知，心遍十方，不再受四大假合的身体及六根所局限，亲见十方虚空，如观手中的贝叶，脉络分明。悟万法唯心所现，原来一切世间，森罗万象，皆是出自这菩提妙明的本心。这妙明的真心，惟精惟一，原即是一真法界，纯一无杂，竖穷三际，横遍十方，涵裹十方虚空。由是再反观自己父母所生的血肉身体，宛如无际的虚空之中，吹起一粒微尘，实在似有似无之间。也如湛然的大海之中，偶起一浮沤，倏起倏灭，生无所从来，灭无所从去，仅是虚妄的幻象而已。因此了然明白，悟解本觉妙明的真心，原自常住不灭，于是以从未有过的庆幸心情，敬礼佛陀之后，于如来前，合掌当胸，说偈赞佛：

> 妙湛总持不动尊，首楞严王世稀有；
> 销我亿劫颠倒想，不历僧祇获法身。
> 愿今得果成宝王，还度如是恒沙众；
> 将此深心奉尘刹，是则名为报佛恩。
> 伏请世尊为证明，五浊恶世誓先入；
> 如一众生未成佛，终不于此取泥洹。
> 大雄大力大慈悲，希更审除微细惑；
> 令我早登无上觉，于十方界坐道场。
> 舜若多性可消亡，烁迦罗心无动转。

4 卷四

剖析世界成因与人生真谛

　　阿难以偈赞佛之后，当时富楼那弥多罗尼子自大众中从座位上站起来，偏袒着右肩，右膝跪地，合掌当胸，恭敬地向佛陀说："大威德世尊！善为众生，演说如来高深的第一义谛。世尊常夸赞我，说法人中，以我为第一，现在我听了如来的微妙法音，却如聋子在百步之外，听蚊蚋的声音一样，根本看都看不见，不要说是闻声了。佛虽详细而明确地教示，令我断惑除疑，但我不能明白究竟的道理，仍不曾到没有疑惑的地步。

　　"世尊！不要说有学的阿难他们，虽然开悟，仍然习气烦恼未除。就是我和会中已断烦恼的阿罗汉，现在听了如来所说的法音，尚纤绕在疑悔之中。

"世尊！若是世间一切根、尘、阴、处、界等，都是如来藏妙真如性，本然清净，怎么会忽然产生山河大地以及有情的众生？且又次第迁流，终而复始，如世界的成、住、坏、空，有情的生、老、病、死，循环不息？

"如来又说，地、水、火、风，本性圆融，充满法界，湛然澄寂，常住不动。

"世尊！地水本来互相侵夺，若地性遍满法界，何处可以容水？水火也互相克，不能并存，如水性周遍，应不能生火，我实在不明白，这水火二性，既皆遍满虚空，怎么又不互相陵灭？世尊！地质障碍，乃属有形，空性无形，相为虚通，一通一碍，怎能互容？为何二者皆能周遍法界？我的智慧浅薄，实不知这义理何在。惟愿如来，兴大慈风，吹开我及大众心上的迷云，使慧日圆明，照彻本性周圆，湛然常住之义，而到达无疑惑的境地。"请法之后，又向世尊五体投地，顶礼致敬，渴仰如来的慈悲教诲。

当时世尊告诉富楼那及会中已断除烦恼的无学阿罗汉等众说："如来现在，普为会中大众，宣说胜义中真实的胜义性体，你们会中大众、定性声闻及一切未证我法二空而回向上乘的阿罗汉等，皆能获得一乘的寂灭场地及真正没有喧哗吵闹的正修行处。你现在如实而听，不可再执理迷事。"富楼那等钦仰佛陀的法音，皆肃然恭听。

佛呼当机说："富楼那！如你所问，如来藏性，清净本然，为何忽生山河大地？你不是常常听到如来宣讲吗？性觉妙明，本觉明妙，性觉本觉，原只是一真觉。所谓性，就是一真的理体；所谓本，乃万法的真源；妙是指不变的体，湛然常寂；明指随缘之用，朗然常照。故前者寂而常照，后者则照而常寂。"

富楼那说："是的，世尊！我常常听佛陀宣说这种义理。"

佛说："你说的觉明，到底是什么意义？是指性具的本自灵明，名之为觉呢，还是以觉本来不明，须要再加明于觉，然后并称明觉呢？"

富楼那说："若这觉体不再增加灵明，可称为觉的话，只是虚名为觉而已，就应该没有所明！"

佛说："照你的意思，是说若不加明于觉，就没有灵明的觉体，只可单名之为觉。你却不知，一有所加，即不是本有的灵明，就有生灭，早不是本明的真觉了。若无所加，这觉性既非灵明；无明又不是真觉湛然妙明的本性。你的意思，必欲加明于觉，方算明觉，只这一欲加的意念，已将妙明变为无明，真觉变成妄觉了。

"本性的真觉，原不是所照的境。因本具妙明的功用，不落能所，现在无故加明于真觉之上，乃转妙明为能明的无明，以真觉而为所明的妄觉。因妄以真觉的性体，为所见的境相，致产生能见的妄能，于是在原没有同异之中，忽见万象森罗，种种差别，显然成异。复于千差万别之中，以类相属而立同，一异一同，相互彰显，因此又立无同无异的众生界。这样纷扰动乱，相待为缘，由妄境引发妄心，妄心又分别妄境，辗转劳虑。劳虑既久，自发生染着尘念，以致心水混浊，纠缠不清，愈陷愈深，由是而引生尘劳烦恼。业力所致，幻起万象，有相之处，就成山河大地而为世界，静而无相处，就空阔旷荡，显然而见顽虚。虚空为妄明中所现的同相，世界即所现的异相，众生业果等有为法，就是妄明中所显现的无同无异之相，前之所谓无同无异，实就是真有为法了。

"真觉上既起妄明，乃将真空变成晦昧的顽空，两相对待，互为侵夺，因成摇动而生风，动荡不已，积而成轮，故空轮之上，而有风轮执持世界。因空昧而心动，由妄明的坚执，乃妄成地大坚硬有碍的境相。世间最坚硬的金宝，实亦是明觉体上，一分坚持固执所感而成，故风轮之上，又有金轮，保持国土。

"由坚执的妄觉所感而金宝成，因妄明的妄动而风生，金与风互相摩擦而生热，故有火光。火性能变生为熟，化有成无，虽没有执持的轮用，却有化成的功能。

"火性上蒸，水性下降，水火相济，交发而成物质世界。湿性为巨海大洋，水族所居；干燥处，就成四大洲或小岛，为陆地众生所集。因为这种缘故，所以大海之中，常有火光，洲岛之上，江河流注。火势胜于水，就结为高山，故山石撞击可以成焰，熔化就变成水。水势若胜于土，就发为草木，故草木遇焚成土，因绞就成水。由于妄心与妄境，交互为用，辗转相生，递相为种。由于这些因缘，所以依报世界，能够相续不绝。

"复次，富楼那！你当明白，众生亦是从妄而起，并非他物，全是妄觉妄明的过咎。所明的对象，既已确立，能明的妄明，自亦不能越出已确立的范畴。因为这个缘故，所以听不会超出声音，见只限于色相，色、香、声、味、触、法六种妄尘，得以成就。由是而六根隔离，而有见闻觉知的分别，于六尘妄起爱憎，致造诸业。同业相感而牵缠，胎生、卵生之类，由是而有；湿生之类，但由自业，合湿而成形；化生或由离旧而托化。

"以胎生来说，未受生前，神识昏昧，一片黑暗，惟于有缘的父母处，以妄心见妄色，依妄起惑，同性相拒，异性相吸，男以母为爱境，女以父为爱境，最初注爱之时，即为投生的种子，爱着不舍，是成胎的根由。当男女交媾的时候，自然吸引同业的入胎。以是因缘，始由受精渐次生长，终成胎儿，离母出生。

"不论是胎生、卵生、湿生、化生，皆随各自的业感相应而生。如卵生之类，以乱思不定的想象而生；胎生则必具亲爱迷恋的情愫；湿生是以闻香贪味，附着不舍之所感；化生是厌故喜新，以离此托彼而相应。

"情、想、合、离，众生皆具，随其业力的强弱，先后受报，依业因的招感，而应之以四生。四者互相变换，彼此更改，并没有一定的托生趣向。四生所受的业报，不是另有什么主宰，在冥冥中为之安排，而是随着各自的善恶业因，上升或下堕。因缘有远近的分别，言远则以无明为因，业识为缘；说近则以情、想、合、离为因，父、母、自业、暖、湿等为缘，以有这远近二种因缘，所以四生交替，三界升沉，生生死死，轮转不息，众生相续。

"富楼那！世间一切众生，过去在世的时候，想念恩爱的人，如胶似漆，凝结而不能解，受生的时候，流爱为种，由爱着不舍而成胎，所以父母子孙，相生不绝，这些是以欲爱贪着为根本。

"由有贪爱，必有身命，既有身命，就必须要滋养。众生为滋养自己的身命，自然贪心不止，于是一切世间，四生之类，以强食弱，以大吃小，依力量的强弱，递相吞食，这就是以杀贪为根本。

"如人食羊，羊自不甘心，宿业既了，转生为人。食羊的人，既造恶业，死而转生为羊，人羊互换，交相杀食。不特人羊如此，十生之类，都是死而复死，生而又生，辗转报复，互相食啖。由这些恶业的相互招感，生则同生，冤冤相报，永远没有了期，这些都是不与而取，名之为盗，也就是以盗贪为根本。

　　"你欠我的命，当还我命；我欠你的债，当还你债。由此命债惑业为因，现行为缘，虽经百千劫，怨仇相遇，酬偿不清，因此常在生死苦海，不能超越。

　　"你爱我的心，我恋你的色，以此因缘，常在爱恋之中，互相缠缚，不得解脱。

　　"可知众生常受缠缚，沉沦生死，皆是以杀、盗、淫的贪习种子为根本。以这贪习种子为因，现行为缘，以是因缘，所以业果相续。

　　"富楼那！以上世界、众生、业果等三种颠倒相续，皆是由真觉而起妄明，即变本自妙明为无明，因有这能分别了知的妄明，忽然产生各种妄相。山河大地以及由因缘所生的万象，所以次第变迁，就是因这虚妄的颠倒相续，故终而复始，循环不息，相续不绝。"

　　富楼那还是疑惑，又恭敬问佛："如果在缠缚中的众生，本具的妙觉明体，源自妙觉灵明，没有污染和一切障碍，与如来的清净妙心一样，不增不减，平等无二，却能从清净本然的性体中，无缘无故，忽然生出山河大地、一切有为法的话，那么如来现在已证得妙性的真空、妙明的本觉、一尘不染的性体、圆照无碍的本明，已与众生一念未生时尚没有山河大地以前相同。现在众生既能由真起妄，如来就不能从真再起妄吗？请问如来，在您的妙性的真空、妙明的本觉中，何时会再无缘无故忽然产生山河大地的世界、因缘所生的众生、习染烦恼的业果呢？"

佛陀知道富楼那疑惑的所在，为使确定迷无所从来，先举例以问，让他自己肯定："富楼那！譬如有一迷昧的人，在某村落中，迷失了方向，误以南为北。这迷是因迷而有呢，还是因悟而出？"

富楼那据实以对："这等迷人的迷，既不是因迷而有，也不是因悟而出，什么缘故呢？迷本身就没有根源，也没有自体，自体尚不可得，怎么可说因迷而有。悟又和迷相背，迷时就不悟，悟时就不迷，迷悟既然相反，悟自然不能生迷，怎么可说因悟而出！"

佛仍安详地征问："这个迷昧的人，正当在迷的时候，忽然有一悟人，辨明南北的正确方向，分明指示，使他悟知己错，不再将南作北。富楼那！你认为这迷昧的人，虽曾在村落中迷失方向，经人指示悟知之后，还会再迷失方向，将南作北吗？"

富楼那回答道："不会的，世尊！既已知道，怎会再迷？"

佛慈和地开导说："富楼那！十方如来，也是这样的。

"迷妄的无明，本来就没有自体，性毕竟空，也如迷方的迷，并没有根源。从前在众生阶段的时候，也本来没有什么无明，不过在迷时，有种相似的妄觉而已。如能运用智慧观察，觉知迷原来是妄，当体即空，无明（迷）即灭，因真觉性中，本来就没有无明（迷）。

"又如眼患翳病的人，无端见到虚空有花纷飘，空中本来没有花，但翳眼妄见有花，眼中翳病若愈，空花自然消失。不但眼见空花是妄见，就是看见花在空中消失，仍是妄见，因为空中本来就没有花，怎么又有消失的相状？设若有一愚昧的人，希望在空花消失之处，期待着空花再生，你看这人是愚昧，还是有智慧？"

富楼那回答说："空中原来就没有花，只是妄见生灭。见花在空中消失，已是颠倒分别，等待空花再现，这实在是狂痴，这种狂人，还说什么愚昧与智慧！"

佛说："照你的解说，等待空花再现，这人实在是狂痴，那你为什么又问我，诸佛如来妙性的真空、妙明的本觉中，何时再生出山河大地？

"又如金矿之中，矿砂中所含金质，一经锻炼，就成纯金，不会再杂他物而成矿砂。也如木烧成灰，不会再成为木。诸佛如来，也是一样，既已证得妙性真空、妙明本体，清净本然，转生死而成涅槃，自不会再染烦恼，重沦业海。

"富楼那！你又问我，地、水、火、风四大，本性都圆融无碍，皆充满法界。怀疑水火二性，原本相克，所谓水火不相容，为什么不会互相陵灭？又说虚空和大地，一通一碍，为何皆遍满法界，而能相容并存？

"富楼那！譬如虚空，原没有任何相状，但不阻碍一切有为相的发挥，这是什么道理呢？富楼那！彼太虚空，当日光普照的时候，就见一片光明；云雾密布，就见暗淡；风起就显现动相；雨过天晴，碧空如洗，就见清和；地气上蒸而凝聚，就成混浊；尘土蔽空，夹和风雨，就是阴霾的景象。在你的意思以为如何？这七种不同的境相，是从彼缘生呢，还是虚空自有？若说是彼缘所生，富楼那！现姑以日光为例，你且看阳光普照的时候，既然是太阳的光明，那么十方世界，就应该同是太阳的光色，怎么在太空之中，却另见一圆形的太阳呢？如说这光明是虚空自有，空性常恒不变，光明亦应常在，为什么在云弥的午夜，又只见一片昏暗，却不见光明呢？可知这光明的相状，并不一定属于太阳，也不一定属于虚空；但也离不开虚空，因太阳之外，全是虚空；也不能没有太阳，因为没有太阳，就没有光明。简单地说，非日非空，又不异日空。如来的真如妙觉本明，也是这样的。你若以空明，就有空现；地、水、火、风，个别发挥，就个别现；若同时发挥，就会同时显现。怎样叫作同时显现？富楼那！例如水中，映现日影，两人共同观这水中的日影，然后各向东西而行，却各有一日影，跟随自己走。一东一西，原本就不能说谁一定是实有的。

"你不当以此问难，这水中日影既然是一，为什么各有一日影随行？既各有一日影随行，就当是二日，怎么水中又只现一日影？若说是一，既各有一日影随行，当然这二者之中，有一是虚妄的；若说是二，水中却只有一，随各行的二影，当然皆是虚妄了。这样反复各成虚妄，实在没有一定的依凭。

"观察前说七大的相状，本来就是虚妄不实，各明各现，俱明俱现，无非依循业感而生，似有而实空，原没有什么可指陈的。如患眼翳病的人，见空中花，执为实有，已是一迷，还要期待空花结果，岂不是迷上加迷？你怎么还以诸大为何不互相陵灭的道理相质问呢？

"细察七大的性体，本是纯真，没有任何虚妄的相状，乃惟一妙觉圆明的真心，这心也就是如来藏心。原先本没有地、水、火、风、空等诸大，诸大尚且乌有，还说什么相容不相容？

"富楼那！你们之所以一切有碍，没有别的原因，只为你以最初一念妄动而成无明，致昧真性而成晦暗的顽空，复因能见的妄见，结暗以成妄色。因此色、空互相侵夺于如来藏性之中，而如来藏随缘与妄心相应，周遍法界。所以于无相的如来藏，万相纷起，于一真法界之中，妄见万象森罗，风性动摇，虚空澄静，日出则明，云掩则暗等相状。众生昧于藏性真空之理，不知万象皆是虚妄，误自执为实有，以致背觉合尘，因惑造业，由业受报，而有触处成碍的世间相。

"我所以能一切无碍，也没有什么异术，只是以本觉妙明及不生不灭的真性为本修因，舍妄从真，合如来藏，回光返照，照见万象皆空，一真独露。而如来藏，迷时虽成色、空、生、灭等妄相，但当体即空，今以妙明觉照求生、灭的妄相，了不可得，惟一妙净本觉湛明的真心，圆照一真法界。所以于一真法界之中，如明镜无尘，以一真的理体，照见无量差别界的一切事相，以无量差别的事相，归于一真的理体，小中可以现大，大中亦可现小。镜与境，互不相妨，性与相，本不相碍。因此不动道场，即可遍满十方，法身含藏十方虚空，可于一毛端上，现出宝王刹，坐在微尘里，转大法轮。所以能够如此，只是我能背尘合觉，息妄归真，故能转由尘劳而起的世间，显发真如妙净本觉的湛然本性。而如来藏，实即本自妙明、圆满清净的真心。

　　"所谓真心，仍是假名，实在不立一法，既不是心，也不是空；不是地、水、火、风，也不是眼、耳、鼻、舌、身、意；不是色、声、香、味、触、法，也不是眼识界，以至意识界。总而言之，不属世间法。

　　"不是明，不是无明，也不是明与无明灭尽；不是老，不是死，也不是老死灭尽。可概括地说，不是缘觉乘法。又不是苦、集、灭、道及非智非得的声闻乘法，不是布施、持戒、精进、禅定、忍辱、般若及波罗蜜多等菩萨乘法。这样以至不是如来，不是罗汉，不是正遍知，不是大寂灭海，不是常、乐、我、净等佛乘法。正因为一切皆非，超世间及出世间，一法不立，清净本然，这如来藏的本明，才能发挥遍照的功能，彰显真心的妙用。

　　"也可说即是心，即是空，即是地、水、火、风，即是眼、耳、鼻、舌、身、意，即是色、声、香、味、触、法，即是眼识界以至意识界等世间法。即是明与无明，也是明与无明灭，这样以至即是老、死与老、死灭等缘觉法。即是苦、集、灭、道以及智、得等声闻法。即是布施、持戒、精进、忍辱、禅定、般若及波罗蜜多等菩萨法。这样以至即是如来、应供、正遍知、大寂灭海以及常、乐、我、净等佛乘法。因为一切皆是，概尽世间与出世间的缘故，即是如来藏。体虽清净本然，但不舍一法，因本妙本明的真心，本即含藏一切，遇缘普现，就是所谓真空不碍妙有，妙有不妨真空，即妙而明，即明而妙，这就是众生的本来心地。此心离有离空，即空即有，空有双照，二边不着。世间欲界、色界、无色界的众生，出世间的声闻、缘觉等，为何以所具能知的意识心，欲推测揣度如来所证的无上菩提，一切智、道种智，一切种智等，三智圆觉的极果，希望用世间的因缘、自然、和合、陵灭、相容等戏论，以求悟入佛陀的知见呢？

"譬如琴、瑟、箜篌、琵琶等乐器，虽本具有发美妙声音的性能，若没有灵巧善弹的手指，终不能发出美妙的声音。你与一切众生，也是如此；宝觉妙明的如来藏心，体用圆融，本来各自圆满，与佛毫无差别。惟佛有妙智，得证妙心的体，故能称体而起用，如我按指的时候，海印三昧，便立即发光。你们虽同具含有妙用的如来藏心，但没有妙智，所以不能发挥妙用。才一措心，早已落入意识分别，宇宙万象，皆成实有，故受尘境役使，而有世间相。你们为何没有妙智？都是由于立志学道之初，没有发勤求无上觉道的大心，只贪爱小乘的道果易修易证，不知虽已修成没有烦恼的无学阿罗汉，证得了天眼、天耳、宿命、禅定、他心、漏尽等六种神通，得一切智，然与佛智比，仍如萤光之于月亮，你们却以得少为足，自满不前，所以不能启妙智，发妙用，这与琴瑟等，没有巧妙的手指，不发美妙音声有什么不同！"

富楼那听佛陀说，世间一切生灭相续，皆起于无明，于是想追究无明生起的原因，以便针对这原因，勤奋修习以求断除，因此又向佛陀启请说："我与如来宝明妙觉、圆照无碍的妙净真心，虽然圆满无二，但我过去为无始以来的妄想所误，曾长久困在生死轮回之中，现在幸运地得遇如来，依法修学，获证小乘圣果，为无学阿罗汉，而无明全在，仍未至无余涅槃，究竟大觉的地位。世尊已经妄惑、妄业、妄报等三障完全灭尽，独证妙觉常住的真心。请问如来，十方一切众生为什么会有这无始的妄想，自蔽妙净圆明的真心，以致久困轮回，沉沦生死苦海之中？"

佛告富楼那说："你大疑虽然已除，但对无明妄想的起因，尚存有疑惑，欲知其因。我现在以眼前的世间事相中，随便举一例，来答复你这个问题。

"你不是听说过吗？在室罗筏城中，有一人名唤演若达多，他早晨起来，忽然以镜自照，他却喜爱镜中的人头，眉目分明可辨，因此怒责自己的头，因何不见面目，以为必是鬼怪，无端弃镜狂奔。你想想看，这个人为什么无故狂奔？"

富楼那回答说："这人一定是自心发狂，不会另有其他的缘故！"

佛就事例开导说："妙觉圆明的真心，本来就是寂而常照，照而常寂，圆融无碍，并不须假修为，本来就没有妄想。现在既是妄，自然是没有实在的体性，怎么会有生起的原因？如果有生起的原因，一定就有实在的体性，又怎么能名之为妄呢？由于一念不觉，故心动，不觉就是无明，心动即为妄想，由妄想而造业，而受报，辗转相依，互为因果，以致从迷积迷，生生死死，没有了期，以致历经微尘数劫，佛虽种种启发说明，仍不能反推无明的因由何在，实在以无明无因，如何可说！

"因有这样的迷惑，不了妄本无因的缘故，因迷而常自成有，此有当然不是实有，但似有而已。若能识破这迷也是无因而生，妄也就无所依凭。既没有生妄之因，欲灭个什么呢？已证菩提圣果的大觉者，生死长梦已破，如睡中醒来的人说梦中的事，心中虽然清明，能说出梦中各种境遇，以何方法能取梦中所见的事事物物以示人呢？梦中所见之物，尚不能取以示人，况妄本无因，妄体本无所有，我如何指以相示？像那城中的演若达多，岂有因缘使自怖头而走？忽然狂心停止，知头仍在，并非外来，因本不曾失，就是当狂心正发的时候，头亦分明在项上，毫发亦不曾遗失。富楼那！妄性如是，哪里有什么生起的原因呢？你只要不随妄境而起分别执着的妄心，就是摄心息妄的功夫，能缘的心既断，能生世间、业果、众生三种相续的因自绝，那么你心中的演若达多，狂性自然休歇，歇即菩提。这菩提心，本自殊胜无比，清净本然，圆明普照，周遍法界，迷时似失，实未曾失，悟时似得，实是本有家珍，非从外来。但能达妄本空，妄灭而真自显，何须探求妄因，再借辛劳勤苦的修持，去刻意以断除呢？

"譬如有人，于自己的衣里，本来系有一颗如意神珠，想要什么就有什么，但他不自觉知，却贫穷困苦，流落他方，无栖身之所，靠奔走乞讨度日，虽是实实在在的穷，可是他那颗神珠并不曾遗失。忽然遇着识宝的智者，说明这神珠的妙处，可以随心所欲，要什么有什么，因此即致大富。方悟神珠，非从外得，看似得，实非得，原是本有，只是迷时不识罢了。"

当时阿难，于大众中，向佛顶礼之后，恭敬肃立对佛陀说："世尊！您现在说杀、盗、淫业三种能缘的心既断，能生三种相续的因亦绝，心中的演若达多，狂性自歇，歇即菩提，不从人得。然世尊前已说过，以是因缘世界相续，以是因缘众生相续，以是因缘业果相续，今又说三缘既断，三因不生，这就是讲因缘，非常明白，为何如来现在又忽舍弃因缘？

"我是从因缘法，心得开悟，入见道位，得证初果。世尊！这因缘的义理，能使众生弃邪归正，不只是我们有学的少年，闻佛因缘的教示而受益；就是这会中的长老如大目犍连、舍利弗、须菩提等，先从老梵志学道，也都是得闻佛陀因缘法，发明心地，才弃邪归正，从佛出家，得证无漏圣果。现说狂心若歇，歇即菩提，不由因缘，不劳修证。那么王舍城的拘舍梨等外道，所说八万劫后，不假修证自然成道，岂不成第一义谛了。惟愿世尊，亲垂大悲，开启我心中的迷惑。"

佛告阿难："就如城中的演若达多，他的狂性为能障蔽菩提的因缘，狂性若能除去，不狂的本性，自然显露，在你的所谓因缘自然，道理最多不过如是。你实不了解我所说的，狂性因缘若得除灭，则不狂自然而出，这本来不是因缘；狂心若歇，歇即菩提，也不是自然。

"阿难！演若达多的头，若本来是自然，就该常常自然，无一时而不自然，又是什么因缘，使他忽恐惧自己无头，而狂奔去觅头呢？若自然本有的头，以照镜的因缘而发狂，何不以自然本有的头，以照镜因缘，就真的失去他的头？

"头本来不曾失，因疯狂的缘故，妄起失头的恐怖，实在头何曾失。不但未失，且没有丝毫的变动，狂起狂歇，根本与头无关，何须假借于因缘。

"如果本来的狂性是自然，就应该本来常有狂怖。狂怖没有发作的时候，狂性又潜藏在什么所在呢？

"若狂不是出于自然，就应常无狂怖。头本不曾失，又为什么会忽生恐怖而狂走？

"若悟本来的头，虽狂不失，非因缘、非自然；若知狂走，未狂亦无，也非因缘、非自然。那么你的所谓因缘、自然，都是戏论，毫无实在的意义。所以我说，三种能缘的意识心若断，就是菩提本心。但不能作菩提心生想，如以为真有一菩提心生，有一生灭的意识心灭，这仍是凡夫的情见，不是真正的菩提心。必须生灭心灭，菩提心生，两皆不着痕迹，以至没有任何祈求而无功办道，自与菩提心相应，但也不可作自然想。若有自然，则分明自然心生，仍成对待，这也是生灭心，不是真正的无功办道。

"为何说自然仍是生灭法呢？因为众生以不生不灭为自然，犹如以世间各种事相杂和而成一体，名和合性。没有和合以前各物，称之为本然性。所谓和合，就是因缘，而本然就是自然。这个本然，实是对和合而说，并非真本然，必须本然非本然，和合非和合，和合本然俱离，离与不离，两皆不着，凡情尽处，即见本真，到此方名无戏论法。即使到了这般地步，你的细惑仍然全在，距菩提涅槃的境界，仍很遥远，不是你但持多闻记忆，历劫辛勤所能修证的。虽能忆持十方如来十二部经，体解其中清净妙理，如恒河沙数之多，只不过增加戏论的资料，与本分上事，仍然了无交涉。

"你虽然能畅论因缘自然，通达无滞，不会有丝毫的差错，人间尊为多闻第一；然以这累劫多闻的熏习，却不能避免摩登伽女的魔难，还须等待佛陀的神咒，使摩登伽女心中，淫火顿熄，得证阿那含果，在我佛法之中，成为最精，而不经历初果二果就速证三果的第一人。由于她的爱河干枯，才使你解脱了一场淫染的魔难。是故阿难！你虽累劫以来能忆持如来秘而不宣的密法，庄严大乘的清净妙理，但远不如一日之中修习圆顿道业，舍弃戏论，远离世间爱憎二苦。如摩登伽女，从前本来是一妓女，由于佛顶咒的神力，消除她心中的贪爱欲念，现已在佛法中，名性比丘尼，入僧宝之列，与罗睺罗的母亲耶输陀罗一样，同悟宿因，知历世以来，受女身之报，都是因为贪爱心深重，自缚自苦。只以通达宿命，痛悟前非，一念熏修无漏善业，皆获大益，摩登伽女当即解脱爱欲的缠缚，证阿那含果，耶输陀罗蒙佛授记，终成佛道。你乃堂堂丈夫，人天共知，为何不如弱质女流，反自迷自昧，自甘缠缚，留恋多闻，不肯割舍！耽于戏论，愿居下位，岂不惭愧？"

阿难以及会中大众听了佛陀精辟的开示、亲切的教诲，粗疑细惑，一齐消除，如佛示以万象生灭相续的前因后果，真如妙体，随缘自在的要义。及诸佛如来，不复起妄念，如矿砂成金，金不复成矿的善巧譬喻等等。使悟知真心实相，所以身心有前所没有的轻松安适之感，也有一种悲喜交集之情，因此再度含着满眶热泪，顶礼佛足，然后合掌长跪，对佛陀说："无上大悲的清净宝王！最善于开启我的心智，能以各种因缘方便，提携奖诱，引导沉沦于冥暗中的众生，脱离生死苦海！

"世尊！我现在虽然恭闻这等法音，悟知如来藏妙觉明心，遍十方界，孕育如来十方国土，清净宝严妙觉王刹，以为千了万了，更无别事。可是如来又责我多闻无功，不如一日修习无漏道业。我现在好像一逆旅漂泊的人，流浪已久，忽然蒙天王赐予高楼华厦，虽然获得这般大宅，但是不得其门而入。惟愿如来，不要舍弃大悲心，指示我及会中的迷昧大众根本发心之路和下手起修的门径，使皆能捐弃小乘，毕竟获证如来无余涅槃。教有学的徒众，以何种方便，收摄往日攀缘不休的意识心，进而降伏，令得大总持法门，入佛知见。"

舍妄趣真的先决条件

当时世尊听了阿难的请示，哀怜悲悯会中的缘觉、声闻弟子，对于菩提妙心，尚没有亲自体证，未得自在；又为将来佛陀灭度后，末法时代的众生，有发菩提心的，开演最上乘的圆妙修行路径。于是向阿难及大众宣示说："你们既已决定发菩提心，求证无余涅槃，于修习佛如来妙三摩提，不生疲倦，当先明了发菩提心最初的因地心的两项先决条件。

"什么是初发心二种先决条件呢？

"阿难！第一决定，因与果同：如是因，才有如是果。你们若欲扬弃小乘的声闻，立志修学大乘菩萨，以求入佛知见，首先应当谛审观察，因地最初发心的心，与果地的究竟觉心，是同还是不同？

"阿难！若是在因地初发心的心，是有生灭的妄心，以这妄心为本修因，欲求证不生不灭的真谛佛果，犹如煮沙欲使成饭，是永不可能的。以这因果须要相同的缘故，你就当用你的智慧察照。须知一切器世间，凡是可造作的东西，都是可变迁坏灭的。阿难！你试遍观世间，凡是造作的东西，哪一件是永远不变不坏的？但是从不曾听说过虚空烂坏了，这是什么缘故呢？因为虚空不是可以造作的，所以自始至终，永远不会烂坏或消灭。如欲证不生不灭的果，就必须依不生不灭的因心。然则你四大假合的身中，坚硬的如肌肉筋骨等属地大，润湿的涕唾精血等为水大，燥热温度等为火大，气息运转等为风大。由这四大交相缠结，组成这身体，既成肉身，就妄有六根，分散你湛然圆满周遍妙觉本明的真心。于是不生不灭与生灭和合成阿赖耶识，识精元明，映显在六根门头，在眼就叫作见，在耳名闻，在鼻为嗅，在舌是尝，在身为觉，于意是察。从识阴始，终至色阴，五重浑然而成浊相。

　　"什么叫作混浊？譬如清水，清澈洁净，是它的本质，如尘土灰沙之类，则有障碍的体质，这二者的性质，迥然不同，各不相干。若是有人，取尘土灰沙，投入清水之中，土就失去它障碍的本质，水也失去了本有的清洁，相状混沌，纷扰不定，这就名之为浊。我说你有五重混浊，也是如此。你的清净妙心，本来与地、水、火、风四大，眼、耳、鼻、舌、身、意六根，毫没有交涉，由于一念妄起，就有了能所相对，交相纷扰，致使清净妙心，混浊不明，这与清水混以尘土，有什么两样呢？

　　"阿难！你有哪五重混浊呢？一、依色阴有劫浊：你仰观天空时，见虚空无边无际，遍十方界，也不知哪是见，哪是空，以致见与空，混成一团，无法分辨。虚空本来清净，既与见相混，就成晦昧的顽空；见本有灵明觉照的功能，既与空相混，就成为纷扰的妄见；顽空妄见，绵密交织而成虚妄的境相，这就是第一重，名为劫浊。二、依受阴有见浊：你既凭借四大假合的身体，以为自体，既成身相，就有六根，使原本的一精明，因而分为见、闻、觉、知等六精，由于地、水、火、风四大的障碍，故眼只能见，耳只能闻，以至意只能知，各有局限。四大本是无情之物，但为六根所转，却成有知了，知与无知，绵密交织，扰乱真性，这是第二重，名为见浊。三、依想阴有烦恼浊：在你的妄想心中，常忆念过去，牢记不忘，识取现在，爱恋不舍，幻想将来，作种种计较。这都是意识用事。意识之性，依托六根，发而为见、闻、觉、知等六种妄想，因有六种妄现的尘境，妄想与妄尘，相依相存，刹那不停地扰乱清净真性，这是第三重，名烦恼浊。四、依行阴而有众生浊：你的意识心中，从朝至暮，妄念相继，生灭不停，然依于我执，无不贪生怕死，希望长生不老，常留世间，但业运迁流，凡夫不能自主，一留一迁，相识妄成，这是第四重，名众生浊。五、依识阴而有命浊：你的见闻和觉知等六根，原是一体，皆属真如妙性，只因明暗动静等六尘的隔碍，各有局限而不能超越。无故使离一体而有六根的差异。然论性本是一体，知觉相通，同而不异，若论用，却互相违背，能见的就不能闻，能闻的就不能见，同异失却准据，一同一异，绵密相织，扰乱真性，这是第五重，名为命浊。

"阿难！你现在若想使具五浊的见、闻、觉、知四性，远远地契合如来的常、乐、我、净四德，就应当知所拣择。哪是生死根本，先舍弃之；哪是不生不灭、圆满周遍、湛然常住的本觉佛性，取而依之。以湛然圆满、不生不灭的见性，回光内照本源心地，转虚妄生灭的五浊、成清净的真常，恢复本自灵明的觉性，用原来的妙明本觉、无生无灭的体性为因地心，然后方可完成果地的修证，圆满无上的菩提道果。

"譬如欲使浊水澄清，先将浊水灌入静止的容器中，静久不动，沙土下沉，清水自然现前，这就叫作初伏客尘烦恼。必须将沙土完全去掉，剩下纯净的清水，这才叫作永断根本无明。从此清澈精纯，随便如何搅动，再也不会变为混浊。湛然圆满的真性，也是如此，佛既证无上菩提道果，虽再入生死苦海，示现一切身心世界，逆行顺行，皆不会成为烦恼，只有神通妙用，自合常、乐、我、净的涅槃妙德。

"第二个先决条件是：既决定发菩提心，修菩萨行，当舍弃原有的小乘修法，不以生灭心为本修因。你们既然发菩提心，立志勇猛精进，修菩萨行，舍弃小乘，以生灭心为本修因的修行方法，就当详细审察烦恼的根本所在。无始以来，发起现行的业用，而舍生受生，到底是谁作谁受？

"阿难！你既决定要修证菩提大道，如不审观烦恼的根本，就不能明了虚妄的根尘从何处而起颠倒妄想？既不知起处，怎么能够去降伏它，而希望取证如来的果位呢？

"阿难！你且看世间解结的人，若不见结，如何知道怎么解法？就不曾听说过虚空被你解开了，这是为什么？因为虚空没有形象，无结可解。你今知结在何处吗？就是你现前的眼、耳、鼻、舌、身、意六根，为贼作媒介，勾结盗贼，自劫家宝，故损失法财，毁灭功德，都是由这六根而起。由于无始以来，最初一念妄动，而成妄识，以六根为媒介，勾结六识为家贼，从微至显，症结实在六根；所以众生的有情世界，揽四大根为自体，执着这肉身以为实在的自我，因此妄生缠缚，将本自竖穷三际、横遍十方、广大圆满、清净无染的心性，局限于四大假合身相之中，拘泥于色、受、想、行、识等五阴之内，外执物质世界为实在的境界，妄生罣碍，以致如鸟在笼中，不能超越。

"阿难！什么叫作众生世界呢？世是迁流不息的意

思，界是指方位而言。你现在当知道，东、南、西、北、东南、西南、东北、西北以及上下等，叫作界，也就是指的空间。过去、现在、未来，这就称之为世，也就是指的时间。方位有十，迁流有三，所谓十方三世，实在就是指无穷的空间与无尽的时间而言。

"一切众生，皆是由地、水、火、风等四大与眼、耳、鼻、舌、身、意等六根，交织而成有情的虚妄色身。在色身中，时间与空间，变换不停，迁流不息，彼此互相牵涉而人不自知。虽然界有十方，但只以东、南、西、北四方为正，而不取上下，因四方各有上下；没有一定的中点位置，也不取东南西北等四隅，因四隅之中，皆以两方交接而得名，没有一定的方位，但取东、南、西、北四方，足可说明过去、现在、未来三世，互相涉入。以三世涉入四方，三乘四而成十二；以四方涉入三世，四乘三也成十二之数，顺转逆转，总是十二。这样三次叠变，由十而百而千。自始至终，六根之中，各各具有一千二百功能与德用。

"阿难！你再在六根之中，详加审定，何者为优，何者为劣，于优胜者中，又以何者为最优。如以眼睛的见性功能来说，眼只见前，不能见后，以及左后右后，皆看不到；加上左右旁视，也只能见到三分之二。就眼整个而言，实是功能不全，以三分论，缺了后方一分，当知眼只有八百功能。如以耳来说，耳听周围，十方有声，皆可听到，必没有遗漏。发声时似有远近之分，寂静的时候，闻性没有边际可得，当知耳根具一千二百功能，圆满无缺。如以鼻的嗅闻，能通出息与入息，然出入息交换之际，功用不明显，详验鼻根，也是三分缺一，只有八百功能。

"如舌能宣扬世间及出世的至理妙义，虽然语言有方域的分别，不能完全相通，但所说的至理妙义，却无穷无尽，当知舌也具备一千二百功能，没有缺失。如身根与触尘，知道是顺意的感触或逆意的感触，然必有所接触，才能知道，分开以后，就没有触的感觉了。因此两相分离时即缺一分，两相合时，有顺有逆，即成二分。从身根来看，也是三分缺一，只有八百功能。

"如以意根的知性说，口虽不言，而心中仍然自知，能包括十方三世，一切世间与出世间，不论圣凡，没有不能包容的，且皆能尽其涯际，可知意根圆照无遗，所以也具有一千二百功能。

"阿难！你现在若想逆生死欲流而上，穷究生死欲流的根源，希望到达不生不灭的境地，当先勘验这能感受尘境的眼、耳、鼻、舌、身、意等六根，到底哪是合中知，哪是离中知，谁深隐难测，谁浅而易明，谁是圆满无缺，谁是缺而不全？若能向这六受用根中，仔细审察，悟知哪一根最为圆通，然后就可顺着这最圆通的一根，逆彼无始以来，由妄心妄境，交织成的生死业流而上，方可如顺风扬帆，直达不生不灭的境地。若是与选择不圆通的根强自修习相比较，迟缓与迅速，将成一日与一劫之比。我现在已为你完全显示六根的优劣，并详细说明了六根所具功能的差别数量。六根中湛然圆明的自性，原系众生本具，个个相同，然在迷时，因根与境的局限，不无优劣，所以功能有全有缺，数量有多有少。现在你可随意选择，六根之中，认为哪一根最为圆通，可以依之修证，我当说明渐次修行功夫，使你直前不退。

"十方如来，随各方众生的根器，法门也千差万别，任是十八界，以至七大，一一修行，门门可以入道，皆能证得圆满无上菩提，原没有什么优劣之分，可以供人选择。但你的根器下劣，见惑虽除，思惑尚在，尚未能于诸法中，证得圆融自在的智慧，亲悟万法唯心，于六根门头，难免罣碍，所以我才宣说六根的优劣，使你分明验证，择一最圆通的根，一门深入。若能从一根深入，到达一真无妄的境地，一解俱解，六根就会同时清净，皆获解脱。"

阿难不解地请问："世尊！您说逆生死流，可以返本穷源，到达不生不灭地；但什么是生死流，哪是我所应逆之而上的呢？又六根的功能既然有优有劣，自然是各根互不相同，为何因一门深入，却能使六根同时清净呢？"

佛告阿难："你现在虽已证得初果——须陀洹，断除三界以内，众生世间的分别我执，入见道位，预圣人之流；然而思惑未除，不知现在六根之中，自无始以来，累积的虚妄习气，深细难察。这些习气，必须要精勤修持，方可断绝，何况这其中的生、住、异、灭，头绪纷繁，无量无边，不是你们小乘人所能知解；这也正是生死流的所在，为你所当逆而穷其源的。你既不知一门深入、六根清净的所以然，现在观察眼前的六根，到底是一，还是六？

"阿难！若说是一，耳为何不能见，眼为什么不能听，头为什么不能走，脚又为何不能言？

"若说六根各有自体，互不相干，那么像我在这法会中，为你们宣说微妙法门，你的六根之中，是用哪一根来领受我所说的妙义呢？"

阿难说："我用耳闻。"

佛开导说："既是你的耳自闻，又关你的身口什么事？为什么又用口问义，起身承听？所以你当知道，不是一必是六，既为六，自当各不相干，为什么耳闻佛法，却以口来问义？既然是一，就应功用相通，为什么又耳不能见，眼不能闻？不是六就必是一，你终不能说，我这六根，本来是一，或本来是六。

"阿难！你应知道，这根既不是合而为一，也不是分而为六，现在所以有一有六，皆是由无始以来，一念不觉，从真起妄，依惑造业，随业受报，沉沦苦海，生死交替，所以于湛然圆满的真性中，妄生一六等分别意义。迷昧的凡夫，执以为六，浅解学人，执以为一。你虽证须陀洹果，虽不入色、声、香、味、触、法六尘，六根不发生现行的作用，但是根本的缠结，并未销除，仍然执着有一涅槃在，是六销而一未亡。

"譬如在太虚空中，杂列各种形状的器皿，因为器皿有方、圆、长、短，就以为虚空有各种形状，若是除去器皿来观空，虚空就是一相了。不知说一道异，原在于器皿，而太虚空，无始以来，就是如此，岂会因你的说同说异，而真有同有异呢？更说什么是一非一。可见说一说异，都是妄言。所以你应当明白，六受用根，也是如此，因结根而说性为六，销根而说性为一。不同是异，同就是一，执六固然是妄，执一仍然是病，必须一异俱遣，一无所立，方可证心体的虚空，圆满湛然。

众生湛然圆满的净妙真心，本来没有黏蔽，最初为什么会有见呢？由于明、暗二种色尘，互相彰显，于妙圆中，黏蔽了湛然的本性，如胶粘贴于物体上。因湛然之性被黏蔽，致引起妄见，因见精映明暗二色，明暗掺杂，混成一团，于是揽取色尘而成胜义根。这根，原是由地、水、火、风的清净四大及色、香、味、触四尘所成，微细难察，圣眼天眼方可看见，凡眼不能知。依胜义根而成就的肉眼，眼珠像葡萄一样，形状显著，人人可见，名浮尘根，于色、香、声、味、触、法六尘中，循色尘流转，如怒涛赴壑，若纵火烧山，似野马奔驰下坡，不可遏阻，终日缠绕色尘境界，为色尘所局限，不能超越。

"由于动、静二种声尘互相攻击，以动击静，则静境失；以静制动，则动相亡。动静互显于妙觉圆满的湛然性中，黏蔽了湛然的本性，引发为妄闻，闻精映声，摄取声尘成胜义根。这胜义根，原是由清净四大所成，依胜义根而成肉耳，形状如新卷叶，名浮尘根，于六尘中，循声尘流转，不可遏阻，始终局限声尘境界，不能超越。

"由于通、塞二尘交相显发，于妙觉圆满的湛然性中，黏蔽了湛然的本性，引起妄嗅，嗅精映香，纳香而成胜义根。依胜义根而成肉鼻，形状似双垂爪，名浮尘根，于六尘中，终日奔逐于香尘之间，不能遏阻，局限于香尘境界，不能超越。

"由有味无味、甜苦等变迁互相参对，于妙觉圆满中，黏蔽湛然的本性，引发妄尝，尝精映味，绞味而成胜义根。依胜义根而成肉舌，形状像初偃月，名浮尘根，于六尘中，专循逐于味尘之间，终日流逸奔驰，不能遏阻，局限于味尘境界，不能超越。

"由离、合二尘交相触摩，于妙觉圆满性中，黏蔽了湛然的本性，致生妄觉，觉精映触，揽取触尘而成胜义根。依胜义根而成身体，形状如腰鼓颡，名浮尘根，于六尘中，终日奔逐于触尘境界，不能遏制，无由超越。

"由生、灭等二种妄尘交互相续，于妙觉圆满性中，黏蔽了湛然的本性，引发妄知，知精映法，摄取法尘而成胜义根。依胜义根而成肉团心，名浮尘根，意根内照法尘，如人在幽室见物，于六尘之中，专循法尘奔驰，不越法尘境界。

"阿难！如上所说的六根，皆是由本自妙觉湛明的性体，一念妄动而转为能明的明觉，于是转妙明成无明，变性觉为妄觉，失去妙觉湛明本有真精照明的自性，因妄尘黏蔽湛然的本性，而发见等六种精光。所以你现在的见不能超出色的范围，若离开明暗，根本就没见的体相。听不出声音的范围，若没有动静，也就没有听的实质。没有通与塞，嗅性无由显；若没有甜苦等味的变迁，尝无由生；离合之外，自亦没有触觉；生灭之外，当亦没有知不知了。

"本来六根，原是可相互为用的，只因被尘所黏结，才成滞碍，互不相通，故欲拔根，必先忘尘。你但不随动静、合离、恬变、通塞、生灭、明暗等十二种有为的尘相打转，流逸奔逐；就是任你选择一根，依之而修，摆脱所黏的妄尘，内伏返照自性，还归本觉妙明的真心。妄惑既除，本有的常光，迥然独露，照天照地，到此境地，其余五黏，自然应时销落，皆得圆满解脱。由于根尘双脱，心光遍照，不假外缘，而起知见，六根即可相互为用，眼能听，耳能视，鼻能嗅，舌能尝，意能觉，身能知，有时一根具备六根的功能，有时六根可当作一根用，六用皆遍，六门互通，无所滞碍！

　　"阿难！你不知道吗？现在会中的阿那律陀，没有眼睛而能见；跋难陀龙，没有耳而能听；殑伽神女，没有鼻而能闻香；憍梵钵提，异舌而能知味；舜若多神，没有身而能觉触，因为他没有身，佛放拔苦光，映令暂现身触，他本质如风，原没有实体，但也有身触之乐。又证得灭谛涅槃的阿罗汉，如现在会中的摩诃迦叶，已久灭却意根，却能圆明了知诸法，而不须用心念。

　　"阿难！你现在若能完全拔除诸根的黏缚，则内晶莹发光，心光遍照，洞彻表里，这时虚妄的浮尘以及器世间的山河万物、染净苦乐等变化相状，都会如热汤消冰，应念化成无上的正知正觉。

"阿难！见性本来周遍法界，但世间凡夫，由于颠倒，只聚见于眼，认为没有眼睛，就什么也看不见。若正当他睁眼见物时，急令他合起双眼，则黑暗的境相现前，六根黯然莫辨，与人相对，也分不清头之与足。这个合眼的人，以手循着相对那人的身体，绕着摩遍，就能分辨头足，这个暗中所知，与明中所见，知觉是相同的。世人皆以为这能缘的见性，必须要有光明，方成有见，遇暗时就成无见。若不借光明而见自发，这是不明的明，无见的见；即令永远光明，不使昏暗，这见性不能加，完全黑暗，这见亦不会减，谁说一定要借光明才能有见？世间凡夫的根，尚且不须要借光明才有见，何况根尘销落、真光独耀的人，本觉胜净明心，怎么不成圆通妙用呢！"

　　阿难听佛说离尘就没有根结的体质，却误作了离开尘境，完全没有性体，因此又向佛请求释疑说："世尊！如佛所说，在因地觉悟的初心，欲求常住不生不灭的佛果，这初心要与果位名目的意义相应，同样是不生不灭，然后方可。世尊！譬如在果位中，因断除烦恼所知二障而证的菩提，超出分段、变易二种生死所证的涅槃，经煅炼而成的真如，琢磨而显的佛性，最极清净的庵摩罗识，没有垢染的空如来藏，转识而成的大圆镜智，这七者，名称虽然不同，但都是清净圆满，体性坚凝，再没有变迁，像金刚宝王一样，永远常存不坏。欲证得这些圣果，必要用不坏的因，自是很明白的。现在世尊却说，离开明暗等诸尘，就没有见闻等的实体，若是这见、听离开了明暗、动静、通塞等尘，毕竟没有实体的话，岂不同于前破的识心，离尘本无所有，而成断灭法吗？世尊为何教我以断灭为本修因，而求证如来的七种常住圣果呢？

"世尊！若离明暗，见毕竟空，是根性离尘无体；若没有前尘，念自性灭，是识心离尘无体，这两者到底有何差别？我反复循环地仔细研究，觉得根性与识心，没有什么不同，若离却前尘，决没有我因心的体性，及因心所在之处，又将何物作为本修因，以求无上的觉道呢？

"这见性既然是断灭，先前如来又为何说是湛然常住、精一不杂、圆满周遍？岂不是违背诚实之言，终于成了戏论么？怎么能相信如来是说真实语的圣者？惟愿垂大慈悲，开启我蒙昧的执误！"

佛慈和地告诉阿难："你只是好学多闻，不勤修习，所以只断除了见惑，而思惑全在，心中徒然知道，因为迷真逐妄，名为颠倒。真正颠倒当前的时候，实在并不认识，亦如说药的人，实在从未曾见过药，真药当前，反而不能辨别是一样。我如果直接开示，恐怕你未必能诚心信服，现在且以尘俗中易知易解的事为例，当可断除你的疑惑。"

当时如来命罗睺罗击钟一响，问阿难说："你闻否？"

阿难和大众同答："我闻！"

钟声消失，佛又问："你现在闻否？"

阿难和大众又同声答："无闻！"

这时罗睺罗又击钟一响，佛再问："你现在闻否？"

阿难和大众同答："我闻！"

佛问阿难："你说，什么叫作闻？什么叫作不闻？"

阿难和大众同答："若击钟发声，我就得闻，击后声消，音响双息，就名为无闻。"

如来又命罗睺罗击钟一响，问阿难："现在有声吗？"

阿难和大众同答："有声！"

少顷钟声消失，佛再问："现在有声吗？"

阿难与大众同答："无声！"

稍歇一会，罗睺罗又来击钟，佛又问："现在有声吗？"

阿难与大众仍同答："有声！"

佛问阿难："你说，什么叫有声？什么叫无声？"

阿难与大众同答："若击钟发声，就名有声，击后声歇，音响双息，就名为无声。"

佛慈悲地训斥阿难及大众说："你们为什么前言不符

后语，自语颠倒错乱呢？"

大众与阿难听了佛陀的责问，不知错在哪里，心有不服。于是同时问佛："世尊为何说我自语颠倒错乱呢？"

佛开导说："击钟一响，我问你有闻否，你答有闻。钟声消歇，我问你有闻否，你答无闻。再击钟一响，我问有声否，你答有声，少顷声歇，我问有声否，你答无声。声与闻，虽是双问，但有无只有一方，究竟是有闻无闻，还是有声无声？何况分明是声的有无，你却答称闻的有无，闻性常住，岂有生灭，你这答话，怎么不是颠倒错乱？

"阿难！声消无响，你说无闻。如果真是无闻，就是闻性已经消灭，应同于枯木，没有知觉，再击钟时，你又怎么能闻知。知有声，知无声，原是声尘在闻性中，或有或无，岂是闻性随着声尘生灭时有时无？闻性若真正会随声尘而消失，那还有谁来知道无声呢？是故，阿难！声在闻性之中，自有生灭，不是你的闻性，随着声尘生灭，使有闻无闻。根尘尚且不能分别，互相颠倒，惑声为闻，无怪你昏迷无知，要以常住为断灭了。总不应该说，离开一切动静、通塞，说无闻性吧？

"譬如沉睡的人，酣眠床第，他的家人，当他熟睡的时候，捣练舂米，这人在梦寐中，听到舂捣的声音，别作他物，好像击鼓或者是撞钟。他在梦中感到很奇怪，为什么铜钟皮鼓会发出木石的声响？随后醒来，立即知道是舂捣的声音。于是告诉家人说，我在梦中，迷惑不清，听到这舂捣声，以为是钟鼓响。

"阿难！这个人在梦中，难道也有忆想尘的动静吗？既忘记他有身，还能想起肉耳的根有开闭通塞吗？这样足以证明根尘并舍，闻性常存。他的形体虽然沉睡，但闻性并不随沉睡而昏昧。不但如此，就是你生命终结，形体消灭，这个闻性，也不会随着你消灭的。你自疑闻性断灭，却说我不是实语者，不知我前面所说，离开动静，原本没有听的实质，是指若不聚闻于耳，就没有听的实质而言，并不是说没有周遍法界的闻性，你乃专务多闻的人，常是循名昧义。

"世间一切众生，从无始以来，都是顺着色声等尘境迁流，逐念分别，妄起爱憎，常随外物转移，从不曾认识自己的本有常住净妙真性。所以不知随顺本有清净妙常的根性，反认生灭的识心以为自我，致背觉合尘，内摇外逐，依惑造业，由是生生世世，在不净的杂乱业中，流转六道，不得出离。若能舍弃生灭无常的识心，不逐外境转移，谨守真实常住的根性，勤行修习。常住真心本具的智慧光明，一旦现前，根、尘、识心，自然一时销落，如暗室忽放光明，幻影幻形立即完全消失一样。

"应知所想象的湛一之境，为最细难除之尘；能想湛一之境的心，为极细的难刮之垢。若能远离尘垢，你的法眼，就会应时清明，即得六根清净，如何不能成就无上正知正觉的佛果。"

5 卷五

解脱的程序

阿难恭敬地向佛陀启请说："世尊！如来前面说第二项先决条件的时候，要我们从根中解结。但是我们不知哪里是结，当如何去解？现在看世间解结的人，若不知结的根源所在，我不相信这个人能够解结。

"世尊！我和会中的有学声闻，也是如此；既不知结的根源所在，自不能解。我们从无始以来，与诸无明，俱生俱灭，虽然因历劫多闻熏习的善根，名为出家；然开悟的时候，暂似解脱，一入生死苦海，依然被缚，说时似悟，对境又迷，忽冷忽热，如隔日疟，不得自在。惟愿大慈，哀悯我们堕在无明壳内，沦溺于苦海中。仰祈开示我们，现在的身心，哪里是结，从何处下手去解？也使后世苦难的众生，不受缠缚，能够免于轮回六道之苦，不堕落三界之内。"

阿难说完之后，与大众一同，五体投地向世尊顶礼，虔诚敬仰，感激得泪如雨下，大家都肃立以待，恭候聆听无上的开示。

当时世尊怜悯阿难以及会中的有学弟子，也为将来一切众生，使知修证一乘的因心，以作发愿修学大乘者的眼目，使不致盲修瞎练，误入歧路。先用阎浮檀紫金光色的手，抚摩阿难的头顶，以示安慰。由佛陀的威神所感，十方普佛世界，立即发生六种震动。微尘数的如来，凡是住在世界上的，各有宝光从顶门出，这些宝光，同时自各世界，照射至祇陀林中，聚集于如来的头顶上，这种祥瑞的征象，会中大众，从未曾见过。

就在这时，阿难及会中大众，同时听到十方微尘数如来，异口同声告诉阿难说："善哉！阿难！你欲想知道俱生无明为何使你轮回六道、沉沦苦海吗？这生死的症结，就是你的眼、耳、鼻、舌、身、意等六根，除此别无他物。

"你若想知道如何令你速证安乐、解脱，即寂静妙常的本觉真心，也是你的六根，并非他物。"

阿难虽然恭闻这样的法音，但是心里还是不明白，又再顶礼佛陀说："世尊！为什么使我生死轮回的是六根，证安乐妙常的也是六根呢？"

佛告阿难："我所以说根而不及尘，不是忘了六尘，而是因为根尘同源。只是执相以求，似有内外之分。根属内身，为有情，尘属外境，为无情。若追本穷源，本是一体。因为根尘同源，所以缚则同缚，脱则同脱，缚脱也不二，故说根的时候，而尘自在其中。复不举识，是因识性无源，只是对前尘的虚妄相想，好像空花水月，没有实在的体性。它既不是缚结的根本，也不是解脱的关键，所以不再特别提出来谈，说根时识也概括其中了。

"阿难！由于有六尘的境相，方能彰显六根了知的功能，因有六根了知的功能，才有六尘的境相，是根托尘立，尘因根显，二者皆没有独立的体性，如同交芦，生必二茎，交互而立。你现在不知根尘本是一体，而于本具妙明明妙的根性上，妄立空有二见，这就是无明的根本。若能证悟本具的真知真见之外，别无知见，这就是真净无漏涅槃，一念不生，一尘不染，究竟清净，这其中如何再容他物？"

当时世尊，欲重复说明这种义理，特再扼要地用偈语说：

（原译）	（语译）
真性有为空	有为自性空，是依真性起。
缘生故如幻	因缘合和生，所以如幻化。
无为无起灭	若无有为法，何以有无为？
不实如空花	两者皆不实，有无如空花。
言妄显诸真	说有为是妄，显无为是真。
妄真同二妄	真妄既相待，说真仍是妄。
犹非真非真	依然非真真，也非真真妄。
云何见所见	说什么能见，又何是所见？
中间无实性	根与尘中间，各无真实性。
是故若交芦	所以须依倚，互立如交芦。
结解同所因	结缚解脱因，是一原不异。
凡圣无二路	结缚就为凡，结解即成圣。
汝观交中性	试看交芦性，是有还是无。
空有二俱非	有相无实体，非有亦非空。
迷晦即无明	迷于空有见，就是无明本。
发明便解脱	不立空有见，当下即解脱。
解结因次第	结由次第成，解亦有次第。
六解一亦亡	六结既开解，一亦无所立。
根选择圆通	欲解生死结，当择圆通根。
入流成正觉	由一门深入，可速成正觉。
陀那微细识	第八含藏识，微细最难测。

习气成暴流	无明辗转熏，成生死暴流。
真非真恐迷	全真却杂妄，恐迷妄为真。
我常不开演	故于权乘中，不轻为人说。
自心取自心	相见同自心，即以见取相。
非幻成幻法	本来无幻法，因妄成诸幻。
不取无非幻	不可存心求，真正非幻法。
非幻尚不生	非幻对幻言，无幻无非幻。
幻法云何立	既无非幻法，幻法自不立？
是名妙莲花	譬如妙莲花，花果同时现。
金刚王宝觉	又如坚金刚，为百宝中王。
如幻三摩提	无修而幻修，修如幻定慧。
弹指超无学	只在弹指间，超过无学位。
此阿毗达摩	从根解结教，是最胜教法。
十方薄伽梵	十方并三世，一切薄伽梵（佛的

音译）。

　　一路涅槃门　　皆由此门修，直入涅槃城。

　　这时，阿难以及大众听了佛陀无上的慈悲教诲、宣说以后，又再糅和精义，出以讽颂，真是言言金玉，句句珠玑，妙理清澈，使人心开目朗，叹前所未有。阿难再度顶礼，然后合掌当胸，无限诚敬地向佛陀说："我现在虽蒙佛陀以无遮大悲，开示性净妙常，以真实语，所说的妙法章句；但是心里仍不明白六解一亡的真义，如何是舒解结缚的伦次。惟愿世尊，垂大慈悲，再悯会中大众及将来众生，施以甘露法音，洗涤积生虚妄习气，荡除深沉细垢。"

佛陀听了阿难的启请，立即于狮子座上，挽起里衣，收敛大衣，将七宝几案，拉至座前，伸手拿起几上夜摩天所献的华巾，当着大众，绾成一结，示阿难说："这叫作什么？"

阿难及大众同声敬答："这叫作结。"

如来绾叠华巾，又成一结，再问阿难："这叫什么？"

阿难与大众又答："这也是结。"

于是佛陀依次绾叠华巾，共成六个结，每成一结，都持问阿难，这叫什么，阿难等也照样一一回答佛陀，这名为结。

佛告阿难："我首次绾巾，你说是结，这华巾本只是一条，第二第三次绾巾，你们为什么仍然名为结呢？"

阿难回答佛陀说："世尊！这宝华巾，由织绩而成，虽本一体，依我的想法，如来一绾，就成一个结，若作百绾，就是一百个结，何况这条华巾，只有六个结，尚不到七，也没止于五数，如来怎么只许首次绾巾名结，第二第三不得名结？"

佛告阿难："这宝华巾，你知道原本只是一条，我六次绾结，名有六结。你细审观察，未绾结以前，巾体是同，一亦不立，何来六结之名；既绾结以后，因结成异，六相分明。你的意思如何？我首次绾成结，名第一结，于是次第而成六结。我现在欲将第六结的名称换成第一结，可以吗？"

阿难说："六个结若皆存在，这第六之名，终不是第一，纵然竭尽我历生的聪明才辩，也不能使这六结的名次错乱。"

佛说："你说对啦！六结虽然不同，若返观绾结本因，原是一条华巾所造。然一既成六，一不可见，六不可乱，要使它错乱，终不可能。你现在的六根，也是这样，没有缚结以前，原是一体，本没有异同；缚结以后，各有界限分隔，所以眼不能闻，耳不能见，从完全相同中，产生了完全不同的差异。

"阿难！你一定不喜欢将一条华巾，绾成六个结，希望我还这华巾的本来面貌，那又要怎样做始得呢？"

阿难敬答："这些结若是存在，每结皆有一定的名称，一定的位置，如以一作六，或以六作一，必然是非敌对，于中自起此结非彼、彼结非此的争论。如来今日若总解却，结既不存，自然再没有彼此，第一的名尚且不可得，哪里还有六呢？"

佛说："阿难！六解一亡，也是如此！根中六结，若总解除，真体自然显现。

"众生真体，本来清净，由于你无始以来，心性狂乱，致产生妄知妄见的功能，又执着心外诸法为实有，于是以妄逐妄，念念相续，劳虑愈转愈深，终而产生尘劳的状态，也像前绾华巾，次第而成六结。譬如有人，瞪眼直视虚空，视久必觉疲劳，眼睛模糊，视线不清，于清湛的空中，有狂花飞飘，这是眼睛疲劳所见的劳相，原是精明的见中，无因乱起。因此，这能见与所见，两皆是妄。一切世间，山河大地，以至有情的生死涅槃等等，也是这样，都是从真起妄，由狂劳颠倒所产生的空花而已，全是虚幻，无一是真实的。"

　　阿难敬问："这种因疲劳而产生的劳见，既然像一巾所绾成的六结，但是要怎样才能解除呢？"

　　如来先伸手拿起打结的华巾，拉拉每结的左端示阿难说："这样解得开吗？"

　　阿难说："世尊！这样解不开的。"

　　佛陀再单扯结的右边复问阿难："这样解可以吗？"

　　阿难说："也不可以，世尊！"

　　佛告阿难："我现在用手左拉右扯，皆不能解结，你想想看，到底用什么方法，可以解开这个结？"

　　阿难说："世尊！应该从结心下手分解，自然就可解开了。"

　　佛嘉许阿难说："对啦！要想解结，当从结心下手。

阿难！我所说的选择最圆通的根，一门深入，从根解结，直至成佛之法，也是从因缘生，但不是指世间四大和合产生各种变化境相的粗浅因缘，而是泛指世间、出世间染净诸法，皆不出因缘。如来遍知一一本有的因，各随所遇的缘，产生凡圣十界染净诸法，甚至恒河沙数世界之外，雨滴之微，也知其数量，眼前的种种如松何以直、棘何以曲、鹄为何白、乌为何黑，我皆知来由。佛的智慧如此，所说决没有差错，所印许的，肯定正确。是故，阿难！你当确信选根的重要，随你心之所喜，于六根中，选择最圆通的一根，一门深入，根结若除，尘相自然消灭，妄惑亦空，超绝对待的真心，也就自然显现了。

"阿难！我现在问你，这条华巾，现有六个结，六结可以同时解开吗？"

阿难说："世尊！不可以，因为这六个结是依次缩成的，也须要次第而解。六结虽同一体，但缩结不同一时，现在怎么能同时解开呢？"

佛说："解六根的结缚，也是如此。这根结若解，就证得人空，除却我执，及至空性圆明，破除法执，就不受法缚，成法解脱；既证我法俱空，空念亦空，就名菩萨从三摩提中，证得无生法忍，见与见缘，并诸想相，如虚空花，本无所有，不但生死染法如此，菩提涅槃，也是如此。"

二十五位圣者的证道报告

阿难以及大众蒙佛陀这般慈悲的开导，对于解结次序、能照见根性的妙智、可证法忍的妙理，虽尚没有亲修亲证，但已融会贯通，再无疑惑。于是同时合掌顶礼，恭敬地向佛陀说：

"我们今日，身心皎然，畅快通达。虽又悟知一门深入，六根齐销的至义，但仍不知哪是圆通的本根，无从起修。

"世尊！我们飘零生死苦海，流落六道，累劫以来，何异孤儿，沦落他乡，何敢奢望，与佛陀为兄弟；现序列天伦，已出望外，今又从佛出家，常随左右，实如失乳的婴儿，忽遇慈母。若能因此幸运的际遇，得证菩提道果，方不辜负此生。现在既已恭闻平常不开演的密法，果能从闻、思、修，由根解结，则正定可入，法忍可证。若仍和从前一样，循文逐义，徒守知解，不求行证，那与未闻，有何差别？惟愿世尊，垂大慈悲，惠示我秘密严净的妙法，完成如来究竟教诲的最后开示。"阿难说完以后，再次五体投地向佛陀礼拜，然后退回本位，心中默默地祈祷，希望佛陀不必显说，愿能密授。

佛陀大智明照，洞悉阿难心意，所以先不自己明说，只先使会中二十五位圣者，各说自己的证果经验，当时世尊普告大会中所有大菩萨及漏尽大阿罗汉说：

"你们菩萨及阿罗汉等，在我佛法之中，勤苦修行，都已证得无学圣位。我现在问你们，最初是依何法而发菩提心，悟知十八界中谁是圆通的本根，依何法起修而证入三摩提？"

憍陈那等五比丘，首先从座而起，向佛陀顶礼之后，自述证道过程说："我从前在鹿野苑及鸡园两地修行，佛成道后，先来化度我们，三次为我等说苦、集、灭、道四圣谛法，我于佛的言教中，彻底明白四谛的至理。当时佛问比丘，谁已得解，惟我最先解悟，如来为我印证，并为我命名为阿若多（意为"初解"），我所悟解的是什么呢？就是悟知声音是缘生法，声相虽虚妄不实，而性常真，为妙觉明体，密而无形无相，用则周遍法界，于是我以音声，为本修因，证阿罗汉。佛问什么最圆通，如我所证，当以音声为上。"

接着是优婆尼沙陀，也从座而起，向佛顶礼，恭敬地向佛自述证道因缘说："我是亲见您当初成道者之一，所以遇佛最早，因为我的贪欲重，佛陀教我作不净观，观肉身之内，实在没有洁净之物，悟诸色性，生既不净，死后只白骨一堆，烧骨成灰，化为微尘，随风飘散，终归于空，空色不二，因此证入，成无学道果，如来印可，名尼沙陀（色性）。相尽性现，再普观诸色，都是如来藏心，周遍法界，法理微密，大用圆满，我依色相，为本修因，成阿罗汉。佛问什么最圆通，如我所证，色因为上。"

依次是香严童子，他说："我从前蒙佛慈诲，教我随时随地，仔细观察根、尘、识等由因缘所生的万事万物。我辞别佛陀，韬光隐迹，洁净身心，宴坐静室，但见诸比丘，烧沉水木香。无形无声的香气，入我鼻中，我就即境观察这香气的来由，应不从木来，而徒然有木，不能自烧；也不由空出，因空性常存，香气无常；自非烟生，也不是从火出，忽聚忽散，来无所从，去无所往，因而意识不起，根尘两亡，进入无分别境界，顿悟无漏，了达香气之性，就是如来藏心，如来印可，赐名香严。由是相尽性现，香尘虽然倏生倏灭，而自性真香，周遍法界，此理微密难明，我从香严，得阿罗汉。佛问什么最圆通，如我所证，当以香严为上。"

药王、药上二位法王子与会中的五百位梵天王，继香严童子之后，从座而起，顶礼致敬，然后肃立对佛陀说："自无数劫以来，我世世皆为良医，在这娑婆世界，亲口尝过的草、木、金、石之类，有八万四千种之多，皆知苦、酸、咸、淡、甘、辛等味，以及各类和合变化，是冷性是热性，有毒无毒，可用不可用，无所不知。所以今日承事如来，依然不忘旧习，仍以味尘为观境，因而知味，非空非有，不是由舌及舌识出，也不是离开舌与识而别有，得知相妄性真，由是开悟，蒙佛世尊，亲自为我兄弟印可，并赐以药王、药上二菩萨名，在此会中，为法王子，我以味尘为本修因而悟真常，位登菩萨。佛问何者最为圆通，如我所证，以味因为上。"

跋陀婆罗和其同伴十六位开士，接着从座而起，禀告佛陀说："我等于过去先威音王佛住世时，因闻法而出家，值僧徒沐浴之日，随例入室沐浴。因水加身，觉有冷、暖、涩、滑等触感，于是对水穷究，是因洗尘垢而生触觉，还是因洗身体而起触觉？若说是洗尘垢，尘垢本无知，怎么会有触觉；若说是洗身，身乃四大假合之体，也是无情之物，当然也没有触感。既不是因洗尘垢而有，又不是因洗身体而生，中间安然，一无所有，欲觅触尘之相，了不可得，观行成就，因此悟入妙真如性。历劫至今，宿习未忘，现在又从佛出家，承教断惑，使得证无学圣位，彼佛为我命名跋陀婆罗。妙触宣明，得证菩萨，住等觉位，成真正的佛子，已堪继承佛位。佛问何者最圆通，如我所证，触因为上。"

摩诃迦叶和紫金光比丘尼等，同时站起来，向佛陀敬礼，自述入道因缘说："在往劫时，这娑婆世界，有一佛应机降世，名日月灯。我得有缘亲近，恭聆教诲，依法修学，佛灭度后，为感法乳深恩，供养舍利（灵骨），夜夜燃灯，以续日光，使长明不暗。并以紫金叶，敷佛形像，这紫金比丘尼等，就是我的眷属，与我同时发心修治佛像，所以她们也和我一样，身体常如紫金光色。我观六尘生灭变迁，刹那不停，当体即空，惟观空寂，修习灭尽定，身心方能度过百千劫，如一弹指间，我以修空观，消灭法尘，得成阿罗汉道，世尊说我头陀行第一。法尘既灭，微妙法性现前，故得开悟，明白如来藏心，消灭诸漏。佛问何者最圆通，如我所证，法因为上。"

阿那律陀相继而起，向佛敬礼，老实自述："我初出家的时候，常常贪睡，如来呵斥我为畜生类。我听了佛的训斥，痛哭自责，七日七夜，不曾睡眠，因而双目失明。当时世尊悯念我为可教之才，开示我见不一定要用眼，教我乐见照明金刚三昧，我依教勤修，因得天眼通，不假肉眼，观三千大千世界，真切洞然，如观掌中果，如来印可我成阿罗汉道。佛陀问我谁最圆通，如我所证，旋转出流的见精，归循元明的真见，才是第一。"

依次是周利槃陀伽向佛陈述："我没有诵读记忆的能力，不是广学多闻的根器，最初值遇佛陀，因闻法而出家。如来教我背诵一句七字偈语，读了百日，仍不能成诵，记得前三字，忘了后四字，想起后四字，又忘了前三字。佛陀怜悯我的愚蠢，教我安居静处，正身端坐，调理鼻中出入气息，我秉承教示，时时观息，用功日久，心渐微细，知息出入，终能穷尽气息生、住、异、灭四相，刹那的变迁情形，于是豁然而悟，得大无碍，终至漏尽，成阿罗汉，于佛陀座下，蒙印证已成无学圣果。佛问圆通，如我所证，反息循空，才是第一。"

憍梵钵提继从座起，向佛顶礼，自述证道因缘说："我于过去世，见一老僧，没有牙齿，我笑他吃饭像牛，由此口业，生生世世，感生牛舌，患常虚嚼之病，幸遇如来，为我遮掩，特赐我念珠，教令念佛，断诸杂缘，心得纯净，止散入寂，先得念佛三昧。复由寂起照，观察尝味的知性，原非从舌根生，亦不是由外物有，应念悟入如来藏妙真如性，立即超越世间诸漏，内脱身心的缠缚，外遗世界的拘束，远离三界，如鸟出笼，尘垢齐销，法眼清净，成阿罗汉，蒙如来亲自印证，登无学道位。佛问圆通，如我所证，以舌为本修因，还味旋知，反观尝性，才是第一。"

毕陵伽婆蹉也从座起，顶礼之后，肃立向佛自述证道经过说："我当初发心，从佛剃度出家，常闻如来宣说世间是苦，无甚可乐，我就依教修观。一日进城乞食途中，只顾观想，没有看到路上有毒刺，信步而行，毒刺穿足，痛切心髓，恰遇苦事，我就伫立不行，观察这知道剧痛的是谁。由是而知身体之中，有一能觉剧痛之心，才能觉知有此剧痛，虽能觉知剧痛，然此觉必因痛而显，当是妄觉，我本觉清净的真心，实没有所觉之痛，也没有能觉知的痛觉。我又细细思维，一人一身，应只有一觉，为什么现在既有知痛的觉，又有清净觉心的觉？难道说一身有二觉吗？于是摄念起观，不久真纯妄绝，身心两忘，顿悟觉痛的心，实乃身识，这样经三七日之久，诸有漏心，一齐消失，本觉现前，成阿罗汉，得蒙佛陀，亲自印记，证无学位。佛问谁为圆通，如我所证，纯觉遗身，斯为第一。"

须菩提也离座向佛顶礼，自述证道因缘说："我自久远劫以来，早已证得心无罣碍。自忆舍生受生，已如恒河沙次之多，今生在母胎中，已知四大皆假，五蕴非有，当体空寂，出生以后，由人空而悟法空，觉知十方世界万象森罗，徒有现象，性本空寂。因此从佛出家以后，广为众生宣说人法二空真理，令众生也同亲证空性。后蒙如来明白开示，得如来藏中，性具之觉，就是真空，性具之空，就是真觉之体，空性本明，圆照法界，由是得成阿罗汉道，顿入如来宝明妙性的真空性海，与佛同一知见。如来印可我已成大乘的无学位，虽证空性，不受空的拘缚，空有不碍，我为无上。佛问圆通，如我所证，人相法相，皆归于空，能空的空，所空的相，两皆不着，转虚妄生灭的万象，归返于本来的觉性，欲证这本来的觉性，惟从意根下手，斯为第一。"

舍利弗起立合掌，向佛顶礼说："我久远劫以来，眼识清净，这样受生，已如恒河沙次数之多，不论世间、出世间，一切染、净、凡界、圣界，各种变化，一见便能随念分别，通达明白，毫无障碍。一日我在路上，遇着迦叶波兄弟，听他们宣说'因缘所生法，我说即是空，亦名为假名，亦名中道义'便悟心物圆融的至理，知此真心周遍法界。于是从佛出家，从前只眼识无碍，亲承佛陀教诲，得证识精圆明，获大自在，具四无畏，成阿罗汉。为佛长子，从佛闻法，方证法身，如从佛口生，从佛法化生。佛问圆通，依我所证，由眼识而证得无碍智光，智光极处，同佛知见，因此我以为眼根第一。"

普贤菩萨继从座起，合掌顶礼说："我曾为恒河沙数如来的法王子，证与佛等，已可承继如来家业。十方诸佛，教他们大乘根器的弟子，修普贤行，就是以我而立名。世尊！我只用耳闻，就能分别众生的知见。如果他方世界，就是在恒河沙数世界之外，若有一众生，发心修普贤行，随其发心之时，我即乘六牙白象，分身百千，至各发心者的面前，与之相见，纵然彼因障深，看不见我，我也会暗中亲摩他的头顶，护持安慰，使他随愿成就。佛问圆通，我特自述本因，但用耳识，随念分别，就能发智慧之光，普照群机，得大自在。所以若论圆通，斯为第一。"

孙陀罗难陀亦从座起，向佛顶礼说："我于出家的时候，从佛学出世道，虽说于佛戒律，无所逾越，但心常散乱，不能入定，因不能发慧断惑，故未得无漏。当时世尊教我和拘绨罗双目注视鼻端的白点，使系心一处。我秉承如来的教诲，摄心谛观，经三七日，初见鼻中气息，出入如一缕黑烟，鼻识内明，智慧光发，外照世界，一片虚净，恍若琉璃；观之既久，烦恼将尽，烟相亦渐渐消失，出入鼻息，变成了白色。因此心开漏尽，出入鼻息，化为光明，照耀十方，证阿罗汉，世尊就为我授记，将来一定得证菩提佛果。佛问圆通，我由摄心观鼻，得智慧光明，圆照十方，消灭诸漏，如我所证，斯为第一。"

富楼那弥多罗尼子继从座起，顶礼佛陀说："我从久远劫以来，就辩才无碍，常宣说苦空之法，也深达实相之理，以至恒河沙数如来的秘密法门，我都在大众之中，将精微的奥义，作巧妙的开示，心无所畏。世尊知道我有大辩才，教我声音轮，发扬教化，我于佛前，助佛弘化，代转法轮，因作狮子吼，成阿罗汉，世尊印可我，为说法人中最上。佛问圆通，我因舌识，说法无畏，以法音降伏魔怨，消灭诸漏，若论圆通，当以舌识为第一。"

优婆离继从座起,向佛顶礼说:"我从前追随佛陀,半夜逾城,至苦行林,亲见剃除须发,出家学道,亲见如来,六年勤苦修行,亲见如来降伏诸魔,制服外道,解脱世间的贪欲诸漏。承佛授我比丘二百五十戒,渐次增进,至大乘菩萨戒法的三千威仪、八万细行,我于性业遮业,悉皆清净,由是因戒成定,身心寂灭,因定发慧,断惑证真,成阿罗汉。我是如来会下众中的纲纪,蒙亲印可我心,持戒修身,众推为上首。佛问圆通,我是以身识,执持小乘身戒,使身识不起逆顺等相,先是身得自在;次第执持大乘心戒,心得通达,悟明无作妙戒,既没有能持戒的心,也没有所持的戒,然后身心,一切通利。若论圆通,依我所证,当以身识为第一。"

大目犍连继从座起,向佛陀顶礼说:"我当初在乞食的途中,偶然遇着优楼频螺、伽耶、那提和迦叶波兄弟三人,他们正在宣讲如来所说的因缘深义,顿发菩提心,由意识而悟入圆通,如来惠赐我袈裟着身,须发自然脱落,立即现比丘相,游行十方,去住自由,得无罣碍。由此神通的启发,得明意识,就是如来藏性,不变随缘,自在无碍,于大众中,推为神通第一,成阿罗汉。不但世尊称许我神通无上,十方如来也皆赞叹我的神力圆明清净,自在无畏。佛问圆通,我以旋转虚妄分别的意识，返归圆湛常住的心性，本具的心光发露，如澄浊水，久而清净晶莹，转意识而证入如来藏性。若论圆通，依我所证，惟有这意识，方为第一。"

乌刍瑟摩接着至如来前，合掌顶礼，向佛陀说："我常回忆，久远劫以前，身为凡夫时，贪色好淫，积习成性。那时有佛出世，尊名空王，因机施教，说多淫欲的人，如猛火聚，淫火不但焚毁善根，且能烧灭智种，乃教我遍观四肢百骸。我秉教示作观，当欲念未起之前，全身本自清凉舒适；淫心既动之后，即通体燃烧，浮躁不安。方信如火聚的教示，实非虚言，心生恐惧，因而专心作观，神光内凝，化淫心成智慧火，因得火光三昧。以我善观火性，从此诸佛，皆呼我为火头。我以火光三昧力，断一切结缚，成阿罗汉，乃发护法的大愿，诸佛成道的时候，我当为大力士，拥护佛法，亲自降伏魔怨。佛问圆通，我是以谛观身识暖触，而得火光三昧，以神光智火，流贯十方，融通藏性，烧却烦恼薪，焚毁诸漏，生大觉焰，登上觉位。若论谁为圆通，当以谛观火大为第一。"

持地菩萨相继而起，合掌顶礼，恭敬禀佛："我想起从前普光如来出世的时候，我为比丘，常于一切往来要道、水陆交通的津口、田地狭隘的处所，凡不利于行人车马的，我皆填补修整，或亲作桥梁，或自负沙石，这样的勤苦劳作，经无量佛，出现于世，未曾稍懈。或有老弱众生，在市镇商场，须要别人搬运什物，我即为负送至他的目的地，放下什物就走，决不受任何报酬。

"毗舍浮佛住世的时候，众生的共业所感，世多饥荒，那时我为挑夫，为人负物，不论远近，只取一钱的酬劳。或有车牛，陷于泥泞，我有神力，必为推动车轮，使脱离苦恼。有一天，国王设斋，恭请佛陀应供，我知佛必经之路，特先往填平以待，毗舍如来怜悯我长劫劳苦，就自摩着我的头说：'你当自平心地，心地若平，则世界上就没有不平之地了。'我闻教示，立即心开，见自己身中的微尘，和造世界的所有微尘完全一般，没有丝毫的差别。身内界外，所有微尘，自性本空，互不抵触摩擦，如空合空，了无痕迹，何能相妨？不但如此，就是刀兵之类，加于身体，亦如斩光砍影，无可伤害。由于悟一切法，同一自性，因证无生法忍，成阿罗汉。现在回小乘心，入大乘菩萨位，每闻贤劫以来四佛宣说《妙法莲华经》，开示佛的知见，我特先出而为证明，在法华会上，于信解行中，我为上首。现在佛问圆通，我以谛观身根与世界二尘，等无差别，皆是如来藏性，虚妄所发的幻相，今悟全相即性，则尘相消除，智光圆满，能成无上觉道。若论圆通，如我所证，当以观地大为第一。"

月光童子继起向佛顶礼说："我回忆往昔，恒河沙数劫前，有佛降世，名号水天，教诸菩萨，以水作观想对象，观成，就可入三摩提（正定）。我遵佛教诲，先观水性是一，互不相妨，开始从涕、唾起，然后津、液、髓、血，以至大小便利等，除津液有水的清相外，其余皆为水的混浊之相，这些在身体内，循环往返，清浊虽异，水性是同。内观纯熟，扩而充之，外观世界及世界外香水海的水，虽有远近大小的差别，然水性也还是一，平等平等，没有少许不同。我在这时，初成就此观，仍未忘身相，只是以水为身，未能到无身境地。当时我为比丘，在静室中安心修习禅观。我有弟子，童稚无知，偷窥我室，见室中充满清水，别无他物，受好奇心驱使，取一瓦砾，由窗口投入水中，激水作响，顾盼而去。我出定后，顿觉心痛，像舍利弗被违害鬼所击，出定后感觉头痛一样。心想：我现在已得阿罗汉道，久绝病源，为什么今日忽然患心痛病呢？难道说道果退失？恰在这时，童子很高兴地跑来告诉我这件奇异的事，这才知道心痛的原因。如是教他，再见室中水时，立即入水，将丢进去的瓦砾摸出来。童子奉教，待我入定后，依然见满室清水，瓦砾宛然泡在水中，立即开门入水，取出瓦砾。我出定后，心痛即愈，身体依旧安然无恙。这样值遇无量佛，观行日深，直至山海自在通王佛降世，方得亡自身相，与十方世界诸香水海的水，一味流通，悟明如来藏性，性水真空，性空真水，不二无别，现在于如来前，得童真名，预入菩萨会。佛问圆通，我是因修习水观，悟内外水，一味流通，等无差别，得无生法忍，证入圆通。如欲圆满无上菩提，当以观水大为第一。"

琉璃光法王子继起向佛顶礼说："我忆往昔，恒河沙数劫以前，有佛降世，名无量声，以最上乘法，本觉妙明之理，开示菩萨，教修观行，以生存的世界和众生的根身，为所观的境相，两者都是由无明妄缘的风力转变而来。我当即秉承教诲，观察世界的成立，是因风力执持；世界的流动变迁，皆是由风力密移；身体的动止，如行、住、坐、卧，无一不是受风力的鼓动；心念的生、住、异、灭，刹那不停，全是因风的动摇。这样审察谛观，内而身心，外而世界，动相虽然千变万化，纷然杂陈，可是其体无二，完全同一风性，毫无差别。于是悟知，这些动相，来无所从，去无所处，十方微尘数颠倒众生，同一虚妄，这样以至三千大千世界，所有众生，就好像于一容器中，装满蚊蚋一样，在一不过分寸大小的容器中啾啾乱叫，狂吵齐噪，扰攘不休。所以在遇到无量声佛不久，就证得无生法忍，真心显露，得亲见动中，东方有不动的佛国，也有阿閦（不动）佛，并于阿閦佛座前，为法王子，遍事十方诸佛，真心大放光明，遍照无碍。佛问圆通，我以观察风力的无体，得悟菩提心而入三摩提，上合十方诸佛，同一妙明真心，若论圆通，斯为第一。"

虚空藏菩萨继从座起，向佛顶礼说："我从前和如来同在定光佛处，得证无边虚空身，当时手执照空四大的智慧宝珠，明照十方微尘数佛刹，皆化成虚空。又于自心，现大圆镜智，内放十种微妙宝光，照射十方，使尽虚空，直至无量香水海中诸浮幢王刹，全入心镜之中，皆入我身之内，而我身同虚空，互不相妨。我亦能分身无量，遍入微尘数国土，随机普应，广做佛事，自在无碍。我所以有这样大的威神力，完全是由谛观四大无体乃从妄想生灭而有，当体即空，与虚空没有两样，诸佛国土，不离四大，自亦本空，乃于色空同处，顿悟本真，证无生法忍。现在佛问谁为圆通，我是以观察虚空无边而入三摩提，证得妙力圆明，当以此为第一。"

弥勒菩萨继从座起，向佛顶礼，自述证道经验说："我忆往昔，微尘数劫以前，有佛住世，名日月灯明，我跟随彼佛出家，然不忘世俗的荣华富贵，喜欢奔走权门豪贵之家，攀附夤缘，贪图名利。那时世尊怜我愚迷，教我修习唯心识定，使我通达三界唯心，万法唯识，一切外境，皆是心识所变现，如梦如幻，无一真实。因此心不散乱，得入三摩提。历劫以来，都以这三昧奉侍恒河沙数佛，不再有贪图世俗名利的心。直至燃灯佛出世，我才得成无上妙圆的识心三昧。方知尽虚空的如来国土，净秽有无，都是由我心识变化所现的幻相。世尊！我因为了解净秽国土等既然都是心识所变现，于是从法身识性中，现出无量如来，所以现在蒙佛授记，候补佛位，为贤劫中第五尊佛，将来以龙华三会，说法度生。佛问圆通，我以谛观十方，一切依正染净诸法，唯是一心所变现，由识心圆明，而入圆成实性，远离依他起性及遍计执性，得无生法忍。若论圆通，如我所证，当以此为第一。"

大势至法王子和他同修的五十二位菩萨继从座起，向佛顶礼说："我忆恒河沙数劫以前，有佛出现世间，名无量光。在那一劫中，共有十二尊如来，相继应世，最后一佛，名超日月光，他教我修习念佛三昧。

"譬如有甲乙二人，甲时刻忆念乙，而乙心里却没有甲，这样的两个人，自然难以相逢相见，就是偶然相逢，亦如不逢，相见亦同不见。若是二人互相忆念，愈想念愈深，终必相见相亲，不愿分离，以至生生世世，都会如影随形，互相依恋，不相背离。十方如来怜念众生，像慈母忆念儿女一般，如果儿女逃走，母亲纵然时刻想念，也是枉然，若是儿女想念母亲，也和母亲想念儿女一样，那么母子连心，必然生生都不会远离。如果众生的心，也和佛陀怜念众生的心一样，时刻忆佛念佛，现在或将来，一定会亲见佛陀，距花开见佛之日，不会太远，到那时，不须借重其他方便法门，自得开显本具的心佛，就如同染香的人，身上自有香气，这就名为香光庄严。

"我是以念佛心，为本修的因地心，而入无生法忍，现在于这娑婆世界，摄受念佛人，同归净土。佛问圆通，我没有别的选择，只是一心念佛，以这念佛的心，统摄六根，令净念相继，念念不断，欲想得三摩提，当以斯为第一。"

6 卷六

二十五位圣者的证道报告

　　当时观世音菩萨于二十四位圣者相继自陈证悟之后，方从座起，向佛顶礼，自陈证悟历程说："世尊！回忆我在恒沙数劫以前，有佛住世，名观世音，我曾于彼佛座前，发菩提心。当时，观世音佛教我从闻、思、修三慧入三摩提。

　　"我禀遵教示，由耳根的闻性，下手起修，初由闻中，循性逆流，回光返照，不但不知有所闻的声尘，而闻性亦自寂然，动静二相，一齐消失，如是渐次增上，定力日深，能闻的根与所闻的声尘，同时俱灭。根尘既亡，湛然无边的境相现前，亦不停留于这湛然的境界，继续用功修行，不但所觉的湛然之境空，能觉照这境的智亦空，空觉既圆，不但所空的智境自灭，就是能空的空亦随之而灭。生灭既灭，从此以后，不生不灭的真心，自然显现，大放光明，无明顿断，于一刹那，忽然超越世间与出世间，不受空、有等观念的系缚。但寂照含空，十方圆明，因得二种殊胜功德：第一，上合十方诸佛的本觉妙心，与佛同体，并同一慈力，可运无缘大慈，普度众生；第二，下合十方六道，一切众生心性，能与众生同忧患，共悲仰。

"世尊！由于我的供养，得蒙观音如来传授我如幻闻熏闻修金刚三昧。既证得佛的体，亦同佛的用，所以令我成就三十二种应化身，能随机赴感，任意游诸国土，普度群迷，同登觉岸。

"世尊！若有菩萨，入三摩地，进修无漏道业，各随所修法门，智证现前，将彻悟而未彻，功行将满而未满的时候，我就现佛身，为说佛乘法，使获分证或究竟解脱。

"若是三果以前，居贤圣位的学人，独乐寂静，求自然慧，当殊胜妙慧现前，将圆满而未圆满的时候，我就于其人前，现独觉身，为说无生法，使他解脱见思烦恼，证无学位阿罗汉果。

"若是三果以前，居贤圣位的学人，逆观十二因缘，得悟无生之理，缘断性显，将证缘起性空而未证之时，我就现缘觉身，为说缘生空法，使他解脱分段生死，获证缘觉圣果。

"若是三果以前，居贤圣位的学人，得四圣谛空，修道入灭，而灭谛无生之性，将现圆满之时，我就现声闻身，为说灭谛无生之法，使他解脱世间诸漏，超出三界，而入方便有余涅槃。

"若有众生，欲心明悟，深知淫欲为招苦果的根本，持戒修身，不犯欲尘，使身清净，我就于这人前，现梵天王身，为说四无量心及出欲论，教修离欲定，使解脱欲界苦，得生梵天。

"若有众生，希望做天主，统领诸天，我就于这人前，现帝释天身，为说上品十善、各种善论，使他成就帝释天果。

"若有众生，希望此身能逍遥自在，游行十方，没有障碍，我就于这人前，现自在天王身，为说上品十善等法，使他成就自在天应具的福报，得生他化自在天。

"若有众生，希望此身能在虚空中，飞行自在，我就现大自在天身，为说上品十善、四禅、四无量心等法，使他成就最胜果报。

"若有众生，喜爱统率鬼神，保护国土，我就于其人前，现天大将军身，为说五戒十善、秘密神咒及呼神召鬼等法，使他成就威猛神勇，保护苍生。

"若有众生，喜爱统领世界，保护众生，我就于这人前，现四大天王身，为说上品十善及护国安民等法，满足他统领世界的愿望。

"若有众生，爱生天宫，驱使鬼神，我就于这人前，现四天王国的太子身，为说皈依三宝、持斋守戒、十善符咒等法，使他成就，满其所愿。

"若有众生，乐做有道君王，治理邦国，我就于这人前，为说五戒十善、帝王德业，使他成就善因，而满所愿。

"若有众生，乐为族姓之主，受世人尊重敬爱，我就于这人前，现长者身，为说博施济众、仁民爱物等法，使他如愿成就。

"若有众生，好谈古今名人、嘉言懿行、典章文物，身处尘俗，心常清净，不染世乐，以道自守，我就现居士身，为说清心寡欲、洁己修身等法，使他如愿成就。

"若有众生，爱治理国家，辅佐政治，剖断各级政治是非，我就现宰官身，为说修、齐、治、平，勤政爱民，忠贞护国等法，使他如愿成就。

"若有众生，爱好天文地理、医卜命相、养生之道，摄卫自居，我就于这人前，现婆罗门身，为说阴阳术数、调气炼丹等法，使他如愿成就。

"若有男子，心厌尘俗，好学佛法，割爱辞亲，舍俗出家，我就于这人前，现比丘身，为说戒、定、慧学，清净梵行等法，使他如愿成就。

"若有女人，心厌尘劳，乐于学道修行，离俗出家，持诸禁戒，我就于这人前，现比丘尼身，为说离染清净、精修梵行等法，使她如愿成就三学五德。

"若有男子，敬慕佛法，乐持五戒，以自修身，我就于这人前，现优婆塞身，为说五戒善利等法，使他如愿成就。

"若有女人，以五戒自守，我就于这人前，现优婆夷身而为说法，使她如愿成就。

"若有女人，贞静幽娴，克修女德，善主家政，以修国基，我就现国家女主人身，为说三从四德、端庄贤淑等法，使她如愿成就。

"若有众生，不近女色，保守童贞，志乐独身，我就于这人前，现童男身，为说守真抱璞、固精保元等法，使他如愿永保童贞之身。

"若有处女，爱乐处子之身，不求婚嫁，不从强暴，愿保处子身，我就于其人前，现童女身，为说坚贞美德、清净自居等法，使她如愿成就。

"若有天神，乐于脱离天界，求生人道，我就现天人身，为说无常、苦、空等法，使他如愿成就。

"若有诸龙，愿意脱离龙类，求生人道，我就现龙身，为说布施持戒、正直柔和、仁慈谦让等法，使他如愿以偿。

"若有药叉，希望超越同类，求生人道，我就于他面前，现药叉身，为说持戒修福、温和善顺等法，使他获得成就。

"若有乾闼婆，乐欲超脱同伦，求生人道，我就于他面前，现乾闼婆身，为说远离放逸、五戒及中品十善等，使他获得成就。

"若阿修罗，乐于超脱同类，我就于其前，现阿修罗身，为说慈忍谦恭、虚心受教、中品十善等法，使他获得成就。

"若紧那罗，乐于脱离同类，我就于其前，现紧那罗身，为说歌咏乱心、欲乐无常、中品十善等法，令其成就。

"若摩睺罗伽，乐于脱离同类，我就于其前，现摩睺罗伽身，为说修慧修慈、忍辱柔和、中品十善等法，使他成就。

"若一切众生，乐于生生世世为人，我就各于其前现人身，为说五戒及中品十善等法，使他如愿成就。

"若一切非人类，有形无形，有想无想，各愿脱离他的同类，我就各于其前，随类现身，各应其机而为说法，使各皆如愿成就。

"虽然有以上的随机普应，但不着于相，无所污染，是名妙净三十二应身；我所以能够如此，皆是由耳根修证三昧，因本觉闻性内熏，起始觉妙智，作反闻修习的功夫，得成无作妙力，故能自在成就。

"世尊！我又以这闻熏闻修得证金刚三昧，而产生无作妙力。因我与十方三世，六道一切众生，共忧患，同悲仰的缘故，今既具有这种不可思议的力用，所以使一切众生，于我的身心中，获得十四种无畏的功能与德用。

"第一，由于我不自观世间的音声，只观能观者是谁，所以智光不外照，脱黏而内伏，背尘合觉，证金刚三昧，得无作妙力。以这不可思议功能，而起德用，加被众生，故十方苦恼众生，但一心称我名号，我就能观其音声，寻声救苦，使他立即获得解脱。

"第二，旋转缘外尘的妄知妄见，返归自性的真知真见。见觉属火，既返妄归真，内见觉之火已息，世间外火，不能为害，以此功能而起德用，加被众生，故使诸众生，若入大火之中，只要一心称我名号，也不会被火烧伤。

"第三，观听闻的实性，转缘声尘的妄闻，归于自性的真闻。听闻属水，闻业既除，所以水不能溺，故能加被众生。设使众生，堕大水中，倘能一心称我名号，水亦不能溺。

"第四，妄想断灭，内没有杀害的心念，外没有杀业，完全超越鬼神的心理行为。所以能使众生，入一切鬼域，但能一心称我名号，鬼即不能为害。

"第五，因反闻自性，本觉内熏，返妄闻而归真闻，使六根同时清净，皆返妄归真，而证金刚三昧。以这不动不坏的根本，加被众生，能使众生，当被害的时候，只要能一心念我的名号，刀剑触身，必自断折，不能砍伤，纵然刀剑不自折断，也如砍光削水，不能伤及毫发。

"第六，闻熏功深，达到极至时，本元真精，晶莹发光，明照法界，一切幽暗，尽皆消失。鬼神以处暗背明为性，如是则性不能自全，岂能为害。所以能使众生，但一心称我名号，药叉（食人男鬼）、罗刹（食人女鬼）、鸠槃荼鬼（魇魅鬼）及毗舍遮（啖精气鬼）、富单那（热病鬼）等，纵近身旁，不能睁眼相视，何况为害？

"第七，当返闻时，音声动静二性，了然不生，观听返入，根尘双灭，如是内无系缚，外绝拘束。以此妙力，加被众生，能使众生，只要一心称念我的名号，任何禁械枷锁，不能着身。

"第八，灭音而解脱声尘的结缚，反闻而圆证根性，外没有敌对，皆融于一心，所以遍生慈力。以此加被众生，能使众生，经过荒山险路，只要一心称念我的名号，盗贼就不能劫夺。

"第九，因熏闻而离声尘，六尘结缚齐解，随色现色，不再为色所劫持，如镜现影，如水现形。以此加被众生，能使一切多淫念的众生，但一心称念我的名号，就可远离贪爱欲乐。

"第十，纯一清净的闻音妙性，没有所对的声尘，外既没有所对的境，内也没有能对的根，根与境圆融一体，须知嗔怒起于拂逆的敌对，既绝对待，嗔恚自无从而生。以这种自证的无嗔妙力，加被心怀忿恨的众生，所以能使众生息灭嗔恚的怒火。

"第十一，销熔昏翳的妄尘，返归精明的妙觉，内而身心，外而法界，灵明晶莹，如纯净无瑕的琉璃，光明普照，朗然无碍。以这种自证的大智妙力，加被众生，能使一切没有善心的昏迷愚痴众生永离痴暗钝愚。

"第十二，化四大假合的幻形，归返一真的闻性，浑身成一圆融清净宝觉，不动道场，而涉入世间。随类现身，依理成事，又不破坏世界的假相，能遍至十方世界，供养微尘数的如来，于一佛座前，做法王子。以这种福慧妙力，加被众生，能使法界没有子嗣的众生，欲求生男，若至诚礼拜供养，就可使诞生有福德智慧的男儿。

"第十三，眼、耳、鼻、舌、身、意等六根，能相互为用，圆明通达，功能完全一样，皆能含容十方世界。如大圆镜，以十方诸佛世界，皆含容其中，所以立空如来藏的假名，承顺十方微尘数如来的秘密法门，一一领受，没有遗漏。以这种自在的妙力，加被众生，能使法界众生祈求女儿的，就可诞生相貌端正、福德柔顺、众人爱敬的女儿。

"第十四，这个三千大千世界，有一百亿个日月，现有六十二亿恒河沙数之多的法王子，在三界六道之内，随类化身，清净修行，亲作示范，教化众生，随顺众生的根性，以方便智，用各种权宜方法，善巧教化。

"由于我所证得的圆通本根，依耳根闻性，不生不灭的妙理，起返闻照性的妙智，照见五蕴皆空，证圆通体，由体起用，然后身心，微妙含容，周遍法界，能令一切众生，凡执持我的名号所得的功德，和同时执持六十二亿恒河沙数法王子的名号所得的功德，完全相等。

"世尊！持我一名号，与持那么多的名号，所得福德，所以毫无差异，实因我修有耳门三昧，证得真实圆通的缘故。

"以上所说，名为十四种无畏功德，福德周备，惠施众生，十方众生，只要至心称我名号，我就能寻声救苦，有求必应。

"世尊！因为我获得这种真实圆通，修证将行圆满，终将成无上佛道的缘故，所以又获得四种至神至妙、无作无为、不可思议的德用。

"第一，由于我当初获得妙中最妙的耳根圆通，这妙中妙的闻心，惟一心精，使根尘双亡，所以能使见闻觉知，不再各自所限于本根，互成隔碍，而成为一浑然圆融的清净宝觉，交彻互用，没有障碍，为一为多，随意自在。因此，我能示现无数的妙容，能说无边的秘密神咒。以头来说，头为人身之尊，本只一人一头，但我可以同时示现三个头、五个头、七个头、九个头、十一个头，这样以至一百零八个头，千头万头，甚至八万四千个坚固不坏的头。如以臂言，人只二臂为正常数，但我可以示现四臂八臂，以至千臂万臂，而到八万四千臂，臂各有手，手各结印。又以目言，人以二目为常，但我可以示现四目九目，千目万目，甚至八万四千清净宝目，圆明澄清，无染无碍，或威猛，或寂定，或慧照，所现各相，无非为了救护众生，皆能任运现示，自在成就。

"第二，由是从闻、思、修，入三摩提，解脱六根的缠缚，超越六尘的障碍，如声逾垣墙，墙不能阻绝。

故我发挥妙用的功能，随缘任运，可因机而示现各种各样的身形，说各种神咒。运用这些身形，这些神咒，以无畏施诸众生，使解除恐怖。所以十方微尘数的国土，都尊称我为施无畏者。

"第三，由于我修习本妙圆通，得证清净本然的如来藏性，一切无染无着，凡我所游旅的世界，皆令众生舍弃自身所有的珍贵宝物，供养于我，求我哀怜悲悯而纳受，我则受而施作佛事。

"第四，由于我得诸佛秘密的因地心，依之起修，证得究竟的首楞严大定，入妙庄严性海，具无量福慧，能以种种珍宝，供养十方如来，旁及法界六道众生。使求妻的得妻，求子女的得子女，求三昧的得三昧，求长寿的得长寿，这样以至求证大涅槃的就得大涅槃。

"佛今问圆通，我以从耳根一门深入，反闻闻性的功夫成熟，六根应时销落，寂灭现前，证圆照三昧，得上同诸佛，下化众生，随缘施设，无不自在。今能够如此，起修实在于逆性反闻，入流亡所，因此而得三摩提，成就菩提道，圆成果地修证。若论圆通，当以耳根为第一。

"世尊！当时观音如来称赞我能得最优的圆通法门，特于大会中，为我授记观世音号。由于我观听十方，圆明无碍，如声逾垣，若月印水，有感必应，故观世音之名，遍闻十方世界。"

那时，世尊听完二十五圣各自的陈述以后，当即于狮子座上，五体同时放射宝光，远灌十方微尘数如来及法王子诸菩萨的头顶，十方如来也于五体同放宝光，从微尘数方向来，汇灌佛顶，并灌会中诸大菩萨及阿罗汉。同时林木池沼，皆演法音，交光相织，像宝丝网一般，会中大众眼见这种祥瑞的景象，耳听微妙的法音，顶灌佛光，真是前所未见，亦所未闻，喜极而悟，普获大士所证的金刚三昧。就在这时，天雨百宝莲花，花有青、黄、赤、白等色，间错纷糅，使十方虚空，成七宝色。这个娑婆世界的大地山河，忽然同时消失，只见十方微尘数国土，合成一个世界，梵呗咏歌，自然敷奏，宛如天乐鸣空。于是如来问文殊师利法王子说："你现在观二十五位无学大菩萨及阿罗汉各各陈述最初成道的方便法门，从发心至成道，无非以根尘识十八界、七大为下手方便，都说从此修习，究竟得证真实圆通，各自以为第一。他们所修行的方便，实在没有优劣之分或前后差别，所证圆通，也没有两般。虽说方便多门，归元无二，但由入门不同，仍不免有巧拙迟速的分别。我现在欲令阿难开悟，你看在二十五种修行方便中，以哪一种最为对机？及我灭度之后，这世界的众生，欲入菩萨乘，发心求无上佛道，应从哪一种方便门入，比较容易成就？"

文殊师利法王子恭奉佛陀的法旨，当即从座位上站起来，向佛顶礼致敬，然后承佛威神之力，说偈以对：

觉海性澄圆，圆澄觉元妙；
元明照生所，所立照性亡。
迷妄有虚空，依空立世界；
想澄成国土，知觉乃众生。
空生大觉中，如海一沤发；
有漏微尘国，皆依空所生。
沤灭空本无，况复诸三有？
归元性无二，方便有多门；
圣性无不通，顺逆皆方便；
初心入三昧，迟速不同伦。
色想结成尘，精了不能彻；
如何不明彻，于是获圆通？
音声杂语言，但伊名句味；
一非含一切，云何获圆通？
香以合中知，离则元无有；
不恒其所觉，云何获圆通？
味性非本然，要以味时有；
其性恒不一，云何获圆通？
触以所触明，无所不明触；

合离性非定，云何获圆通？

法称为内尘，凭尘必有所；

能所非遍涉，云何获圆通？

见性虽洞然，明前不明后；

四维亏一半，云何获圆通？

鼻息出入通，现前无交气；

支离匪涉入，云何获圆通？

舌非入无端，因味生觉了；

味亡了无有，云何获圆通？

身与所触同，各非圆觉观；

涯量不冥会，云何获圆通？

知根杂乱思，湛了终无见；

想念不可脱，云何获圆通？

识见杂三和，诘本称非相；

自体先无定，云何获圆通？

心闻洞十方，生于大因力；

初心不能入，云何获圆通？

鼻想本权机，只令摄心住；

住成心所住，云何获圆通？

说法弄音文，开悟先成者；

名句非无漏，云何获圆通？

持犯但束身，非身无所束；

元非遍一切，云何获圆通？

神通本宿因，何关法分别；
念缘非离物，云何获圆通？
若以地性观，坚碍非通达；
有为非圣性，云何获圆通？
若以水性观，想念非真实；
如如非觉观，云何获圆通？
若以火性观，厌有非真离；
非初心方便，云何获圆通？
若以风性观，动寂非无对；
对非无上觉，云何获圆通？
若以空性观，昏钝先非觉；
无觉异菩提，云何获圆通？
若以识性观，观识非常住；
存心乃虚妄，云何获圆通？
诸行是无常，念性元生灭；
因果今殊感，云何获圆通？
我今白世尊，佛出娑婆界，
此方真教体，清净在音闻；
欲取三摩提，实以闻中入。
离苦得解脱，良哉观世音；
于恒沙劫中，入微尘佛国，
得大自在力，无畏施众生。
妙音观世音，梵音海潮音；

救世悉安宁，出世获常住。

我今启如来，如观音所说；

譬如人静居，十方俱击鼓，

十处一时闻，此则圆真实。

目非观障外，口鼻亦复然，

身以合方知，心念纷无绪。

隔垣听音响，遐迩俱可闻；

五根所不齐，是则通真实。

音声性动静，闻中为有无；

无声号无闻，非实闻无性；

声无既无灭，声有亦非生；

生灭二圆离，是则常真实。

纵令在梦想，不为不思无；

觉观出思维，身心不能及。

今此娑婆国，声论得宣明；

众生迷本闻，循声故流转；

阿难纵强记，不免落邪思。

岂非随所沦，旋流获无妄。

阿难汝谛听，我乘佛威力，

宣说金刚王，如幻不思议，

佛母真三昧。

汝闻微尘佛，一切秘密门；

欲漏不先除，蓄闻成过误。

将闻持佛佛，何不自闻闻？

闻非自然生，因声有名字。

旋闻与声脱，能脱欲谁名？

一根既返源，六根成解脱。

见闻如幻翳，三界若空花；

闻复翳根除，尘销觉圆净。

净极光通达，寂照含虚空；

却来观世间，犹如梦中事。

摩登伽在梦，谁能留汝形；

如世巧幻师，幻作诸男女。

虽见诸根动，要以一机抽；

息机归寂然，诸幻成无性。

六根亦如是，元依一精明，

分成六和合；一处成休复，

六用皆不成；尘垢应念销，

成圆明净妙。

余尘尚诸学，明极即如来；

大众及阿难，旋汝倒闻机；

反闻闻自性，性成无上道，

圆通实如是。

此是微尘佛，一路涅槃门；

过去诸如来，斯门已成就；

现在诸菩萨，今各入圆明；

未来修学人，当依如是法；

我亦从中证，非惟观世音。

诚如佛世尊，询我诸方便，

以救诸末劫，求出世间人，

成就涅槃心，观世音为最。

自余诸方便，皆是佛威神；

即事舍尘劳，非是常修学，

浅深同说法。

顶礼如来藏，无漏不思议，

愿加被未来，于此门无惑。

方便易成就，堪以教阿难，

及末劫沉沦，但以此根修，

圆通超余者，真实心如是。

听了文殊菩萨大明大白的开示，阿难以及与会大众，都身心了然，豁然贯通。再来观佛菩提大道、大涅槃圣果，虽尚未亲自证得，但已如有人，因事远游他乡，虽一时尚没有归家，但已明白知道回家的路径，毫无疑虑。会中所有大众、天龙八部、有学的二乘人及一切新发心的菩萨，总数有十恒河沙数之多，都悟得本有的真心，远离尘垢，获证法眼清净。性比丘尼听完文殊菩萨说偈之后，即证阿罗汉果，另有无量的众生，皆发无等等阿耨多罗三藐三菩提心。

摄心修定的清净明诲

当时阿难于大众中，整衣而起，合掌顶礼，因心迹圆明，不禁悲欣交集，为了让未来的众生也能同沾法益，特又稽首禀佛："大悲世尊！我现在已领悟了成佛的法门，决定依照修行，不再有任何疑惑。但常听如来说：'自己尚没有得度，愿先度人的，是菩萨发心；自己的觉行已经圆满，又能够使他人觉悟的，是如来应世。'现在我虽然尚未得度，但愿能普度末劫一切众生。

"世尊！这些末劫的众生，距佛住世时节，将一代远过一代，根性也自然渐趋下劣。那时邪师说法，多如恒河沙数，又没有机缘亲听佛陀教诲，必然鱼目混珠，使人邪正莫辨，难免受邪说的蛊惑。对将来初发心学道的众生，欲使他们专心致志，从闻、思、修以入三摩地，当然是很难的。如何使他们建立道场，避免邪魔外道的蛊惑与扰乱，而不至退失菩提道心呢？"

世尊听了阿难的启请，当着大众称赞阿难说："好极了，你能提出这样的问题，就是菩萨发心，为了救护末劫众生，使免于沉溺苦海，特问我要如何建立道场，以使末世众生，能摄心修行。现在你仔细地听着，我当为你作详细的说明。"阿难及大众都肃然应诺，静待教诲。

佛告阿难："你不是常听我讲戒律的时候，说到修行，有三项先决的原则吗？是哪三项呢？就是所谓摄心以为戒，因戒而生定，由定而发慧。戒、定、慧三者具备，不但不会再漏落于欲界、色界、无色界的三界，且不会漏落于空、有二边，这就是名为三无漏学，如钵盆盛水，决不会有所漏失。

"阿难！我为什么要说摄心为戒呢？因为心是戒的根本，人若没有犯戒的心理或意念，自不会发生犯戒的事实。如以淫戒来说，世界六道中的众生，都是因有淫欲，才有性命，所以受生死的拘缚，轮回六道，生而死，死而生，相续不断，无由解脱。若于淫欲一事，不但没有交媾的淫行，根本就没有淫欲的心思和意念，当然不会随着淫业生死相继了。如何持戒，以下有四项清净明确的训诲，当仔细地听着。

"你现在要修耳根圆通的三昧，本来是希望超出见惑与思惑所引生的尘劳；如果不能断除淫心，就不能断见、思二惑，也就决不能超尘绝俗。纵然多智，甚至禅定现前，若没有断绝淫念，倘偶有思维，就会有欲境随着而起，欲莫胜于魔，必落入魔道。以福报的厚薄，分为上、中、下三等，上等的为魔王，中等的为魔民，下等的就成为魔女。这些妖魔，各有徒众，都说自己已证无上道果。

"我灭度之后，于末法时期，这种妖魔将会充斥世间，以示现神通智慧，秘密地教人行淫，造成淫乱风尚。并冒称善知识，诱使众生，堕入爱见深坑，不能自拔，一陷邪途，永失进趣菩提道果的正路。因此自今以后，你教世人，凡修习三摩地的，必须心不生淫念，身不起淫行，这是如来与过去诸佛第一决定性的清净明确训诲，不能更易。阿难！若是不能断除淫欲而修禅定，以求证佛所证的妙觉菩提佛果，那是不可能的；正像有人蒸沙石欲求成饭一样，就是蒸上百千万劫，也只能名为热沙，终不能成饭，因为沙石根本不是做饭的原料。你以淫欲的根身，欲证菩提妙果，纵然获得妙悟，皆是淫业根本。既有淫欲种子，遇缘便发，由是恶业日增，必至轮转三途，终不能出，与蒸沙而徒现热相，终不能成饭一样，怎么能够修证如来涅槃道果？必须要使身上淫机，心中淫念，两皆断除，以至能断的断性也不着，于求证佛的菩提道果，才有希望。如我这样说的，名为佛说，若不是这样说的，或说淫念淫行不碍真修等等，就是魔说。

"阿难！又各世界六道中的众生，若心中没有杀念，就不会随着杀业生死相续，是为真正持戒，可以真修三昧了。因为众生既没有杀生害命的心念，就不会有杀生害命的行为，这样就不会欠他人命债，以至冤冤相报，没有了期。你修耳根圆通，欲入三昧，原是希望超出生死尘劳，若是杀心不除，必与众生结怨连祸，循环偿债，永不能脱离生死尘劳。纵然多智，明了杀性本空，又能出入禅定，反以这般禅定智慧，助长杀业，必堕落神道。以其福报的胜劣，也分上、中、下三等，上等的禅定智慧，胜于杀业，神通广，福德大，就为大力鬼，如天行夜叉、山岳等神，受人尊奉，称王称帝的一类。中等的禅定智慧，与福德相等，就为飞行夜叉及鬼神等，如山林城隍之类。下等的神通有限，福报也小，就是地行罗刹之类了。这些鬼神，也各有徒众，都自伪称已证得无上道果。我灭度以后，于末法时代，这类鬼神将遍满世界，倡言吃众生肉，并不妨碍菩提正路，一样可以修道证果。

"阿难！我所以允许比丘吃不见杀、不闻杀声、不疑为我而杀以及自己死的、鸟食剩的等五种净肉，那是我的神力变现的，并没有真正的生命。因为你婆罗国，地多蒸湿，又遍是沙石，不但不产五谷，而且草木不生，无以为食，我特以大悲神力所加，为顺众生观念，假名为肉，使你们有物可以充饥，借以滋养身命罢了。怎么在如来灭度之后，真正吃众生肉的人，还可以称为释迦如来的出家弟子呢?

"你们应当知道，这种吃肉的人，纵然因修行而暂时心境开悟，也不过相似三摩提，终不是真正的三摩提。杀心不除，现生为大罗刹，报尽命终，必沉沦于生死苦海，决不是真正的佛弟子。这类的众生，互相杀害残食，欠命索命，辗转循环，根本没有了期，怎么能得解脱，超出三界? 所以你当教世间人，欲修习三摩提，其次是要断绝杀心，永除杀业，这是如来与过去世尊第二种决定性的清净明确教海，不能更易。阿难! 修禅定的人，若不能断除杀心，就如有人自塞其耳，然后高声大叫，以为别人也听不到，实在只是欺瞒自己，这就叫作欲盖弥彰。

"清净的比丘，一切菩萨，在路上行走的时候，脚尚不踏生草，何况以手拔除? 仁慈爱护并及草木，一个有大悲心的人，怎么会取众生的血肉，以充自己的口腹?

"若是你们比丘不穿东方的丝、绸、绢、帛的衣服，不着这本国的靴履裘毳，不食乳酪醍醐，这样的比丘，已真得解脱，现生不过是酬偿宿债而已，待宿业完全清了，方不再来三界，轮转生死。为什么呢? 穿着丝绢靴裘等，虽然不是众生身肉，但也是身上的一部分，皆是和众生结了不解之缘，如人须吃由地上出生的百谷，足就不能离地。必须要使身体与心理，于一切众生的身体，或身体的一部分，皆不穿、不吃，而且没有想吃、想穿的心念，我说这种人，就是真正的解脱了。如我这样说的，名为佛说，不这样说的，如说吃肉不碍菩提正路等，就是魔说。

"阿难！再其次是各世界六道中的众生，心中若没有偷盗的意念，是真持戒，将不会随着盗业，生死相继。你既发心修习三昧，原是要脱出尘劳的拘缚，若是偷心不除，将是徒劳无功，决不能达到出尘的目的。纵多世智辩聪，又获得有漏的禅定，如果不断除偷心，以有邪慧邪定，助长盗业，终必沉沦，堕落邪道。依邪定邪慧的深浅，也分上、中、下三等，上等的为精灵，如窃取日月的精华、天地的灵秀，附山托水，诱惑别人祭祀之类。中等的妖魅，盗吸人物的津液、山林的气润，就是魍魉伺隙作祟之流。下等的为邪人，如赋性阴险，居心邪僻，或受妖魅附体，或为精灵着身，装神扮鬼，妄言欺世，眩异惑俗之徒。这类妖怪邪魔，也都各有徒众，邪知邪见，傲慢狂言，称师道祖，受人尊敬供养，各自以为得成无上道果。

"我灭度以后，于末法时代，这类妖魔将会充斥世间，行迹诡秘，匿诈藏奸，欺世盗名，或预言灾异，或卜人祸福，伪装善知识，各自伪称得菩萨法，或夸耀神通，蛊惑无知，恐吓欺诈，无所不为。我恐怕末世众生，迷昧本心，受这些妖邪诱惑，耗尽家财，所以我教比丘，随方乞食，使舍弃贪心。但为滋养身命，不妄贪求，俾成菩提道果，使比丘等，知身如幻，悟世间无常，不过暂时寄居人间，旅泊三界，如同过客，此生若了，不会再来，这样行持，才不愧为真正的佛弟子。欲窃取利养的人，假借我的法服，伪装僧尼，裨贩如来，诡言异行，皆冒称一乘佛法，却又毁谤真正出家而持具足戒的比丘为小乘道，自称大乘菩萨。致使无量众生，心生疑惑，以正教为小乘，不足取法，由是妄起毁谤，舍正趋邪，一盲而引众盲，皆堕无间地狱，解脱无期，妖言邪说，害人害己，至为可畏！

"若是我灭度之后，如果有比丘决定发心修习三摩提，只要他能在佛像之前燃一盏灯，或烧一节手指头，甚至在身上燃一炷香，我说这比丘，无始以来，所有的宿债，就能一时偿清，从此永别世间，脱尽见思诸漏。虽没有立即明白无上妙觉的菩提正路，但是对圆通法门，必已信心坚定，没有怀疑了。若不作这样舍身的微妙因缘，以求忏除旧业，纵然得成无漏，高证佛果，仍须再生人间，酬偿宿债，就如我前在舍卫国的毗兰邑中吃食饲马的麦饭的故事一样。因我从前在因地的毗婆尸佛时代，一天有国王供佛及僧，特为一不能应供的病比丘请携一分，归与病僧食用，经过一梵志所居的山林，梵志闻香，不屑地讥讽说：'这种髡头沙门，应该吃饲马的麦，为什么给他这样珍馐美食？'他所教育的五百个童子，也附和着这样说，所以同时受报。当时的梵志，就是我的前身，五百童子，就是现在的五百罗汉，只因往昔曾诟骂佛僧，今虽成佛，仍须偿还这般宿债。你以后教世人修三摩提，已知淫能障定，杀心违慈，皆应先断，其次就该断绝偷盗的心念了。这是如来与过去的诸佛第三种决定性的清净明确教诲，不能更易。

"阿难！若不断除偷心而欲修禅定的人，就如有人将水灌入漏壶中一样，想要盛满，纵然灌上微尘数劫，也是不能灌满的。

"若是各位比丘，除三衣一钵之外，分毫不蓄，乞来的食物，如果有剩余，也再施给饥饿的众生，于大法会中，以平等心，合掌礼拜四众，有人打骂，也和闻人称赞一样，怨亲一视同仁，必定要身心两忘，与众生为一体。不将如来那些权宜的教法，曲为掩饰自己的过咎，以至遗误已发心的学人，佛就印可这种人，一定偷心断尽，得真三昧。如我所说的，名为佛说，不这样说的，就是魔说。

"阿难！这些世界上六道中的众生，虽然身心都已断除杀、盗、淫等心念与行为，慈行、舍行、梵行等三行满圆，若是犯大妄语，他的三摩提仍不得清净，必成爱见魔。因贪爱名利，妄生邪见，以为自己证齐先圣，致为爱见二魔所劫持，失却修证如来的因地本心。譬如本来没有得菩提道果，却妄言已经获得；本来没有亲证涅槃，却说已证；或是为了贪求世间的名闻，使众生尊崇他为世间殊胜第一，他认定什么果位最高，就言自己已得到了什么果位。所以常对人宣称：我已证得须陀洹果、斯陀含果、阿那含果、阿罗汉道，或称得辟支佛乘，或称至十地菩萨等果位，或十地以前的十住、十行、十回向等三贤菩萨位，以求别人向他礼拜忏悔，贪求供养。这是永断善根的人，如人将刀，砍断多罗木一样，永不会再活，所以佛记这种人，永绝善根，不会再生正知正见，长沉沦于三恶道的苦海之中，纵得禅定智慧，不过更助长魔业，不可能成就真正的三昧。

"我灭度以后，法弱魔强，邪说纷生，为了摧邪显正，虽差遣许多大菩萨、大阿罗汉，运用各种身份形态，生于各种世界，往来六道之中，救度轮回中的众生，或为清净的比丘，或是白衣居士，或做国王、大臣、高官、贤达，或为童男童女，甚至妓女寡妇，奸偷屠夫，贩夫走卒，先与他们同事，得到他们的欢心，以为臭味相投，然后相机赞扬佛乘教法，使他们转迷为悟，弃邪归正，由是身心入于正定。但是这些大菩萨、大阿罗汉始终不会自向人说：'我是真正的菩萨，我是真的阿罗汉。'而将佛的密旨因由，随便泄漏，轻浮地告诉末世的初发心学人。惟当临命终时，尚有未了因缘，暗有遗嘱的例外。哪里有大肆宣扬自己是证什么果的人，以惑乱众生，分明是欺世盗名的大妄语，终必沉沦，难脱生死。你以后教后世初发心人，欲修三摩提，除断淫、杀、盗三心外，还须断除大妄语，这是如来和过去诸佛第四种决定性的清净明确教诲。

　　"阿难！若不能断大妄语，欲修三摩提，就如有人刻干粪，作栴檀香木的形状，欲求它散发香气一样，根本没有这个道理。我常教比丘说，正直的心，就是道场，于行住坐卧四种威仪中，尚且要直心直行，不能虚假地装模作样，怎么能够妄自尊大，说自己已得大小乘果位及上人的大法？譬如穷苦人，妄自称王称帝，徒招灭门诛族之祸。何况法王至尊，怎可妄自窃称？以不是真常的因地心，而求真常的菩提佛果，自难免迂回曲折，以致求进反退，求升反堕，如人以口，欲自咬肚脐，终不能及。既作大妄语，已断菩提种性，尚希望谁能有所成就呢？

　　"若是各比丘心直如弓上的弦，自然一切行持，都会真实而没有虚假，这样才能直入三摩提，永远没有魔事魔行，我就印证这种人真正成就菩萨无上觉道的因地心。凡如我所说的，就是佛说，否则就是魔说。

7　卷七

摄心修定的清净明诲

"阿难！你问摄心的方法，我现在先讲这四种重要的律仪，这是初发心学人修习入三摩提的至妙行门。欲求菩萨道，就先要严守这四种律仪，使身心清净，皎如冰霜，丝毫不犯。根本既然清净，那么一切枝叶如心中的贪、嗔、痴，口业的妄言、绮语、两舌、恶口，自皆无从产生了。

"阿难！对这四事，若能严格护持，不使稍有遗忘或违失，自是心常住于戒中，尚且不缘色、香、味、触等尘境，何况其他一切魔事，怎么能够发生？若是这人因有宿生的习气业种，一时不能断除，你可以教他一心持诵，我的佛顶光明摩诃萨怛多般怛啰无上神咒，这是如来无见顶相的无为心佛，从顶发光辉，坐宝莲花上所说的神咒。就如你阿难宿世，与钵吉蹄历劫因缘，恩爱习气，不是一生二生或一劫二劫的累积，我才宣扬神咒，她的爱染宿习，立即消除，终成阿罗汉。她原本淫女，并无心修行，但神咒加持之力尚且能速证无学圣果，何况你们在会的声闻决定求最上乘法，当自信决定成佛。譬如顺风扬尘，尘自尽去。宿习若遇神咒，何习不能尽除，哪里还有什么艰难险阻？

"在末法时代，若有人发心，欲坐道场修习耳根圆通，当先持比丘四重根本清净禁戒，并要选择戒根清净的第一等沙门，以为授戒的师父。若是不值遇真正的清净高僧，你纵然受戒，也不过徒得虚名，必定不能成为无漏戒体。

"戒成就后，才成法器，外魔才无法干扰，然后着新而洁净的衣服，燃香静坐，至诚持诵这心佛所说的神咒一百零八遍，再行结界，建立修道的坛场，祈求十方世界现坐各国道场的无上如来，皆放大悲光芒，照射他的头顶，使身心蒙益。

"阿难！在末法之世，这样的清净比丘、比丘尼或白衣居士，心中再没有贪、痴、淫、爱等心念，严持佛制定的清净戒律，于道场中，诚发菩萨大愿，出入道场，必沐浴洁身。昼夜六时，不眠不休，修行办道，这样经三七日，我就亲自现身，到这人的面前，摩顶慰勉，使他豁然贯通，大彻大悟。"

阿难又请示说："世尊！我蒙如来出自无上悲心的教诲，已经心境明朗，如碧空云散，得大开悟，从今以后，而知如何修习，不须要特别建立道场，当可证无学的道果；但末法人修行，难免魔障，必先建立修道的场所，不知如何结界，才能合乎我佛世尊的清净轨则？"

佛告诉阿难说："末法时候，若有人愿意建立道场，诚修圣道，当先至雪山，寻求一种大力白牛的粪便，这种白牛，只吃雪山中肥腻的香草，只饮雪山的清水，所以它的粪便，细腻而微有清香，可以这种牛粪，调和栴檀香，用以敷饰地面，使坛场不至尘土飞扬。若不是雪山的牛粪，一定臭秽不堪，就不能用以涂地，怎么办呢？也可以于别处平原，将地面挖去五尺厚，然后取五尺以下的新净黄土，再和以上说的栴檀香，另加沉水香、苏合香膏、薰陆香膏、郁金香、枫脂香、青木、零陵、甘松及鸡舌香等，以这种含香的草木，细磨成粉，混合黄土加水而成泥浆，用以遍涂场地，方圆一丈六尺，成八角形的坛。

"坛的中心，置金、银、铜、木等材料所制造的四种莲花，花中安放一钵，钵中先盛八月的露水，水中随安所有花叶。然后另取八面圆形镜，分别安置八方，围绕花钵。镜外另建立十六朵莲花、十六只香炉，交错安置。用纯净的沉水香庄严香炉，而且不可使人见到火光。

"再取白牛乳，并准备十六种器皿，用盛供品，然后以乳煎成饼，另加砂糖、油饼、乳糜、苏合、蜜姜、纯酥、纯蜜等物，分盛于各器皿中，于莲花外，各各十六，围绕莲花，用以供奉诸佛及大菩萨。

"每日中午佛受食时，或在中夜，取蜜半斤，酥酪三盒，于坛场别安置一小火炉，以兜楼婆香，用水煎熬而成香水，浇于炭上，燃使猛炽，浇以酥蜜，于小火炉内，使完全燃烧，到无烟为止，然后用以供养佛菩萨。

"再于坛场四周壁外，遍悬幡华，坛室之中，四壁悬挂十方如来及诸菩萨圣像。于向阳壁面，张挂卢舍那佛、释迦佛、当来下生弥勒尊佛、阿閦鞞佛、阿弥陀佛及各种变现的观音菩萨形像，并以金刚藏菩萨安置左右。另外以帝释天主、初禅天主、火头金刚、青面金刚、诸军荼利、毗俱胝、四大天王等护法诸天神祇及频那夜迦，安置坛场正门两侧。

"最后以镜八面，覆悬虚空，使与坛内所安置的镜，依方相对，使镜中形影，交相互照，重重不尽。

"行者于第一个七日中，称念十方如来诸大菩萨及阿罗汉圣号，至诚顶礼，常于昼夜六时，诵咒围坛，以至诚心，绕行道场，每日六时礼拜，六时绕行，每时常行一百零八遍。

"第二个七日中，完全专心发菩萨愿，不杂他行，务使心无间断，如我经中所说十大愿王、菩萨四弘誓愿等。第三个七日中，昼夜十二时，一心持佛般怛啰咒，至第七日，十方如来会同时于镜中显现，镜交会处，承佛亲自摩顶，即于道场修三摩提。这样发愿建立道场，虽在末世修学，亦能令他发慧开悟，使根尘识应念而成无上正觉，身心光明清净，好像晶莹的琉璃一般。

"阿难！若是这比丘的传授戒法本师以及同时传戒的十比丘，其中若有任何一人，心不清净，道场就不能成就，佛圣不临，龙天也不护法，必然难得正定，难发妙悟。

"从第三个七日以后，可端身正坐，寂然不动，修习反闻自性功夫，百日之后，若是利根的人，身不离座，就可证得须陀洹果，纵然身心未成圣果，也能决定自知，是心即佛，将来一定成佛无疑。你问如何建立道场，以上所说就是。"

阿难听佛说神咒的利益，想起自己，虽曾蒙受神咒加持的利益，得脱邪咒的魔难，但是没有亲闻神咒，所以又向佛陀顶礼请求说："自从我出家以来，仰持佛陀的娇宠和爱护，只求多闻博学，不务真修，没有获证无为圣果，道力薄弱，致遭梵天邪术所禁制，心里虽然明白，但力不能自由，幸赖文殊密诵神咒，使我解脱魔难。虽蒙如来佛顶神咒，暗中加被，但是并没有亲闻如来的密语真言。惟愿世尊大慈，再为宣说一遍，以大悲心，救拔会中一切修行的人，并令将来末法时代尚在轮回中的众生，承闻佛陀密咒的声音，皆能远离魔难，破惑证真，使身心皆获解脱。"这时，与会大众听了阿难的请求，各以为正合己意，于是一齐向佛顶礼，恭候佛陀宣说秘密章句。

当时世尊从头顶的肉髻中，放出百宝光芒，光中涌出千叶宝莲，有一位化现的如来，坐宝莲花中，顶上放射十道百宝光明，一一光明中，普遍示现恒河沙数的金刚神，他们皆是内秘菩萨德，外现金刚形，有的擎山，有的持杵，遍满虚空界。大众仰首共观，又爱又怕，同声求佛哀怜庇佑，一心恭听佛陀无见顶相放光如来宣说神咒：

南无萨怛他苏伽多耶阿啰诃帝三藐三菩陀写一　萨怛他佛陀俱胝瑟尼钐二　南无萨婆勃陀勃地萨跢鞞弊三　南无萨多南三藐三菩陀俱知喃四　娑舍啰婆迦僧伽喃五　南无卢鸡阿罗汉跢喃六　南无苏卢多波那喃七　南无娑羯唎陀伽弥喃八　南无卢鸡三藐伽跢喃九　三藐伽波啰底波

多那喃十　南无提婆离瑟赧十一　南无悉陀耶毗地耶陀啰离瑟赧十二　舍波奴揭啰诃婆诃婆啰摩他喃十三　南无跋啰诃摩泥十四　南无因陀啰耶十五　南无婆伽婆帝十六　嚧陀啰耶十七　乌摩般帝十八　婆醯夜耶十九　南无婆伽婆帝二十　那啰野拏耶二一　槃遮摩诃三慕陀啰二二　南无悉羯唎多耶二三　南无婆伽婆帝二四　摩诃迦啰耶二五　地唎般剌那伽啰二六　毗陀啰波拏迦啰耶二七　阿地目帝二八　尸摩舍那泥婆悉泥二九　摩怛唎伽拏三〇　南无悉羯唎多耶三一　南无婆伽婆帝三二　多他伽跢俱啰耶三三　南无般头摩俱啰耶三四　南无跋阇啰俱啰耶三五　南无摩尼俱啰耶三六　南无伽阇俱啰耶三七　南无婆伽婆帝三八　帝唎茶输啰西那三九　波啰诃啰拏啰阇耶四〇　跢他伽多耶四一　南无婆伽婆帝四二　南无阿弥多婆耶四三　跢他伽多耶四四　阿啰诃帝四五　三藐三菩陀耶四六　南无婆伽婆帝四七　阿刍毗耶四八　跢他伽多耶四九　阿啰诃帝五〇　三藐三菩陀耶五一　南无婆伽婆帝五二　鞞沙阇耶俱嚧吠柱唎耶五三　般啰婆啰阇耶五四　跢他伽多耶五五　南无婆伽婆帝五六　三补师毖多五七　萨怜捺啰剌阇耶五八　跢他伽多耶五九　阿啰诃帝六〇　三藐三菩陀耶六一　南无婆伽婆帝六二　舍鸡野母那曳六三　跢他伽多耶六四　阿啰诃帝六五　三藐三菩陀耶六六　南无婆伽婆帝六七　剌怛那鸡都啰阇耶六八　跢他伽多耶六九　阿啰诃帝七〇　三藐三菩陀耶七一　帝飘南

无萨羯唎多七二　翳昙婆伽婆多七三　萨怛他伽都瑟尼钐
七四　萨怛多般怛囒七五　南无阿婆啰视耽七六　般啰帝扬
岐啰七七　萨啰婆部多揭啰诃七八　尼羯啰诃揭迦啰诃尼七
九　跋啰瑟地耶叱陀你八〇　阿迦啰蜜唎柱八一　般唎怛啰
耶儜羯唎八二　萨啰婆槃陀那目叉尼八三　萨啰婆突瑟吒
八四　突悉乏般那你伐啰尼八五　赭都啰失帝南八六　羯啰
诃娑诃萨啰若阇八七　毗多崩萨那羯唎八八　阿瑟吒冰舍帝
南八九　那叉刹怛啰若阇九〇　波罗萨陀那羯唎九一　阿瑟
吒南九二　摩诃羯啰诃若阇九三　毗多崩萨那羯唎九四　萨
婆舍都嚧你婆啰若阇九五　呼蓝突悉乏难遮那舍尼九六　毖
沙舍悉怛啰九七　阿吉尼乌陀迦啰若阇九八　阿般啰视多
具啰九九　摩诃般啰战持一〇〇　摩诃叠多一〇一　摩诃帝阇
一〇二　摩诃税多阇婆罗一〇三　摩诃跋啰槃陀啰婆悉你一〇
四　阿唎耶多啰一〇五　毗唎俱知一〇六　誓婆毗阇耶一〇七
跋阇啰摩礼底一〇八　毗舍嚧多一〇九　勃腾罔迦一一〇　跋阇
啰制喝那阿遮一一一　摩啰制婆般啰质多一一二　跋阇啰擅
持一一三　毗舍啰遮一一四　扇多舍鞞提婆补视多一一五　苏摩
嚧波一一六　摩诃税多一一七　阿唎耶多啰一一八　摩诃婆啰阿
般啰一一九　跋阇啰商羯啰制婆一二〇　跋阇啰俱摩唎一二一
俱蓝陀唎一二二　跋阇啰喝萨多遮一二三　毗地耶乾遮那摩
唎迦一二四　啒苏母婆羯啰跢那一二五　鞞嚧遮那俱唎耶一二
六　夜啰菟瑟尼钐一二七　毗折蓝婆摩尼遮一二八　跋阇啰迦

那迦波啰婆一二九　嚧阇那跋阇啰顿稚遮一三〇　税多遮迦摩啰一三一　刹屠尸波啰婆一三二　翳帝夷帝一三三　母陀啰羯拏一三四　娑鞞啰忏一三五　掘梵都一三六　印兔那么么写一三七　（诵咒至此句称弟子某某受持）

　　乌件一三八　唎瑟揭拏一三九　般刺舍悉多一四〇　萨怛他伽都瑟尼钐一四一　虎件一四二　都嚧雍一四三　瞻婆那一四四　虎件一四五　都嚧雍一四六　悉耽婆那一四七　虎件一四八　都嚧雍一四九　波啰瑟地耶三般叉拏羯啰一五〇　虎件一五一　都嚧雍一五二　萨婆药叉喝啰刹娑一五三　揭啰诃若阇一五四　毗腾崩萨那羯啰一五五　虎件一五六　都嚧雍一五七　者都啰尸底南一五八　揭啰诃娑诃萨啰南一五九　毗腾崩萨那啰一六〇　虎件一六一　都嚧雍一六二　啰叉一六三　婆伽梵一六四　萨怛他伽都瑟尼钐一六五　波啰点阇吉唎一六六　摩诃娑诃萨啰一六七　勃树娑诃萨啰室唎沙一六八　俱知娑诃萨泥帝㸐一六九　阿弊提视婆唎多一七〇　吒吒罂迦一七一　摩诃跋阇嚧陀啰一七二　帝唎菩婆那一七三　曼茶啰一七四　乌件一七五　莎悉帝薄婆都一七六　么么一七七　印兔那么么写一七八　（至此句准前称名，若俗人称弟子某某）

　　啰阇婆夜一七九　主啰婆夜一八〇　阿祇尼婆夜一八一　乌陀迦婆夜一八二　毗沙婆夜一八三　舍萨多啰婆夜一八四　婆啰斫羯啰婆夜一八五　突瑟叉婆夜一八六　阿舍你婆夜一八七　阿迦啰蜜唎柱婆夜一八八　陀啰尼部弥剑婆伽波陀婆夜

一八九　乌啰迦婆多婆夜一九〇　剌阇坛茶婆夜一九一　那伽婆

夜一九二　毗条怛婆夜一九三　苏波啰拏婆夜一九四　药叉揭啰

诃一九五　啰叉私揭啰诃一九六　毕唎多揭啰诃一九七　毗舍遮

揭啰诃一九八　部多揭啰诃一九九　鸠槃茶揭啰诃二〇〇　补丹

那揭啰诃二〇一　迦吒补丹那揭啰诃二〇二　悉乾度揭啰诃

二〇三　阿播悉摩啰揭啰诃二〇四　乌檀摩陀揭啰诃二〇五　车

夜揭啰诃二〇六　醯唎婆帝揭啰诃二〇七　社多诃唎喃二〇八

揭婆诃唎喃二〇九　嚧地啰诃唎喃二一〇　忙婆诃唎喃二一一

谜陀诃唎喃二一二　摩阇诃唎喃二一三　阇多诃唎女二一四　视

比多诃唎喃二一五　毗多诃唎喃二一六　婆多诃唎南二一七　阿

输遮诃唎女二一八　质多诃唎女二一九　帝钐萨鞞钐二二〇　萨

婆揭啰诃南二二一　毗陀夜阇嗔陀夜弥二二二　鸡啰夜弥二二

三　波唎跋啰者迦讫唎担二二四　毗陀夜阇嗔陀夜弥二二五

鸡啰夜弥二二六　茶演尼讫唎担二二七　毗陀夜阇嗔陀夜弥

二二八　鸡啰夜弥二二九　摩诃般输般怛夜二三〇　嚧陀啰讫唎

担二三一　毗陀夜阇嗔陀夜弥二三二　鸡啰夜弥二三三　那啰夜

拏讫唎担二三四　毗陀夜阇嗔陀夜弥二三五　鸡啰夜弥二三六

怛埵伽嚧茶西讫唎担二三七　毗陀夜阇嗔陀夜弥二三八　鸡

啰夜弥二三九　摩诃迦啰摩怛唎伽拏讫唎担二四〇　毗陀夜

阇嗔陀夜弥二四一　鸡啰夜弥二四二　迦婆唎迦讫唎担二四三

毗陀夜阇嗔陀夜弥二四四　鸡啰夜弥二四五　阇耶羯啰摩度

羯啰二四六　萨婆啰他婆达那讫唎担二四七　毗陀夜阇嗔陀

夜弥二四八　鸡啰夜弥二四九　赭咄啰婆者你讫唎担二五〇　毗陀夜阇嗔陀夜弥二五一　鸡啰夜弥二五二　毗唎羊讫唎知二五三　难陀鸡沙啰伽拏般帝二五四　索醯夜讫唎担二五五　毗陀夜阇嗔陀夜弥二五六　鸡啰夜弥二五七　那揭那舍啰婆拏讫唎担二五八　毗陀夜阇嗔陀夜弥二五九　鸡啰夜弥二六〇　阿罗汉讫唎担毗陀夜阇嗔陀夜弥二六一　鸡啰夜弥二六二　毗多啰伽讫唎担二六三　毗陀夜阇嗔陀夜弥二六四　鸡啰夜弥跋阇啰波你二六五　具醯夜具醯夜二六六　迦地般帝讫唎担二六七　毗陀夜阇嗔陀夜弥二六八　鸡啰夜弥二六九　啰叉罔二七〇　婆伽梵二七一　印兔那么么写二七二　（至此依前称弟子某某）

婆伽梵二七三　萨怛多般怛啰二七四　南无粹多帝二七五　阿悉多那啰刺迦二七六　婆啰婆悉普吒二七七　毗迦萨怛多钵帝唎二七八　什佛啰什佛啰二七九　陀啰陀啰二八〇　频陀啰频陀啰嗔陀嗔陀二八一　虎𤙹二八二　虎𤙹二八三　泮吒二八四　泮吒泮吒泮吒泮吒二八五　婆诃二八六　醯醯泮二八七　阿牟迦耶泮二八八　阿波啰提诃多泮二八九　婆啰波啰陀泮二九〇　阿素啰毗陀啰波迦泮二九一　萨婆提鞞弊泮二九二　萨婆那伽弊泮二九三　萨婆药叉弊泮二九四　萨婆乾闼婆弊泮二九五　萨婆补丹那弊泮二九六　迦吒补丹那弊泮二九七　萨婆突狼枳帝弊泮二九八　萨婆突涩比唎讫瑟帝弊泮二九九　萨婆什婆唎弊泮三〇〇　萨婆阿播悉摩唎弊泮三〇一　萨婆舍啰婆

拏弊泮三〇二　萨婆地帝鸡弊泮三〇三　萨婆怛摩陀继弊泮三〇四　萨婆毗陀耶啰誓遮唎弊泮三〇五　阇夜羯啰摩度羯啰三〇六　萨婆啰他婆陀鸡弊泮三〇七　毗地夜遮唎弊泮三〇八　者都啰缚耆你弊泮三〇九　跋阇啰俱摩唎三一〇　毗陀夜啰誓弊泮三一一　摩诃波啰丁羊叉耆唎弊泮三一二　跋阇啰商羯啰夜三一三　波啰丈耆啰阇耶泮三一四　摩诃迦啰夜三一五　摩诃末怛唎迦拏三一六　南无娑羯唎多夜泮三一七　毖瑟拏婢曳泮三一八　勃啰诃牟尼曳泮三一九　阿耆尼曳泮三二〇　摩诃羯唎曳泮三二一　羯啰檀迟曳泮三二二　篾怛唎曳泮三二三　唠怛唎曳泮三二四　遮文茶曳泮三二五　羯逻啰怛唎曳泮三二六　迦般唎曳泮三二七　阿地目质多迦尸摩舍那三二八　婆私你曳泮三二九　演吉质三三〇　萨陀婆写三三一　么么印兔那么么写三三二　（此句依前称弟子某某）

突瑟吒质多三三三　阿末怛唎质多三三四　乌阇诃啰三三五　伽婆诃啰三三六　嚧地啰诃啰三三七　婆娑诃啰三三八　摩阇诃啰三三九　阇多诃啰三四〇　视毖多诃啰三四一　跋略夜诃啰三四二　乾陀诃啰三四三　布史波诃啰三四四　颇啰诃啰三四五　婆写诃啰三四六　般波质多三四七　突瑟吒质多三四八　唠陀啰质多三四九　药叉揭啰诃三五〇　啰刹娑揭啰诃三五一　闭㘑多揭啰诃三五二　毗舍遮揭啰诃三五三　部多揭啰诃三五四　鸠槃茶揭啰诃三五五　悉乾陀揭啰诃三五六　乌怛摩陀揭啰诃三五七　车夜揭啰诃三五八　阿播萨摩啰揭啰诃三五九　宅

祛革茶耆尼揭啰诃三六〇　唎佛帝揭啰诃三六一　阇弥迦揭啰诃三六二　舍俱尼揭啰诃三六三　姥陀啰难地迦揭啰诃三六四　阿蓝婆揭啰诃三六五　乾度波尼揭啰诃三六六　什伐啰堙迦醯迦三六七　坠帝药迦三六八　怛隶帝药迦三六九　者突托迦三七〇　昵提什伐啰毖钐摩什伐啰三七一　薄底迦三七二　鼻底迦三七三　室隶瑟蜜迦三七四　娑你般帝迦三七五　萨婆什伐啰三七六　室嚧吉帝三七七　末陀鞞达嚧制钳三七八　阿绮嚧钳三七九　目佉嚧钳三八〇　羯唎突嚧钳三八一　揭啰诃揭蓝三八二　羯拏输蓝三八三　惮多输蓝三八四　迄唎夜输蓝三八五　末么输蓝三八六　跋唎室婆输蓝三八七　毖栗瑟咤输蓝三八八　乌陀啰输蓝三八九　羯知输蓝三九〇　跋悉帝输蓝三九一　邬嚧输蓝三九二　常伽输蓝三九三　喝悉多输蓝三九四　跋陀输蓝三九五　娑房盎伽般啰丈伽输蓝三九六　部多毖跢茶三九七　茶耆尼什婆啰三九八　陀突嚧迦建咄嚧吉知婆路多毗三九九　萨般嚧诃凌伽四〇〇　输沙怛啰婆那羯啰四〇一　毗沙喻迦四〇二　阿耆尼乌陀迦四〇三　末啰鞞啰建跢啰四〇四　阿迦啰蜜唎咄怛敛部迦四〇五　地栗剌咤四〇六　毖唎瑟质迦四〇七　萨婆那俱啰四〇八　肆引伽弊揭啰唎药叉怛啰刍四〇九　末啰视吠帝钐婆鞞钐四一〇　悉怛多钵怛啰四一一　摩诃跋阇嚧瑟尼钐四一二　摩诃般赖丈耆蓝四一三　夜波突陀舍喻阇那四一四　辫怛隶拏四一五　毗陀耶槃昙迦嚧弥四一六　帝殊槃昙迦嚧弥四一七　般啰毗陀槃昙迦嚧弥四一八　跢侄他四一九　唵

四二〇　阿那隶四二一　毗舍提四二二　鞞啰跋阇啰陀唎四二三 槃陀槃陀你四二四　跋阇啰谤尼泮四二五　乌𤙲都嚧瓮泮四二 六　莎婆诃四二七。（以上神咒，共四百二十七句，依圆瑛法师勘对考证者）

"阿难！这佛顶光聚悉怛多般怛啰，秘密伽陀，精微奥妙的章句，能出生十方一切诸佛，十方如来都是因有这心咒，以为密因，所以得成无上正遍知觉。

"十方的如来，执持这秘密咒心，如金刚王宝剑，活杀自由，能降伏五阴诸魔，制服断见常见等外道。

"十方的如来，乘这咒心，坐宝莲花，应缘游历微尘数国土，随类现身，摄化众生。

"十方的如来，怀着这一秘密咒心，能于微尘数国土，宣扬了生脱死的最上根本大法。

"十方如来，因执持这一咒心，若自己已证果，能于十方世界，为众生摩顶授记，预言他们将于何时得成佛果。若自己未证佛果以前，也会亲蒙佛陀授记，预言何时必成佛道。

"十方如来，依仗这咒心的威神力用，如手持如意宝珠，无所不能，故能于十方世界，救济一切罪苦众生。如地狱、饿鬼、畜生，人道中的盲、聋、喑痖等类，以及冤家相聚的痛苦，六亲眷属生离死别的痛苦，所求不遂的痛苦，五阴炽盛、生、老、病、死等苦，没有不能消除的。一切大小横祸，皆能同时解脱，其他如贼难、兵难、狱难、饥渴贫穷，一切天灾人祸，只要一心持这咒心，都可应念消散，逢凶化吉，遇难成祥。

"十方如来，随顺这秘密咒心的威力，能令饮食、医药、卧具等四事具足，并得他心通，故能于十方世界，奉事善知识，无论行住坐卧四威仪中，皆可随意供养。在恒河沙数的如来会下，都会被尊为大法王子，继承法王的家业。

"十方如来，持这秘密咒心，或施于物，或应于人，令人心悦诚服，能于十方世界过去历劫中，凡是与这咒有亲因缘的，皆能摄受护念。他们纵然堕入小乘教中，获得这秘密神咒威力的加持，也能回小向大，听了这如来藏心的微妙大法，也不会惊疑不信而心怀恐怖。

"十方如来，因诵持这秘密咒心，得成无上正等正觉，坐菩提树下，入大涅槃。

"十方如来，传这秘密咒心，为了化缘既毕，将要归真，于灭度时，最后付嘱佛法继承上事，俾使正法能永远住世，令戒律严净，身心皎洁。

"若要我广说这佛顶光聚般怛啰咒的功能德用，就是从早到晚，语语相续，不断地说，字字句句，皆不重复，这样说到恒河沙数劫，也说不完的。

"这咒不只是名如来藏心，也就是本经所说的大佛顶，最尊最胜，最高无上，欲成佛果，欲利众生，不可不恭敬奉持。

　　"你们尚在三界以前的修学地位，还没有超出分段生死的拘缚，也就是没有完全脱离轮回。现在欲发至诚心，求证阿罗汉圣果，若不奉持这大佛顶神咒，自坐修道的坛场，希望获得清净，修成正定，那是不可能的，一定会招致魔外的扰乱，甚至发疯发狂，多见各种恐怖或媚人的境界，以致丧失心神，终会沦落为魔外的眷属。

　　"阿难！若是各个世界每个国家所有的人民，如果能依他们自己国土所出产的桦树皮、贝多罗树叶、素净的纸、白色的氎等等一切可用以书写的物品，将这大佛顶神咒，恭敬地书写，装于香袋里，随身佩戴，这人若是心智懵懂，没有记忆的能力，也不能读诵，只要将这神咒，佩戴身上，或悬挂宅中，由于神咒威灵加被，这人终其一生，一切毒物，不能加害。

　　"阿难！这大佛顶神咒，不但有护生助道的功能，也有保护世间众生，使得安宁无畏，及成就出世智慧的德用，现在再为你们详加说明。

　　"将来我灭度以后，末世众生，若有能自己持诵，或教他人持诵，当知这持诵神咒的人，火不能烧，水不能溺，各种大小毒物，不能够伤害，以至龙天鬼神、精魅魔怪，一切邪咒，皆不能着。就是有强欲加害的，然因这人以持咒而成三昧，心得正受，也不能伤害。一切咒诅、厌蛊毒药、金毒银毒、草木虫蛇、万物毒气，若入这人的口，反会化成甘露上味。不但不会以恶心相加，凡一切凶神恶煞，及磣毒的人，一遇这诵咒者，恶念自然不生。又，不但不会起恶念，反而会转祸为福，自频那夜迦各恶鬼王以至其眷属，都会因听他诵咒而获利益，感谢他的深恩大德，常加保护。

"阿难！你当知道，这佛顶神咒，常有八万四千那由他恒河沙数俱胝金刚藏王菩萨种族，一一皆有金刚众眷属，昼夜随侍。若有众生虽未得三摩提，但能以散乱心，口诵心维，这些金刚藏王菩萨，也会常随保护，何况是决定发菩提心而又持咒的人。这些金刚藏王菩萨，必以精心暗催行人，启发他的神识，使这人应时心开，能记忆八万四千恒河沙数劫以来的一切，完全明了，没有任何疑惑。从初发菩提心的第一劫起，以至最后受身，因圆果满，降生成佛的时候止，在这漫长的修行过程中，生生世世，永远不会出生于药叉、罗刹、富单那、迦吒富单那、鸠槃茶、毗舍遮等，以及饿鬼、有形、无形、有想、无想等各种恶劣之处。有善男子，于这佛顶咒心，不论是诵、是读、是书写，或佩戴，或珍藏，这样恭敬供养，这善男子，决定劫劫不会出生在贫穷下贱的家庭；因为这咒心是极尊贵的大法，生必尊荣富贵的氏族。这些持咒的众生，纵然自身不作福业，而十方如来所有的功德，皆会回向这些人，所以能于恒河沙数不可说劫中，常与诸佛同生一处。凡是佛的功德，一一有分，行人的所修，就是诸佛的所证，佛与行人，打成一片，如恶叉果聚，生则同生，永不分离。所以能使破戒的人，再得戒根清净；没有得戒的，使他得戒；懈怠的使他精进；没有智慧的，使得智慧；身心不清净的，使他速得清净。若因宿业的障碍欲持斋戒而不能的，但能一心持咒，即可自成斋戒。

"阿难！这些持咒的善男子，若在没有持咒以前曾犯禁戒，发心持咒以后，以前的破戒罪，不论轻重，都会应时消灭。纵然曾经饮酒食肉，以及吃了五辛等种种不清净的食物，诸佛和菩萨金刚、天仙鬼神也会以既往不咎而宽恕。设若穿着不净的破旧衣服，但行止皆同清净，仍不失持咒利益。即使不依教法建坛，不入楞严道场，也不依教行功办道，但能诵持这佛顶神咒，也与入坛行功办道的功德一样，没有什么不同。

"若曾犯杀父弑母、杀阿罗汉、破和合僧、出佛身血等五逆大罪，应堕无间地狱，以及有比丘犯杀、盗、淫、妄四根本大戒，比丘尼犯四根本大戒，又犯触（和有染污心的男人，以身相接触）、入（和有染污心的男人拉手扯衣，共语同行，暗室共坐，相倚相期）、覆（掩饰他的重罪）、随（随大僧共衣食）等罪业，虽然极重，不通忏悔，但能诵持这神咒，对这些重大的罪业，就像狂风吹聚沙，都会消灭无余，丝毫不留。

"阿难！如有众生，从无量无数劫以来，所有轻重罪障，自前世带来，而没有及时忏悔的，必为真正修行的障碍；若能发至诚心，恭敬读诵这佛顶神咒，或恭敬书写，随身佩戴奉持，或供奉于自住的庄园馆宅中，这些多劫以来，积聚的宿业，就如雪遇汤，应时融化，不久之后，皆会证得无生法忍。

"复次，阿难！若是有女人久婚不孕，没有生男育女，如欲求孕，只要以至诚心，忆念这佛顶神咒，或书写以随身佩戴，便能生育具有福德智慧的男女。求长寿的，便能如愿获得长寿。欲求福德果报，速得圆满的，便能速得圆满成就。若求身体健康，精力充沛，皆可如愿。命终的时候，可以随自己的意愿，往生十方任何国土，绝对不会生到下贱的处所或边疆蛮荒之地，何况生于异类！

"阿难！若是各国州县或村落，凡遭遇饥荒瘟疫或刀兵贼乱，以及一切困厄危难的地方，只要书写这佛顶神咒，悬挂于城门上，或悬于可供养的清净佛寺，或悬于幢幡之上，教令这国家或城邑村落中，所有众生，奉迎供养，恭敬礼拜，使全国人民，各皆身佩，或各安奉于自住舍宅堂上，一切灾害危害，自然都会消失，转祸患而成祥和。

"阿难！在在处处，无论何国的众生，只要皆能奉持这佛顶神咒，龙天都会欢喜，必然风调雨顺，国泰民安，五谷丰登，万民安乐。并且能镇压一切恶星，随方作怪；使灾障不起，人没有横死夭亡；杻械枷锁，不能加于人身；昼夜安睡，心清神定，必无恶梦。

"阿难！这个娑婆世界有八万四千种执行灾变的恶星，由二十八大恶星所统率，以八大恶星分为其主，随众生的业感，幻作各种形状，出现世间，能使众生，遭受各种灾害怪异。但是有这佛顶神咒所在的地方，都能逢凶化吉，一切灾害怪异，都会消灭。若以十二由旬，成为结界的地区，这结界地内，一切横恶灾害，永不能进入界内，自得百灵守护。所以如来，特别宣说这佛顶神咒，以便保护后世一切初学的修行人，使能顺利入三摩提，身心泰然，得大安稳，不会再有一切魔鬼神怪，以及无始以来冤枉宿殃，旧业陈债，来扰乱他的身心安宁，使不能获得正定。

"你和会中一切学人，以及将来一切修行的人，若依我所说的坛场轨则，如法持戒，不犯以下四种过失，即：一、种不差；二、戒不缺；三、师不稂；四、奉持神咒，不生疑悔。这人当生必证道果，如果这善男子，就父母所生这一身，不能明心见性，获证圆通，十方诸佛就是妄语以欺诳众生。"

佛说完这段开示以后，当时在会中的无量百千护法金刚，同时于佛前，合掌顶礼，向佛保证说："如佛所说，我们当诚心诚意，保护这样修菩提道的众生。"

当时大梵天王和帝释天的四大天王也于佛前同时顶礼，向佛陀说："果有这样修学的善人，我们当然尽心尽力，至诚保护，使他能够即生取证。"

另有无量药叉大将、诸罗刹王、富单那王、鸠槃荼王、毗舍遮王、频那夜迦、诸大鬼王以及各鬼帅等，也于佛前，合掌顶礼，向佛誓言："我等也誓愿护持这样的修行人，使他上求佛道的心，速得圆满成就。"

还有无量日月天子、雨师、云师、雷师、电伯等，以及值年巡官、诸星眷属，也同时向佛顶礼，恭敬表示说："我们也会保护这样的修行人，使他安立道场，无所畏怖，以便克期取证。"

又有无量山神、海神，一切水陆空行，万物精祇，风神王并无色界天，也向如来顶礼，诚恳地说："我们也保护这样的修行人，使得成无上菩提道果，永不遭遇魔事。"

那时八万四千那由他恒河沙数俱胝金刚藏王菩萨，

在大会上，同时从座而起，向佛行接足大礼，然后恭敬地说："世尊！如我们所修的功业，早已成就菩提道果，所以不取菩提道果而证涅槃，为的是常随这佛顶神咒，救护末世修三摩提的真正修行人。

"世尊！这样修心以求正定的人，不论是在道场中，或在别处经行，甚至是散心游戏村落，我们以及徒众，也会常随侍卫。即使是魔王，在大自在天魔欲伺机引诱，也不能获得机会，至于各种小鬼神，除了发心乐修禅定，准许亲近修学外，其他一律要远离这善人十由旬以上，决不许再前进一步。

"世尊！像以上二魔王天以及他们的眷属，欲想侵扰修行的善人，我就以宝杵击碎他的头顶，使化为微尘，而常使修行者，凡所修为，都不会有任何障碍，一切如愿。"

修证圣位的次第

这时阿难即从座起，向佛顶礼说："我们根钝智劣，喜求多闻，不修正定，没有证得圆通，不求脱离烦恼，现在蒙佛慈悲教诲，得正助两种习修楞严大定的方法，获得大利益，真是庆慰平生。

"世尊！这样修证十方诸佛最初所修的三摩提，在没有证得涅槃以前，什么叫作干慧地，于十信、十住、十行、十回向及四加行等次第，须到什么阶段，才能得开辨道的慧眼？到什么地步，才名为深入十地之中？怎样进修，方名为等觉菩萨？惟愿慈悲，一一开示。"说罢再五体投地，顶礼膜拜，大众一心，肃然瞻仰，恭候佛陀的慈音。

当时世尊嘉许阿难说："很好！很好！你们不但自己明了修习楞严大定的正助各种方法，又能普为大众及末世一切众生欲修三摩提而求大乘的，自凡夫地起，以至证大涅槃止，请示无上真正修行的路向，使能直趣宝所，不至迂回曲折，这是很难得的。现在你专心诚意地仔细听着，我当为你明确讲解。"阿难以及大众皆合掌虚心，全场寂然，恭候教示。

佛陀亲切地呼当机阿难说："阿难！你应当知道，这妙真如性，有德皆备，无幽不照，竖穷三际，横遍十方，原没有名字可说，没有相状可陈，本来没有所谓世界众生种种名相可得。因最初一念无明妄动，才妄生世界、众生，既有妄生，就有妄灭，以生灭二相，都不是真实的，所以生灭两皆名妄。由于知道生灭名妄，以为灭妄方可显真，于是发心修行，致有三种渐次、五十五位正修行路、直向妙觉果海等教法。这不过依随净缘，而建立菩提、涅槃等名相。实在无上的菩提智慧之果，是由烦恼转化而来，常、乐、我、净、不生不灭的大涅槃佛果，也是由生死转化而得，由此可知所谓生死烦恼、菩提涅槃，不过是众生与佛陀的迷悟不同，辗转相依的二种名号而已，两者都没有真实的体性。

"阿难！你现在欲想修习耳根圆通的真正三摩提，希望直达如来的大涅槃境界，就应先认清产生这众生与世界二种颠倒的原因，如果颠倒不生，就是如来的真三摩提了。

"阿难！什么叫作众生颠倒呢？

"阿难！这性觉妙明的真心，本自圆明，遍照法界，只因妄加一光明于这本明的觉体之上，于是产生业识的性能。以这业识的性能，掩却本具的智慧之光，而产生能见的妄见，以致从根本无名无相的湛然寂照中，变成有名有相的虚妄境界。这能见境的无明妄见，与所见的众生世界，是突然而起，两者都没有实在的自体，自然没有什么原因为它所生的因，也没有处所为它所住之处，如空中花，找不到根本，就本着这虚幻的无明业识，建立了世界、众生两种颠倒境相。

"因不识真如性体，本自圆明，致产生虚妄的业识，而妄性并没有实体，亦没有所依据，既然妄性本空，当然妄无可离；真既是常恒不变，自不用再求复；现因久处轮回，心生厌倦，准备要舍妄复真，这想离妄复真的一念，仍是妄想，已不是真正的真如本性，已属生灭心；以生灭心，以求复归真常的本性，真常亦变成生灭了。既知非真如性，却又不断地强求，这是由迷积迷，以妄逐妄，永远不能见自真如本性。触目皆是尘劳，寂然而成虚妄的非相，由是复起见惑与思惑，非因妄计为因，非果妄计为果，堕于邪知邪见，终至沦入邪境。由于邪因、邪果、邪智、邪境交相引发，辗转产生显著力用，由众惑的熏习而成业相，于是同业相感，所以有相感的惑业。当父母交合时，因感而入胎，中阴身相即灭，胎中后阴相即生，因此有众生颠倒。

"阿难！世界本来清净，又怎么叫作世界颠倒呢？这是由能有的无明，与所有的众生，揽尘结根，妄成分段的根身，以有虚妄的根身，而建立前后左右的虚妄界限，各为四方。无明本空，并不是世界真正的成因，妄以为是世界成因。世界亦空，本来没有常住的境相，妄成所住的境相，这都是由于众生妄执四大假合的肉体，以为真身，从始至终，念念生灭，迁流不息，因此而成过去、现在、未来三世。以三世和合四方，四方又各有三世；以四方和合三世，三世也各有四方。三四四三相乘，总为十二，故时空相涉，变化众生，也分成十二类。是故世界，因无明风动，动就有声，由这动念习气的熏染而产生变化，于湛然的精明中，无因而狂花乱起，幻现色境；由这色境返熏妄心，因而闻香；香又返气氛，使心对境；心境相对而生爱恋，因而有味；既有味就会知为何法（物）。知属意根，法即法尘，根尘相对，识生于中，六乱妄想，熏成造业的性能，这就是十二类众生受生的原因。业因既成，必招业果，故感十二类受生的果报，由此交织轮转诸道，生死不休。所以世间色、声、香、味、触、法等六尘，与眼、耳、鼻、舌、身、意等六根，以十二种变化的极限为一循环往复。众生乘此轮转颠倒之相，也分为十二类，而有各种世界，是哪十二类呢？即卵生、胎生、湿生、化生、有色、无色、有想、无想以及非有色、非无色、非有想、非无想等是。

"阿难！什么叫作卵生呢？依壳而生的叫作卵生。卵由想生，想就是虚妄。由于虚妄想象，而有世界虚妄轮回，众生迷失本不动摇的真体，忽然一念妄动，于是俯仰天地，忽上忽下，倏起倏灭，与不动的真心相背，是名颠倒惑。有惑必定起业，卵以气相交合，故和合气而成八万四千飞沉乱想，因此有卵羯逻蓝位（意译为凝滑，即胎中第一位），生生死死，流转各国，如鱼、鸟、龟、蛇之类，到处可见。

"何谓胎生呢？由含藏而出的叫作胎生。因世界众生迷失性净明体，忽堕情尘，变清净的真性为混浊，名杂染轮回。胎因情有，情生于爱，与真心相背，名为欲颠倒惑。有惑必定起业，胎生以精交，情有偏正，偏的为横，正的为竖，和合滋成八万四千横竖乱想，因此有胎遏蒲昙位（意译为疱，即胎中第二位），流转于诸国土，为人为畜，或龙或仙，胎生之类，也充满世间。

　　"什么叫作湿生呢？假借湿润的缘而生，就叫作湿生。湿以合着相感，执着就是合。由于世界众生不知真心，如摩尼宝珠，随色现色，原没有固定的形象，却自去逐境奔风，趋势附利，执着贪恋，辗转不息而成轮回，与真心相背，名颠倒惑。于是和合成八万四千翻覆乱想，因此有软肉之物，如含蠢蠕动之类，遍及世间。

　　"什么叫作化生呢？无而忽有，叫作化生。由于世界众生，变故易新，辗转不息，成轮回性，假托因依，与真如相背，名颠倒惑。依惑造业，触类而变，爱此忘彼，随情任意，厌旧喜新，成八万四千新旧乱想，因此有化相羯南（意为硬肉，以蜕即成体），流转国土，转变蜕化之类，如蚕化为蛾，到处可见。

　　"又因有世界众生不知自性本具大智慧光，遍照法界，原没有质碍，而反事奉日月水火，以求光明。因求明而立所，乃成障碍，岂非颠倒？于是和合着成八万四千精耀乱想，由是而有色相羯南，流转国土，或为日月的精华，或作星辰的明耀、吉象的名休、凶象的称咎，在物即为萤火珠蚌，其类充塞世间，无非颠倒所受的果报而已。

"什么叫作无色？由于世界众生，厌有着空，欲灭身还无，名销散轮回，迷恋于有漏天，当作无为解，为惑颠倒。厌有归无，则依晦暗空，与暗和合，成八万四千阴隐乱想。既有此业因，所以有无色羯南，流转国土，空（指四空天说）、散（识处天）、销（无所有处天）、沉（非非想处天），其类充塞。

"什么叫有想？这是指有心想而没有色相的一类。因世界众生若有若无，仿佛不实，邪慕灵通，逐影忆想，执影忘真，而成轮回，名颠倒惑。依惑起业，所以和合忆成八万四千潜结乱想。依此业因，故有想相羯南，流转国土，以至神、鬼、精、灵之类，充满世间。

"什么叫作无想呢？这是指有色相而没有思想的一类。由于世界众生有法执与烦恼障，以愚鲁而不能解脱轮回；不知自性本来活泼圆融，在眼名见，在耳能闻，在舌就知味，却因愚痴颠倒，勉强压抑，以无想为真修，将顽愚当作至道，于无知之物，妄生和合想，所以功成八万四千枯槁乱想，如寒岩枯木、冷灶死灰，没有半丝生气。以此业因，所以有无想羯南，流转国土，精神化为金石，有情而成无情，发相似禅，其实并不是真禅，这类众生，也充满世间。

"什么叫作非有色？这是指本不是有色，须借物以成色的一类。由于世界众生心存恃怙，互相假待，如影待形，致同轮回，不知自性卓然独立，原不与一切尘境为伍，不与万物为伴，今反恃人以作己力，狐假虎威，岂不是伪颠倒？以虚伪心，假托声势，任运耽乐，依附同形，和合沾染，功成八万四千因依乱想。以这种业因，故感本来非有色相，应物而成色羯南，流转国土。如水母等类以虾为目，虾因水母即有所依托，相互因依，以至世间一切依草附木的鬼神，寄生人身的蛲蛔虫等，都属这一类。

"什么叫作非无色？由于世界众生不知自性，本来具有恒河沙数称性功德，不能启发而产生作用，反以邪语邪咒相互牵引，而成轮回，性实颠倒。因声呼召，引发神识，随符咒调遣，致背真如。依惑起业，乘彼邪咒，相互和合而功成八万四千呼召乱想，所以有非无色相无色羯南，流转国土。如随咒语而显灵异的称仙称道，随厌祷而作祟的为妖为怪，预言吉凶祸福的如乩坛，樟柳精魅等，都属这一类。

"什么叫作非有想？由于世界众生不知本元真心，方为至亲，妄自背弃，反以非亲而强为亲，本非己子而强想为己子，非己物，而强欲为己物，实相背而强欲相合。二妄相合，辗转互取，故有轮回，迷昧相性。颠倒妄想，强合异类，因成八万四千回互乱想。以这种业因，故感业果，所以有非有想相成想羯南，流转国土。譬如蒲卢（螺蠃）等，就是异质而成相，这类众生，也充满世间。

"什么叫作非无想呢？这是由于世界众生不知万物同体，却为含冤抱恨，图报复而来，怨结难解，故有轮回，颠倒行事。杀心不息，必造杀业，父子本是至亲，反托至亲之父子，行报怨的杀害，以这种业因，和合而成怪异的八万四千食父母想，所以有非无想相而成无想羯南，流转国土。如土枭等，附土块以为儿；破镜鸟，以毒树果，抱而为子，待子成长，都会遭子鸟啄食。这类众生，也充满世间。

"前面所说的，就是众生的十二种类。

8 卷八

修证圣位的次第

"阿难！这十二类众生，每一类又各具有十二种颠倒，好像捏目人，见虚空中，狂花纷飞，放手空花自灭。追根究底，十二类众生皆是由颠倒妙圆真净明心而有，一念妄动，就具足这许多虚妄乱想。

"你现在欲修证佛果真三摩提的耳根三昧，别无他法，还是要从这颠倒的根本原因，即产生乱想处下手，分三个步骤，才能消除妄想，灭却颠倒，翻染为净。如洁净的容器中，曾盛毒蜜，必须先倒出毒蜜，并且以沸水掺和灰香，彻底洗涤，使恢复原来的洁净，然后方可贮盛甘露。

"是哪三个步骤呢？第一，欲修习耳根圆通，当先除去其助恶的因缘。第二，既决定真修耳根圆通，必先挖空罪业的正性。第三，当反闻功夫增进时，必须违逆现前的业行。

"什么是助恶的因缘呢？阿难！这个世界的十二类众生，都不能够自全性命，必依赖四种饮食，才可活命住世，就是所谓段食、触食、思食、识食四种，所以佛说，一切众生，皆须饮食，方能活命住世。

"阿难！一切众生，吃有益于身心的食物才能生，吃有害于身心的东西就会死，这些求三摩提的众生，当断绝吃食世间五种辛菜——葱、蒜、韭、薤、兴渠。这五种辛菜，虽然无害，但熟食能助长淫欲，生食易动肝火，助长嗔怒。

"世界上吃辛菜的人，纵然深通三藏，能宣说十二分教，十方天仙嫌他的口气臭秽，都会远离，不肯亲近，而饿鬼却在这人吃了辛菜之后，暗中舐他的唇吻，于是常与鬼为伍。因远天仙近鬼魅的缘故，福德日见消减，长在困厄中生活。

"这种吃辛菜的人，若修三摩提，菩萨、天仙以及十方善神，都不会来守护。使大力鬼王有机可乘，伪装佛身，向他说法，诽谤佛陀所制的禁戒，赞扬淫怒痴不妨碍正道，信受这些魔说，必然毁戒败行，命终之后，自为魔王眷属，受魔福完了，必堕无间地狱。

"阿难！修菩提道的行者，若能永远断绝五辛，就是增进修行的第一步。

"什么叫作刳正性？阿难！杀盗淫等为生死的正性，这等众生欲入三摩提真修位，须将这生死的正性，挖而空却。下手的方法，就是先要严持清净戒律，永断淫心，不饮酒食肉，完全素食，并须以火煮熟吃，不可生吃。阿难！这样的修行人，若是不能断除淫欲，戒绝杀业，而想超出三界，是绝对不可能的。所以当视淫欲如毒蛇，如冤家贼寇，遇着就会丧身失命。因此当先持小乘的声闻四弃八弃戒，守身不犯，然后再行菩萨的清净律仪，守心不起妄想，使一念不生。若能如是，才是禁戒成就，那么于这世间，淫心既断，自然永远没有相生的业果。杀心既除，也永没有相杀的业报。既绝偷窃抢劫，自亦没有相互负欠的业果，也就没有宿债可偿了。三业既除，即名为清净人。

"这样的清净修行人修三摩提，即以父母所生的身体，不须等到证得天眼通，就自然可看到十方世界，见佛闻法，亲奉圣教，得大神通，游行十方世界，来去自在，毫无阻碍，宿命清净，永不会堕入艰难险恶的地狱、饿鬼、畜生等恶道。这就是增进修行的第二步。

"什么叫作违逆现业呢？阿难！如前说持清净禁

戒的人，心中已经没有贪淫的意念，就不会随着外在的六尘境界，奔逐放逸。因为不随尘境转移，自使六根返归本有元明。既不缘尘境，根也就失去对象，于是六根反流，全汇归于一闻性，见、闻、觉、知、尝、嗅等六者，皆不再起作用。由是十方国土，皎然清净，就如看见琉璃之内高悬明月一般，境相分明。这时身心恬适，洒脱自在，没有任何拘缚，任何障碍，一切平等，身心一如，得大安稳，一切如来，密圆净妙，皆于他的心量之中显现，不见有少法生，也不见有少法灭，也就是获证无生法忍。以这不生不灭的因地心，再渐次进修，依所行持的成就，次第安立各种圣位名称。这就是增进修行的第三步。

"阿难！这善男子，欲海已干，爱河枯竭，根与境不相对待，当生已是最后的身相，永不再舍身而受生，到此境地，已能保持心的灵明洞彻，纯是智慧。这智慧性，本自虚明圆满，普照十方世界，然这时只是欲爱最细微的习气，初得干枯，而智慧显，所以名干慧地。

"虽然只是欲爱习气，初得干枯，尚没有与如来的真如法性水相接，无由滋润，但是就以这干慧心，于闻性之中，以中道观的智慧，无功用道，逆法性流而深入，真心的圆妙功用，如花初放，已昭然入于心目。乘这心开意解，更向前进，真妙的当更妙，真圆的更臻圆满，如花盛开，真信自心本无生灭，就证心、佛、众生，三无差别，妙信常住不易，一切妄想，一时尽灭，以中道智，契合纯真理，一信永信，不会再退失信心，这就名为信心住。

"既有了昭然不昧的真信，自知根根尘尘，没有不交融互彻，一切圆通的。故五阴不能覆藏，十二处不能局限，十八界不能阻隔，阴、界、处三，不能互成障碍，皆能圆融互摄，会归本性。这样乃至过去世和未来世，无数劫中，因死而舍身，生又受身，一切爱欲习气，都会呈现于眼前，这修道的善男子，都能一一记忆，不会有丝毫遗忘，这就名念心住。

"由妙圆的正信，契合中道的理体，成纯一的真实，依这真实精明的正信，发挥到化境，那么无数劫中的生死习气，皆化通于一精明，以这唯一的精明，进而趣向中道真净的理体，就名为精进心。

"既得进趣真净的理体，自得心精现前，纯以智慧用事，一切迷惑习气，皆化成智慧，这就名为慧心住。

"执持明照的智慧，周遍于湛寂理中，如是寂智妙理，常凝然不动，名定心住。

"定极而光生，空慧并运，交相发明，这光明的慧性，愈入愈深，再没有滞碍，到此已是有进无退，名不退心。

"心虽精进，但不见勤劳之相，所以保持安然，定心不失，而与十方法身如来，气氛相交接，至此方能内护心法，外护佛法，这就名为护法心。

"觉慧更增明彻，又能保持而不失，就能以这妙慧的力用，回佛慈光而安自心佛光中，犹如两镜互照，光明相对，影中有影，重重互摄，这就名为回向心。

"佛光与心光，暗通冥应，微密无相，不是外人能见能知，两光互摄，凝然常定，与无上净妙戒体，一同安住，无作无为，没有一念落于烦恼，到此境地，名戒心住。

"安住清净戒体，自由自在，复从体起自在大用，能游化十方，随愿往返，所到之处，皆可随心满愿，如是名愿心住。

"阿难！这修满前说十信的善男子，发上说十心，以得耳根圆通，发挥十心的妙用，而真心中亦本具十心的妙用，由是十心的妙用，与真心本具的十心妙用，相互涉入。十心与一心，原无二体，圆成一心，名发心住。

"依这妙心，发明妙智，如洁净的琉璃，光明晶莹，内现精金，毫无遮蔽，智不离心，心不碍智，内外明彻。以前妙心，既发妙智，复以真智契入真理，依真理起真修，履践真如，作为进入后位的基地，往后一切行持，皆由此起，所以名治地住。

"由心智的始觉，涉鉴本觉的理体，智照理，理契智，互相鉴照，理智俱得了然，如是能游行十方，上求佛道，下化众生，自利利他，广修妙行，大做佛事，一切无所障碍，所以名修行住。

"上说所修妙行，已与佛行相同，禀受了佛陀的真如气质，将生佛家，而做佛子，这就和中阴身自求同业以为父母一样，今既密齐果德，就是秉佛遗体，初托圣胎，所以说为入如来种，名生贵住。

"既入诸佛正道的胎藏，得为佛种，就是大觉法王的真胤，方便智慧，渐渐具足，如胎已成，人相不缺，名为方便具足住。

"权智外现，教化众生，方便具足，是容貌如佛了；不但容貌如佛，以权资实，内照真如，心相圆满，也与佛相同，如是名为正心住。

"心同貌合，表里一如，那么身心合成佛身佛心了，于圣胎日增月长，时刻无间，是名不退住。

"外身内心，合成增长，于是菩提身、愿身、化身、力身、庄严身、威势身、意生身、佛身、法身、智身十身灵相，同时具足，已有如来智慧德相，但体虽具尚微而不显，如胎方满，体力尚没有充沛，这名为童贞住。

"瓜熟蒂落，形成出胎，为佛的嫡子，名法王子住。

"及至成人，亦如国家大王，以国家大事，分一部分，交与太子掌理，看他能不能担当大任。佛亦先使代宣教化，摄行佛事，若见智力增长，堪当大任，就与授记做佛。如彼刹帝利王，世子长成，即举行仪式，为世子灌顶，接受王位，至此即名灌顶住。

　　"阿难！是善男子！既生佛家而为佛子，已具足如来藏中无量无边的称性功德，而能随顺十方众生，皆令满足，生欢喜心，名欢喜行。

　　"善于利益一切众生，名饶益行。

　　"自觉觉他，已绝我、人、众生、寿者四相，得无违拒，自无嗔恨，是名无嗔恨行。

　　"在十二类众生中，可以随类化身，随缘出生，不受时间的局限，不受空间的拘束，竖穷过去、现在、未来三际，横遍十方，通达无碍，随缘赴感，平等普入，有缘则应，永无穷尽，这就名为无尽行。

　　"因心不散乱，坚贞不移，以这一念定心，修持种种法门，能知各种法门皆能融合而为一体，随类说法，不会发生任何差错，名离痴乱行。

　　"既知种种法门能融合为一体，即能同中显见差异，异中各各见同，真俗互融，理事无碍，名善现行。

　　"这样以至十方虚空，满是微尘，大中现小；每一微尘，现十方世界，小中现大。现微尘，现世界，互不相碍，名无着行。

"不但上说真俗圆融，大小无碍，事事无碍，就是菩萨万行，也无不具足，皆得现前，全属般若，都是第一波罗蜜，六度之中，以般若最为尊重，故名尊重行。

"如上所说的圆融无碍，是德既与如来相同，行亦和佛无异，那么一言一行，自合十方诸佛轨则，依此建立利他的教法，自能应机说法，使皆大欢喜，这样就名善法行。

"前说的无碍九种行，一一皆是清净无漏法，一真无为，非关修证，真性本来如是的缘故，名为真实行。

"阿难！这已修前说十行的善男子，从初行至第八现微尘，现世界已具足神通妙用，没有丝毫欠缺；至第九行，已成十方诸佛轨则；到第十行，已纯洁精真，超越世间与出世间。正当化度众生的时候，不见有众生可度，回有为行，入无为心，背生死途，向涅槃路。这样救护一切众生，永无休歇，名救护一切众生，离众生相回向。

"灭除一切可以灭除的，远离一切应离的，名不坏回向。

"心中显现本觉湛然澄净，与一切如来，心精吻合，平等不二，诸佛这样回向，我也这样回向，名等一切佛回向。

"本觉真精之体，发挥妙用，自己的因地心中，所含无边境界，完全与诸如来的果地相同，以此善根功德力用，无所不至，名一切处回向。

　　"世界与如来，自他不二，亦依报与正报不二，以世界涉入如来身中，就每一毛孔中，有无量刹土，庄严微妙。以如来涉入世界，每一微尘里，都有无量如来转大法轮，一不妨多，多不碍一，这就名无尽功德藏回向。

　　"既世界与如来相融为一，那么虽仍是因地菩萨，但已同果上理地的佛，地中的无尽功德藏功德，各各产生清净的真因。依这些真因，辗转扩而充之，由因克果，直取究竟涅槃道果，随顺一理，而成多事，这就名为随顺平等善根回向。

　　"平等善根，就是真根，今真根既然成就，全修即性，由此再起大悲心，等观众生，十方众生所具的佛性，与我原为一体，现我既圆满成就，也当使众生成就，不能遗失众生而不化度，这就名随顺等观一切众生回向。

　　"就一切法，离一切相，而即与离两者的概念也不存在，空有不着，二边双亡，虽随缘而不变，虽不变而又随缘，名真如相回向。

　　"双即双离，名真如相，并相亦亡，乃真得所如。一真一切真，一如一切如，真如体遍十方，自然再无障碍，无所拘缚，这就名为无缚解脱回向。

"既无所着，已得性德的全体；既然无碍，当获性德的大用。体用俱遍，性德圆成；体用周遍，一毛一尘，皆等法界，不再有限量了，是名法界无量回向。

"阿难！是修圆通的善男子，从干慧地起，以至十信、十住、十行、十回向等四十一心，全是清净心，然这以前的修习，皆为似修而非真修，现在将要进入真修，须先次第成就四种妙圆加行。是哪四种妙圆加行呢？第一就是以初地所具的佛觉，用作自己加行的因地心，以求证明佛即是心。然佛见尚存，果用将发而未发之际，就好像钻木取火一样，只见发热还没有见火，这时名为暖地。

"又以自己加行的因心，为佛觉的所履，心为佛依，如足履地。好像有依，但不可说是依，如人登高山，身虽升入虚空，而仍然脚跟点地，下有微碍，名为顶地。

"前说以佛觉为自心，又以己心为佛觉的所履，是心佛俨然二相，再加功行，已心佛不二，即心即佛，不偏于二边，善得中道。但在将证而未证的时刻，惟有自己心里明白，如忍事的人，若欲隐藏于心中，又想告诉别人，若欲说出来，又觉难以用言语表达，这时就名为忍地。

"前说善得中道，虽已心佛不分，然有心有佛，因果有别，皆是数量，到此心佛两融，数量消灭，也没有了迷中中道、觉了中道等名目，于是下不见己心，上没有佛觉，心佛两泯，中道名绝，名世第一地。

"阿难！这修圆通的善男子，于无上的菩提大道，现量亲证，不离自心，已能通达。以自心的本觉，与诸佛的妙觉，融通不二，能尽诸佛的微妙境界。诸佛所应得的已得，当证的已证，不胜欣庆，到此名为欢喜地。

"融九界的异性，入如来平等的同性，同性亦灭，方是完全离垢染的真正清净，这就名为离垢地。

'净极明生，名发光地。

明极觉满，名焰慧地。

一切异同，所不能至，名难胜地。

无为真如，性净明露，名现前地。

尽真如际，名远行地。

一真如心，湛然不动，名不动地。

发挥真如的大用，名善慧地。'

"阿难！这些修圆通行的菩萨，从此以后，修习的功行，已告完成。出世的功德圆满，今后只论证，不再论修，因为修习功行，到此为止，所以也还是名为修习位。

"慈心如阴，妙智如云，直覆涅槃性海，名法云地。

"如来以因圆果满，得证涅槃，因不舍众生，乃倒驾慈航，逆涅槃流而出；而此菩萨欣趣涅槃果海，顺涅槃流而入，始觉与妙觉相交之时，恰成等齐之际，名为等觉。

"阿难！从干慧心起，直到等觉位止，在这等觉位中，才能获得金刚心中的初干慧地。这重重经历十信、十住、十行、十回向、四加行、十地、等觉等五十五个阶段，方可到达究竟妙觉，成无上道果。

"以上耳根圆通，由称性起修，所经各个阶段，都是以金刚藏心的观察妙慧，为断惑的利剑，观察十种含有深义的譬喻——观一切业如幻，一切法如焰，一切身如水中月，妙色如空，妙音如响，诸佛国土如乾城，佛事如梦，佛身如影，报身如像，法身如化。于奢摩他自性本定中，用诸如来毗婆舍那，清净修证，渐次深入。

"阿难！这样种种阶段都是以三增进的缘故，正助熏修，从始至终，善能成就五十五位，真实归返菩提的正路。作是观的，名为正观，若他观者，名为邪观。"

当时，文殊师利法王子在大众中离座而起，向佛顶礼，恭敬地问佛："当何名是经，我及众生，怎样奉以自修，如何持以化世？"

佛明确地告诉文殊师利说："这部经名为《大佛顶悉怛多般怛啰无上宝印十方如来清净海眼》，也名《救护亲因度脱阿难及此会中性比丘尼得菩提心入遍知海》，又名

《如来密因修证了义》，也名《大方广妙莲华王十方佛母陀罗尼咒》，又名《灌顶章句诸菩萨万行首楞严》，你应当奉以自修，并持以化世。"

众生升沉轮替的因缘

佛陀说完了经的题目，当时阿难以及会中大众，获得如来开示的秘密心印、般怛啰的深义，同时明了这经所指的究竟义趣，顿悟禅那修进圣位殊胜玄妙的理体，超越权乘渐次，全经朗然明彻，万象一心，海印森罗，为心思言议所不能及，断除三界修心的六品微细烦恼。阿难本只是初果圣者，自前大开圆解，得悟法身，然理虽顿悟，仍须渐修，到此方证二果，于是也从座位站起来，先向佛陀顶礼，然后恭敬地赞扬，再请开示："具备折服一切魔外大威，摄受一切众生大德的世尊！慈悲的声教，普被众生，不分亲疏优劣，没有任何局限，能善巧开示众生，破除微细深沉，难知难察的烦恼，使我现在身心快乐，受益不尽。

"世尊！若是这妙明真净的真心，本来就周遍法界，圆满十方；那么五阴四大，根、尘、识等，以至大地草木，蠕动含灵，原都具真如自性，也就是十方如来成佛的真体。既然是佛本体，自应是真实不虚，为什么又有地狱、饿鬼、畜生、阿修罗、人、天等六道的差别呢？

"世尊！是真如体中，本来就有六道呢，还是由众生的妄想习气而产生？若说是真如体中本来就有，六道就不应该是虚妄不实。若说是由妄想习气产生，就是心外有法，又与我现在所悟周遍圆满的义理不符。

"世尊！譬如宝莲花香比丘尼，本来已受持菩萨戒，却偷偷地与人行淫，为了掩饰自己的犯戒行为，又妄发谬论，说行淫不过是两相交欢，不会有什么恶业，将来也不会有苦的果报，这和杀盗不同。她发表这种谬论以后，先是从阴部起大猛火，逐渐延伸，终为欲火所焚，死堕无间地狱。

"又如琉璃大王欲兴兵杀戮释迦种族，善现比丘贪图他的恭敬供养，妄毁因果，以邪说而加鼓励，说一切法空，杀戮无罪。这两个人，都在杀戮释迦族以后，当生就身陷阿鼻地狱，受大苦报。

"这些地狱，是各有固定的处所，各别造业，同到一处受报呢，还是以各各所造的业，各自私受而别业别报？惟垂大慈，开启我们如幼童的蒙昧，使得正知正见，使一切持戒的众生，听了佛陀肯定的教诲，能欢喜顶戴，清净自守，严持不犯。"

佛很欢喜地嘉许阿难说："你问得最痛快，最合我意了。以上所说私自行淫、嗔怒杀害、愚痴的妄语，都属邪知邪见，现在由于你这样一问，我正好进一步地说明，普令一切众生，因怕苦报而严持禁戒，不入邪知邪见的罗网，能得同归正道。你现如实谛听，我当为你分别解释，详细说明。

"阿难！一切众生，所具的如来藏性，其体不变，实在是本具的真如佛性，清净妙心，没有任何杂染；只因一念妄动，迷失本真，致成无明，而有妄见，由妄见而生妄习。由这惑业为因，将原本的一真，分为内外二分。

"阿难！所谓内分，就是众生的身内，心存爱染，对境着境，发为贪恋不舍的妄情，久积不休，能产生贪爱的水。所以众生心中如想起珍馐美味，口中自然流涎；心中若想起已死的人，不论是怜念他的声音笑貌或怨恨不幸早亡，自然就会热泪盈眶；若贪求财宝，心发爱涎，使全身呈现光润的神色；心若想着行淫，男女性器官就自然流出一种液体。

"阿难！各种贪爱虽然有别，然流通的相状形于外，蕴结藏于内，总是以湿润为性，这是相同的。润湿不能上升，一定向下坠，乃是自然的道理。因是由情动于中、由心起念的缘故，这就名为内分。

"阿难！所谓外分，就是众生对身外的美妙境界，产生种种仰慕渴求，发而成虚妄的想念；想念积久不休，心念神驰，能产生一种殊胜的气势，可脱离形累，无往而不达。所以众生若心持禁戒，则举身轻快清净，心持咒印，顾盼雄毅，无所畏惧；心想生天，就会梦中飞腾；心念佛国，就会独见圣境；事善知识，则自轻身命。

"阿难！不论你想什么，所想的境界，虽然千差万别，但轻举完全相同，皆是风动为性。轻举一定上升而不至下沉，自然有超越之能，这名为外分。

"阿难！六趣升沉，不出情想二因，由情想的轻重，而有升沉的差别。一切有情所寄托的世界，从无始以来，没有不贪生的。生时顺着习性，造作善恶等业，以有这业因，死就随着变迁流转，而受异类等身，如是生死相续，轮回不息。每当临命终时，气息已断，体温尚存之际，畏死求生之时，顺逆二报，交相并发，随着情想的轻重，一生的善恶各业，同时显现。纯想就能飞升，必生天上，若是飞想心中，兼备福慧，又有清净誓愿，自然心境开朗，得见十方诸佛，一切净土可以随愿往生。

"如果情少想多，虽能轻举，但飞越不会太远，竖不能超越四天，横不能跳出轮回，就会成为飞仙、大力鬼王、飞行夜叉、地行罗刹之类，可游于四天，来去无碍。其中若有善愿、善心，护持佛法；或随持戒人，护持禁戒；或随持咒者，护持神咒；或护禅定，保定安于法忍；这等人就会亲近如来法座之下。若是情与想均等，必不升不坠，当生人间。由于想体明达，必为聪颖之士；由于情体幽闭，比上又不足了。

"如果情多想少，就流为横生之类，重的就为毛群走兽，轻的就成羽族飞禽。

"七分情爱、三分胜想，就会沉沦于水轮之下，在火轮的边缘，受猛火气焰的熏习，结气成形，变为饿鬼，常被焚烧，见水化火，缺饮缺食，经百千劫，常受饥渴之苦。

"九情一想，沉沦逾深，要穿越火轮，停身于风火相互交会的地带，这里有有间地狱和无间地狱。情爱较轻，堕入有间地狱，受苦尚有间歇的时间；情爱重的，就堕入无间地狱，受苦没有稍停的时刻。

"如果纯情无想，只坠不升，就要堕入阿鼻地狱。若在纯情心中，兼有谤大乘教法、毁佛禁戒、诳妄说法、冒充善知识欺瞒众生、虚贪信众的供养、滥受别人恭敬等五逆十恶重罪，更要轮转生十方阿鼻地狱，求出无期。

"这些都是循着各自所造的恶业，所招感的苦报，虽是自业所招感，自作自受，但众生同业所成的同分狱中，仍有一定的处所。

"阿难！这等因情想轻重所招感升沉的果报，都是那些众生自业所招感，由十种业习为因，致使六根交互受报。

"是哪十种业习为因呢？阿难！一是淫习交接：因宿世淫欲旺盛，余习犹存，遇缘发起现行，男女交接，互相摩擦，以求欢乐。摩擦不休，耗散精血，积淫成火，所以有大火光，于自心中发动，如人以手，自相摩触，就会发烧一样。因为宿有种习未除，现习再增，二习相交，如干柴烈火，相互炽燃，这时命终，故感现铁床铜柱等苦报。因此，十方如来视行淫一事，异口同声，都称为欲火。菩萨视淫欲就如猛火坑，避之唯恐不远。

"二是贪习交计：生前多贪，已成积习，发为现行，又更增上，互相计较，彼此筹算，相互吸取，以济己私，贪得无厌，追求不休。贪心属水，吸取属风，水风相遇，必然积寒，结成坚冰，所以于自己心中，已现冻裂之相，如人用口吸气，就有冷的感触一样。

"积习未除，现习又增，贪吸更甚，当其命终的时候，所以神识感得吒吒、波波、罗罗、青赤白莲、寒冰等苦报事。因此，十方一切如来视贪吸多求，同名贪水，谓贪欲为害，胜于毒水。菩萨视贪心如瘴海，无不远避。

"三是慢习交陵：以前生傲慢而成积习，发为现行，又加新习，彼此陵越，这是起于自恃过高，尊己卑人，驰心上流，没有止境。我慢属山，驰流属水，山静水流，必然奔腾，这样就有腾逸奔波的情势，于自心中，已有积水成波的相状，如人以舌抵上腭，因而口中水生。积习与新习，互相鼓动，故于临命终时，感得血河、灰河、热沙、毒海等苦报。因此，十方一切如来视我慢名饮痴水。菩萨见心中的我慢如巨海洪涛，沉溺就难得出，没有不远远避开的。

"四是嗔习交冲：这是起于互相忤逆，因忤逆而怨结于心，无能自解，因起嗔恼。心热发火，铸气为金，所以于自心中，已有刀山、铁橛、剑树、刀轮、斧钺、枪锯等相状了。如人衔冤莫白，急欲报复，观其形色，必先有一种杀气腾腾的气势。

"旧习又加新习，嗔忤更甚，愈相攻击，念念在杀，所以临命终时，神识不昧，故招感宫、割、斩、斫、剉、刺、捶、击等苦报。因此，十方一切如来视嗔恚如同钢刀利剑，若一触着，非死即伤。菩萨见心中的嗔恚就像逃避诛戮一样。

"五是诈习交诱：这是起于互相愚弄，以诡诈彼此诱骗，欲使人不知不觉，坠入圈套中。诈诱之术，愈演愈奇，念念诡诈不休，是心中已有绳木绞校的意象，预现地狱的征兆，就像以水浸入田中，草木自然生长一样。种习新习更相延伸，故于临命终时，神识招感杻械枷锁、鞭杖棍棒等苦报。因此，十方一切如来视奸贪诈伪如同谗贼。菩萨视心中的诈伪如畏豺狼一样，决不会起诈伪的念头。

"六是诳习交欺：以前世矫诳成习，这是起于彼此欺瞒，互相诬罔，指无为有，以实作虚，欺人不知不见，眩惑人心，诬罔不休，念念飞驰心智，造设奸谋诡计，使人堕入计中。是其心中，已有尘土屎尿污秽不净的境象，如风扬尘土，对面各无所见。种习新习相加，诳业倍增，所以临命终时，神识招感没溺、腾掷、飞坠、漂沦等苦报。因此，十方一切如来视欺诳心如同杀人劫财的盗贼，一旦遭遇，必然损财失命。菩萨见心中欺诳如践踏蛇虺。

"七是怨习交嫌：这是起于交相憎恶，彼此怀恨。既怀恨在心，必期报复，是心中早有飞石、投砾、匣贮、车槛、瓮盛、囊扑等征象了。如阴险狠毒的人，心怀奸谋恶念。旧恨新仇，怨恨愈深，双方都恨不能生吞对方的肉，故临命终时，神识招感投掷、擒捉、击射、抛撮等苦报。因此，十方一切如来视怨恨心名违害恶鬼。菩萨见自己的怨恨心如饮鸩酒，必不使点滴存于心际。

"八是见习交明：这是因各执恶见，互争高明，起于互相排斥，如身见、边见、邪见、见取见、戒禁取见等等。各依自己的邪悟，造作邪业，互相是非，不但违背正法，甚至自相矛盾。既然各各不肯舍己从人，也不肯弃邪就正，自然希望有一公正的裁判，所以心中已有王使、主吏证执文籍之类的形象，如行路人，来往相见，不可避免。因此临命终时，神识招感审问勘校，权诈考讯，推鞫察访，追究生前见业，照明神识习气，善恶童子，手执文簿，对诡辞巧辩，记载详确，无可逃遁，只好伏首领受地狱重罪。因此，十方一切如来视恶知见如同无底深坑，一旦误入，就不能出。菩萨见一切虚妄伪执如临毒壑，没有不急于远离的。

"九是枉习交加：这是起于诬枉与谤毁，本来没有的事，诬枉以为有，谤之以为实，是心中先已有合山合石、碾硙耕磨等意象。譬谗贼奸徒，压迫善良，枉害无辜，使含冤不白，走投无路，备受折磨。种习未除，新习又增，互相排挤，枉害不止，因此临命终时，神识招感押、捺、捶、按、蹙、漉、衡、度等苦报。所以，十方一切如来视怨谤谗言如同猛虎。菩萨见枉屈的事就像遭遇霹雳一样，莫不魂飞魄散。

"十是讼习交喧：这是起于掩护己过，隐藏罪恶，常怀被泄露的恐惧，是心中已自有鉴明烛照的意象。因此于临命终时，神识招感恶友做证，业镜当前，平生所作罪业，于业镜上显现，能照见心曲的火珠，使宿业完全暴露，伏首受诸苦报。所以，十方一切如来视护藏隐私罪恶如同潜伏心中的阴贼，终必为害。菩萨观遮盖的心念如头顶高山，将愈顶愈重；足踏巨海，愈溺愈深，无由超脱。

"阿难！为什么叫作六报呢？因为凡是众生，由六识造业，所招感的恶报，也是由六根而产生。一是见报：这是由眼识所招感的果报。分为两种。甲是自业报，由见业的所招感。以见属火，故临命终时，先见满虚空界都是猛火，这时死者的神识，或随着烟火上升，或坠入烟火之中，乘着烟气，直入无间地狱。进入地狱以后，仍依见业，发生两种境相。一是明见：由于在世的时候，明目张胆为恶，这时就能见到各种恶毒之物，如火蛇、火狗、牛头、马面之类，内心产生无限的畏惧。二是暗见：这是由于在世的时候，瞒心昧己，暗算别人，故感天昏地暗，突然无见，心中产生莫名的恐怖。这就是由眼识所造的恶因，招致的恶果，也从眼根而产生。乙为业交报，由见业而引起其他各识的交互作用，当然也要随着见业，招感苦报；如眼见娇艳的女色，耳必闻轻柔的语声，鼻闻脂粉的芳香，舌啭甜言蜜语，身贪腻肌的接触，意的爱恋欲乐等，不过主从有别罢了。眼根的见报如此，其他诸根也是一样。所以由见火所烧，生前所见的花容月貌，变为铁床钢柱，耳中所闻的莺声燕语，化为镬汤烊铜的恶声，鼻所嗅的兰麝芳香，化为黑烟火气，舌所味的甜言蜜语，化为焦丸烂铁的怪味，腻肌玉体，变为燃灰炉炭的感触，意中所爱恋的欲乐，化为星火迸洒，煽鼓空界。这些都是由于眼根向外逐色所招引的苦报。

"二是闻报：这是由耳根的闻业所招引的果报。由耳识而引起交互的苦报，以耳根为主，其他为从，致共受苦报。以听闻属水，故当临命终的时候，洪水滔天，波涛汹涌，死者的神识堕入洪水之中，随着洪流，愈沉愈深，终至入无间地狱。这时也会发生两种境相。一是开听：但闻嘈杂喧闹，使精神昏乱，茫然不知所适，这是由于生前，闻一言相犯，必百计报复，才肯罢休，故感这样苦报。二是闭听：这是由于生前疑神疑鬼，自以为是，无故陷害他人，故招感寂然无闻，幽魄沉没于黑暗深渊的苦报。这样闻报的水，流注于闻，就化为质问他的实情，斥责他的罪行，因其生前，闻一言相侮，就百般诘责，超出常情。因生前闻一言讥毁，即怒目相向，气大声粗，故流注于见，就化为雷震，为哮吼，为恶毒气等苦报。闻水流注于鼻息，因生前听说花香酒气，心生贪慕，这时都化为雨为雾，飘洒各种毒虫，围满身体。因生前听说山珍海味，就贪其味，百计网罗，以充口腹，这时闻水流注于味，就化为脓血等种种杂物。因生前听说娇女美男，身贪摩触，故闻水流注于触，就化为鬼畜，为粪尿。闻水流注于意，就会化为电雹，摧碎心魄。这些都是由耳识逐声所招感的苦报。

"三是嗅报：这是由鼻根的嗅业所招引的果报，以嗅业为主，其他五识为从，与嗅业交作，致共受苦报。因嗅息属气，有出息和入息，故临命终的时候，先见毒气，远近弥漫，乃急入地下躲避，岂知地中，也充满毒气，又从地涌出，但情坠不升，不觉又沉，以至直入无间地狱。这时有二种境相，一是通闻：被一切恶毒怪气，熏得心神扰乱，难以忍受；二是塞闻：气息不通，闷极晕绝，昏躺于地。这样嗅报之气，冲向于鼻息，就为质问，为履践。冲向于眼见，就化为火为炬。冲向耳听，就化为没溺烊汤沸屎。冲向舌味，就化为烂鱼臭羹，臭气冲天。冲向于身，就变为皮绽肉烂，成大肉山，有百千眼，受无数蛆虫咂食。冲向意想，就为扬灰泼瘴，为飞沙掷石，击碎身体。这些都是由鼻识逐香所招引的苦报。

"四是味报：这是由舌识所招引的果报，以舌识为主，其他五识为从，与味业交作，致共受苦报。以生时为这舌根，贪图滋味，网捕禽兽鱼鳖之属，残杀生灵，故临命终的时候，先见铁网，猛焰炽烈，遍覆世界。死者神识，急欲穿过，不想倒悬于网下，直入无间地狱。

这时发现二种境相：一是吸气就结成寒冰，冻裂肌肤；二是吐气就化为猛火，烧得骨烂髓枯。这样味报的尝，经历于舌根，就变为承当忍受，伏首认罪，哑口无辞；因生前贪念众生身肉，也是强令忍受、含冤莫诉的缘故。历见就能化为金石之色；历听就化为锋利的兵刃之声；历想就化为大铁笼，满盖国土；历触就化为弓箭穿身，弩射贯体；历意就化为漫空热铁，如雨而下。这些都是舌识逐味所招引的苦报。

"五是触报：这是由身识所招引的果报，以身识为主，其他五识为从，与触业交作，故共受苦报。触业最重的，要算贪淫强逼，使人丧志失节，无可逃避，所以当临命终的时候，先见大山，四面夹合而来，没有别的路可逃，死者神识，忽见大铁城，正喜躲避有处，却见城中有火蛇、火狗、虎、狼、猛狮而不敢入，却有牛头鬼卒、马头罗刹手执枪矛，驱逼入城，进入无间地狱。当即发现二种境相，一是合触：合山夹体，骨碎筋断，血肉模糊；二是离触：刀剑加身，剖心挖肝。这样触业所感的苦报，强合的触，历于身根，就化为杵撞杖击，刀插箭射。历于眼根，就化为闷热火烧。历于耳根，就化为地狱道上的惨叫声，狱主宫前的传唤声，断狱所中的审罚声，判罪案前的宣判声。历于鼻根，就化为布缠囊闭，使呼吸不得，缚而拷问。历于尝，就化为犁舌、拔舌或割舌。历于意根，就招感忽而下坠，忽而上冲，忽而煎熬，忽受炙热。这些都是身识逐触招引的苦报。

"六是思报：这是由意识所招引的果报，以意识为主，其他五识为从，与思业交作，故共受苦报。以思业有善有恶，善能成，恶能坏。现在既是恶业，所以临命终的时候，先见恶风，吹坏国土，这时死者的神识，无所依附，被风吹向空中，因情坠而不升，旋就由空中堕落，乘风力直入无间地狱。这时会发生两种境相。一是不迷：迷极就心慌意乱，不知所措，东碰西闯，奔走不停。二是不觉：有知觉就苦，无量煎逼，痛苦难忍。这样邪思所感的苦报，结缠于意根，以意思而遇报风，就能化为有受罪的方域处所。结缠于眼见而遇报风，就能化为鉴业镜，恶友证。结缠于耳听而遇报风，就能化为大石相合，如风寒水冷，成冰成霜。结缠于鼻息而遇报风，就能化为大火车、火船、火槛。结缠于舌尝而遇报风，就能化为大叫唤，为悔为泣等饥渴苦逼的哀嚎声。结缠于身触而遇报风，就能使身忽大忽小，忽死忽活，一日之中，万死万生，随风俯仰躺卧。这些都是由识的思业逐法所招引的苦报。

"阿难！前面所说的十种业习，为坠地狱的十因，后六交报，是为六果，这十因六果，都是众生迷于妄见，起于妄情所造成。若有众生，以六根具是十因，于一切时，恶业同造，罪业最重的，即堕入阿鼻地狱，受无限的痛苦。这是罪报最重的无间地狱，一入地狱，经无量劫，不得出离。

"其次是六根个别的造业，且不同时，以及所作没有其他的尘境与根识，这等人的罪业，较前为轻，就入八无间地狱，受苦也稍有差等。

"若身、口、意三根仅作杀、盗、淫三种恶因，而不涉及其他，罪业比较轻，这人就入十八地狱，受苦的时间，也稍有减少。

"若身、口、意三业，并非都有造罪，只是三者之中，或一杀一盗，或一盗一淫，或一杀一淫等，这人的罪业，又轻于前，就入三十六地狱，受苦的时间，也更短了。

"如果能见所见，只是一根，单犯一业，各各缺二，譬如以身杀、以身淫、以身盗或仅以口犯杀盗淫等，这样罪业又轻于前，这人就入一百零八地狱。

"由于众生各自造业不同，受报亦有分别。依所造的恶业，所招感的果报，也各从其类，于世界中，入各别的同类地狱。这些地狱，都是由妄想产生，并不是本来就有。

"阿难！这些众生，除破坏律仪、犯菩萨禁戒、毁谤涅槃之外，其他各种罪业，堕入地狱以后，如处猛火之中，经过多劫的燃烧，备受痛苦。受罪完毕，复成各种鬼形，依照各自原有的习气，决定他成哪种鬼的形状。

"若是从前是因贪求财物而造罪，致堕地狱的，罪毕出狱，因贪求的习气仍在，遇物就贪恋不舍，依附而成形，就是依草附木，成精作怪之类，名为怪鬼。

"如以贪色造罪而堕地狱，罪毕出狱，依贪淫的习气，性好游荡，遇风而成形，名为魃鬼，也叫作女妖。

"如以贪着诳惑造罪而堕地狱，受罪期满，出狱之后，诳习未除，就遇畜成形，故有狐狸、野牛、鸡、鼠成精之类，这就名为魅鬼。

"如果是因嗔恨而造罪，致堕地狱，罪毕出狱，依嗔恨习气，遇虫成形，像毒蟒、蜈蚣、蚖蛇、蝮蝎之类，附之蛊害于人，名蛊毒鬼。

"如果是因记恨宿怨，常怀幸灾乐祸的心，因而造罪致堕入地狱，罪报完了，出狱以后，遇衰败之气而附以成形，散瘟行疫，名为疠鬼。

"如果是因傲慢造罪而堕地狱，罪毕出狱，依傲慢习气，遇气成形，无所主宰，不得祭祀，名为饿鬼。

"如果是因诬枉成性，致造恶业而堕地狱，罪毕出狱，仍依枉习，喜幽逐暗，故遇幽暗阴阳不分之气而形成，乘睡魇人，名为魇鬼。

"如果是因贪求邪见，妄作聪明，致造恶业而堕地狱，罪毕出狱，依邪见恶习，遇日月的精华而成形，显灵异于山川沼泽，炫惑于人，名为魃魅鬼。

"如果是贪求诈伪之术，满足一己的私欲，致造恶业而堕地狱，罪毕出狱，受诈伪的习气支配，遇咒术而成形，听人役使，以作祸福，名役使鬼。

"如果是因贪求结党营私，助恶兴讼，致造恶业而堕地狱，罪毕出狱，仍依旧习，遇人成形，泄露传说吉凶祸福等事，这就名传送鬼。

"阿难！这等人若是纯以情感用事，没有丝毫澄净的观想，即因情重而堕落阿鼻地狱。九分情一分想，就堕无间地狱。八分情二分想，就堕有间地狱。以业报的苦火，烧干妄贪的水，方得出而为鬼。这些鬼都是由自心的颠倒妄想，造作妄业，所招引的妄报。若能自悟真性菩提，原自清净，苦不能着，业不能碍，惑不能覆，如人梦醒，就知一切鬼趣，本来一无所有。

"阿难！鬼的业报受完以后，那么情与想，二俱成空，方于世间，与那原负欠的债主，冤家对头，互相遭遇，业债难逃，于是转生而身为畜生，或遭宰杀，或受役使，以酬偿宿债。

"依草附木的物怪鬼，所附之物，败坏以后，应受的苦报亦了，形灭苦终，生于世间；因仍有贪物为怪的余习，故多为枭鸟之类。

"因淫习遇风成形的旱魃鬼，风销报尽，形灭苦终；因仍有贪色为魃余习，生于世间，故多为咎征、色禽淫兽等一切异类。

"遇畜而依附成形的魅鬼，畜死报尽，形灭苦终；因有贪诳为魅余习，生于世间，故多为狐狸之类。

"遇虫成形的蛊毒鬼，虫死报尽，形灭苦终；因有贪嗔为蛊余习，生于世间，多为蚖蛇、蝮蝎等毒类。

"遇衰败之气附而成形的疠鬼，衰穷报尽，形灭苦终；因仍有贪忆宿怨为疠余习，生于世间，故多为蛔蛲等肠虫类。

"遇气而依附成形的饿鬼，气散报尽，形灭苦终；因有傲慢及饿鬼余习，生于世间，故多为可食的鸡、鸭、猪、羊等类。

"遇幽暗而阴阳不分之气而成形的魇鬼，幽销报尽，形灭苦终；因有诬枉及为魇余习，生于世间，多为蚕、貂、驴、马等服苦役之类。

"遇日月精华而成形的魍魉鬼，精散报尽，形灭苦终；因有贪明及魍魉余习，生于世间，故多为应时候鸟的春燕、秋雁之类。

"依附咒术而成形的役使鬼，咒力既失，苦报亦尽，形灭苦终；因仍有诈伪以利己及役使余习，生于世间，故多为能卜休征的麟凤等灵禽瑞兽之类。

"依附人身而成形的传送鬼，人亡报尽，形灭苦终；因有结党营私及传送余习，生于世间，故多为顺循人性的鸽犬之类。

"阿难！这十类畜生，都是当业报苦火烧尽之后，为了偿还宿债，生于世间，致沦为披毛戴角的畜生，这些也都是由于各自的虚妄惑业所招感，自作自受，并非外力安排。若能悟得菩提自性，原自清净，一尘不染，那么这些虚妄因缘，本来是一无所有。

"如你所说堕地狱的宝莲香以及琉璃王、善现比丘等，这样的恶业，本是自己所造，既不是从天而降，也不是从地而出，更不是别人所加，完全是自己的妄惑所招感，自作自受，不从外来，一切苦趣都是菩提清净心中为虚浮妄想凝结而感的幻境，迷时是有，悟了实无。

"阿难！其次须说明的，由变畜生以偿还宿债，若是超过了应偿还的欠债，这等众生转生为人之后，又要再讨还他超过的部分。如果原债主有善的业力，且又有福有德，当不必舍弃人身，就可偿还超收部分；若是无福的人，还是要沦堕畜生，才可偿还前世超收所得。

"阿难！你应当知道，如果仅是超收了对方的财物，或过分役使对方的劳力，这还比较好，偿清了就自然停止，以后各不相干。如在这两者之间有杀身食肉的冤债，那就难以了断，甚至经过微尘数劫，仍在相食相杀，犹如转轮，互为高下，永远没有了期。除非获证自性本定奢摩他及佛陀出世，否则双方互相杀食，不会终止。

"你现在当知道，那枭鸟之伦，因有贪惑习气，故为怪为枭；虽偿清业债，恢复原形，再生人道，但仍有余习，多掺杂混合于冥顽类中，既愚且恶，难以教化。

"那为咎征的风魃之伦因前世有贪淫习染，故为风魃，为咎征；虽偿清业债，恢复原形，再生人道，但仍有余习，多掺杂混合于妖异类中。

"那狐狸之伦，因前世有欺诳习染，故为狐为魅；虽偿清业债，恢复原形，再生人道，但仍有余习，多掺杂混合庸俗类中，媚世求荣，庸碌一生。

"那蛊毒之伦，因前世嗔习太重，故为蛊鬼，为毒物；虽偿清业债，恢复原形，再生人道，然仍有余习，多掺杂混合于凶狠类中，刚愎自用，毫无仁慈的善心德行。

"那蛔蛲伦中，因前世积怨蓄恶习气，幸灾乐祸，故为疬为蛔；虽偿清业债，恢复原形，再生人道，然余习未尽，多掺杂混合于卑微下贱类中，如倡优婢仆，虽攀附人，而人了不介意。

"那供人食用之伦，因前世傲慢习重，故为饿鬼，为供人食类；虽偿清业债，恢复原形，再生人道，多掺杂混合于优柔懦弱之类，终生受人欺凌，无能卓然独立。

"那以皮毛供人服用之伦，因前世诬枉他人成习，故为魅为服；虽偿清业债，恢复原形，再生人道，多掺杂混合于劳苦类中，劳碌终生，不得安息。

"那应时之伦，因前世贪着邪见，好自作聪明，故为魍魉，为应时类；虽偿清业债，恢复原形，再生人道，然仍有余习，多掺杂混合于文人类中，小有才学，略通文墨，但不会成为经天纬地的大才。

"那主休征的，因前世谄诈诱人成习，故为役使鬼，为休征之伦；虽偿清业债，恢复原形，再生人道，然仍有余习，多掺杂混合于聪明类中，为不明大义的世智辩聪之流。

"那顺循人情之伦，因好结党营私，兴讼成习，故为传送鬼，为顺循类；虽偿清业债，恢复原形，但余习未尽，多掺杂混合于熟谙世故、人情练达之类。

"阿难！这些众生，都以酬偿宿债完毕，恢复人道的本来形体，皆是无始以来，颠倒妄计种种恶业，为讨债而相生，为索命而相杀。如果不遇如来出世，不闻正法，必无从悔过自新，永远不得解脱。起惑造业，有业必受苦，自然轮转，不能停息，这类众生，虽常得人身，仍然凶多吉少，一念不慎，转眼又堕，实在是最可怜悯的一群。

"阿难！除了以上十类人是再次初得人身，尚带着恶业余习外；另有一等人不依本觉真心，发掘始觉正智，而修楞严正定，却别依妄念，做各种修炼，欲求长生不死，于深山穷谷之中，名山洞穴之内，人迹不到之处，有十种仙人。

"阿难！有一等人为求坚固形骸、长生不死，以各种药物，炮炼修治，制作丸饼，不断服食，功夫圆满成就，不但身体强壮，却病延年，且身轻行速，人不能及，这类名为地行仙。

"有一等人，为求长生，不食人间烟火，只服食各种草木，如紫芝黄精、松枝柏叶之类；服食不断，功夫圆满成就，如是行步如飞，能跃高越壑，身轻胜前，这类名为飞行仙。

"有一等人，为求长生，由于烹煎铅汞，炼养丹沙，不休不歇，一旦功夫圆满成就，即能化形易骨，点石成金。因超脱而游世外，为利人济世而游人间，这类人名游行仙。

"有一等人，为求长生，专一心志，炼精化气，炼气化神，炼神还虚，功夫圆满成就。精气俱化，形神皆妙，可以乘风御气，驾雾腾云，游于虚空，这类人名为空行仙。

"有一等人，为求长生，专心致志，鼓天池，咽玉液，使水升火降，久而不息，终至水火相济，功夫圆满成就，结成内丹，内外融通，不为物累。能乘正气，游于天上，与天地合德，与六气合用，能利济万物，这类名为天行仙。

"有一等人，为求长生，专心致志，采日月的精华，餐云霞的彩色，久行不息，功夫圆满成就，精气潜通，形与气化，神与物通，穿金石，蹈水火，任运无碍，已通造化，这类名为通行仙。

"有一等人，为求长生，专心致志，奉持咒语，严守禁戒，久行不休，术法得以圆满成就，可以愈疾却病，驱鬼降妖，不但可以此道养身，亦以此术济世，这类名为道行仙。

"有一等人，为求长生，坚定心志，沉思静念，心想从顶门出神，行久不休，思念圆满成就，神能出入自在，气可上下交通无滞，形神照应不失，这类名为照行仙。

"有一等人，坚固交遘，而不休息，感应圆成，这类名为精行仙。

"有一等人，坚定心志，以穷物变，深研化理，久而不息，悟与造化相通，觉悟圆满成就，能移山倒海，呼风唤雨，翻易四时次序，这类名为绝行仙。

"阿难！这十等人，皆是人中的恐惧生死无常，希求长生不死，而自炼其妄心，不知本心真常，生死不二，舍正觉而不修，故别得延生的妄理与之相应，亦可寿年至千万岁，息心幽栖于深山或大海中的孤岛上，为人迹所不能到之处。深山孤岛，虽然舟楫难通，飞鸟不渡，但并非不死之国，仍在轮回之中，依妄想而流转，如果不修三昧，仙报既尽，依旧要改头换面，随业散入六道。

"阿难！一切世间的人，若不求出世道，不以湛然常住的真心为本修因，而仅依十善而修，求获有漏的人天福报，虽没有舍弃妻妾的恩爱，然于邪淫中，不但守身不犯，且心中亦不起邪淫的意念，因此心水澄莹，心地光明。这人命终以后，就可上生天界，所居的地方，在须弥山腰，上接近日月宫，这一类名天王天。

"再进一步，对自己的妻室，淫爱也很淡薄，但于独自净居的时候，仍间有淫念，身心不能完全清净，这等人命终之后，福报也高一等，当生于忉利天。超越日月的光明，位居须弥山顶，四方各有八天，合为三十二天，中有善见城，为帝释天主宫殿之所在，三十二天皆为帝释统辖，故又合称三十三天。

"上二虽是天界，但仍未离开地面，故皆名地居天。

"有一等人，不遇淫欲境界，就不会起淫念，就是偶逢欲境，随念暂交，也是事过即了，毫没有追忆贪恋的意念，渐趋定境，静多动少。这等人命终以后上升虚空，安住于一片光明之中，那是日月光明所照不到之处，而是这等人的自身及所居宫殿常放光明，互相照耀，以莲花开合而分昼夜，这等天界，名为须焰摩天。

"有一等人，常在静中，已完全没有淫念，不过若有外在的淫欲境界相逼，尚不能全无相应的心，犹有顺从之念。这等人命终以后，即上升最精微处，不与下界人天境界相接，乃至世界坏灭的时候，水、火、风三大劫难之所不能及，这等天界，名为兜率陀天（此精微处，应系独指弥勒内院）。

"有一等人，自己本来没有淫欲的心，夫妻之间，为敦伦尽分，因应而行房事，当玉体横陈之时，味同嚼蜡，毫无乐趣。这等人命终以后，即生越化地，升登到五欲乐具，能随愿变化，满足自己受用的境界，这等天界，名乐变化天。

"有一等人，虽有世俗夫妻的名分，但已没有世俗的男女心念，厌恶淫欲不净，欣慕上界，夫妻房事之际，不但索然无味，且心不在焉，神游境外。这等人命终以后，即能超越一切化无化境，凡五欲尘境，不须要自己变化，都由其他天界所变现，而自己得以自在受用，这等天界，名为他化自在天。

"阿难！以上所说六天，于男女之事，形体上虽有出离的动向，但心中尚有交合的欲念，虽然轻重有别，到底都没有完全抛却男女的情爱，所以自他化自在天以下，都名为欲界。"

9 卷九

众生升沉轮替的因缘

　　"阿难！世间一切修心的人，不知本有寂然常住的心性，错乱修习，而不修禅那，不得首楞严大定，缺乏出世的真正智慧，但以世间的静虑为因心，也能守身如玉，不犯淫行，不论行住坐卧，心中皆不会起淫念，由是身心清净，爱染不生，不再留欲界。这等人临命终时，应念化生，上升色界，身为梵侣，这种天界，名为梵众天。

　　"有一等人，欲界的淫习既除，无欲的清净心显现，对于梵行的仪规戒律，都能乐于遵守，随顺不犯，能应时而履践梵德，弘扬梵德，身心清净，已超过梵众天，这等人所生的天界，名梵辅天。

"有一等人，身心一如，表里一致，不论行住坐卧，随心所欲，自然具足威仪，清净禁戒；况又加之以明悟，这等人又超梵辅，能应时统理梵天众，为大梵王，所生的天界，名为大梵天。

"阿难！上说三天的天众，已具身胜、乐胜，胜过下界各道的众生，不再受欲界八苦的煎逼，虽然不是正修真正的三摩提，然因持戒的定力，清净心中，已不为欲界的烦恼所动，故皆名为初禅。

"阿难！其次是大梵天，因统理梵众，化他功深，自行更加纯净，具足戒定慧，圆满梵行，心如止水，湛寂则光生，不过心光尚弱，没有达到遍照的境地，这类名为少光天。

"少光天众，定力转深，光明增强，身光心光，交互相燃，辗转迭发，光明照耀，重重不尽，映彻十方世界，遍成琉璃，如是一类，名无量光天。

"无量光天众，吸取而保持圆满的光明，以代言教，宣扬清净的教化，应用无尽，如是一类，名光音天。

"阿难！上说三天，不但胜于欲界，也胜于初禅各天；初禅乍离欲界诸苦，仍有再堕的忧虑，到此离欲界益远，不再有退堕的忧惧。虽然不是正修真正的三摩提，但清净的梵行心中，粗漏已伏，能以定力，使前五识不起现行作用，故皆名为二禅。

"阿难！二禅光音天众，吸取圆满光明，成就音声，作为教化之体，显扬妙理，起精进妙行，而生净乐，恬适自安，通于寂灭之乐，这一类名为少净天。

"少净天众，虽通寂灭之乐，但仍有一净境的意念存在，再进一步，并净境的意念亦空。净空现前，得悟虚空与净境，皆无边际，身心亦若太虚，无罣无碍，成寂灭乐，这一类名为无量净天。

"前一天的净乐，仅止于身心，更进一步，与依报世界，融而为一，合身心世界，为一圆满清净体，净德成就，妙乐无穷，自觉殊胜，以为是清净的极乐家邦，可以安身托命，归返寂灭乐境了。这一类名为遍净天。

"阿难！上说三天，六识已伏，不起现行作用，已得寂灭，具大自在，身心安然不动，受无量乐。虽不是正得真修实证的三摩提，但安然的心中，欢喜毕具，故皆名为三禅。

"阿难！再次是三禅中的天众，苦因已尽，身心皆不再受任何逼迫，乐亦不受；因知乐也不是常住不变的，仍是对待法，福业享尽了，久必坏灭，苦乐二心，同时突然舍弃，粗重的相灭，苦乐不生，净福性现，如是一类，名福生天。

"福生天众，双舍乐苦，未免偏空，更进一步，功行纯熟，能舍所舍两亡，舍心圆融，空不碍有，有不碍空，胜解清净，所感的净福，亦没有遮蔽限碍，于这无遮限的净福中，得妙随顺，穷未来际，随所愿求，爱乐自在，这样的一类，名为福爱天。

"阿难！从这福爱天中，再加进修，有两条超升的途径，一是直往广果天，另一是绕道至无想天。

"若以福爱天的妙随顺心，令一切众生，所求如意，于无量清净光明中，以慈、悲、喜、舍四无量心，熏习禅定福德，使臻于圆满净明，以修证而住，这一类就名广果天。

"若以双厌苦乐的心，增修舍定，精研究竟，使舍无可舍，舍心亦舍，圆穷舍道，身心俱泯，心思缘虑，像寒灰凝然，一入此定，由于定力的加持，形体可以维持五百大劫，不会坏灭。不过这等人既是以生灭心，为本修因，所以不能发明不生不灭的自性。初生这天，须习定半劫，方得想灭，成无想定，至第四百九十九劫半，想心又起，此定仍坏，有成有坏，终不是究竟涅槃。如是一类，名为无想天。

"阿难！以上四天，一切世间的苦乐境界，所不能动，虽然不是到达无为的真正不动地，仍存有所得的心，但有为的功用，到此已极纯熟，故通名四禅。

"阿难！这四禅中，复有五种不还天，也就是上生这五种中任何一天，即不再回到欲界受生。因为在欲界中，九品思惑习气，已经同时灭尽，苦乐两亡，欲界已不是所能安居之地，必要和他的业感相同之处，方可安居。

"阿难！苦乐两灭，就没有欣与厌二心交战于胸中，这一类名无烦天。

"心中惟存舍的一念，收放自如，再没有别念掺杂其间，更细究这舍念，亦了不可得，欲想交杂，也没有对象了，这样一类名无热天。

"以天眼观十方世界，朗然澄清，再没有外在的尘境障碍，内心也没有沉垢留滞，这样一类名善见天。

"精妙的见性，既已现前，是见体已经清净，见的功用周遍，后又增修静虑，于是如陶师的捏土为器，如铸匠的熔金造像，随心所欲，造化万物，自在无碍，这样一类名善现天。

"穷究诸念至于极处，而成一念，尽色性而至空性，进入空无边处的涯畔，色界到此，已登峰造极，这样一类名色究竟天。

"阿难！这五不还天，前四禅中四位天王，但仰闻佳名而已，不能亲知亲见。就像现在的世间，旷野深山之中，有圣道场地，都是阿罗汉所居之处，而凡夫俗人所不能知不能见一样。

"阿难！以上十八梵天，皆清净无侣，然仍有化生身，尚没有完全脱离身形的负累，有色质可寻，故自色究竟天以下，总名为色界。

"复次，阿难！从色究竟天之顶，色界的边际上，再向上进升，以根有利钝，这其间又有二种歧路：利根人于舍定心中，启发无漏的人空智慧，断尽思惑，慧光圆满遍照，就可超出三界，脱离分段生死，证偏空理，成阿罗汉。复不以小果为足，进修大因，便入菩萨乘，这样一类，名为回心大阿罗汉。

"若在舍心，厌色而欣空，觉有身为碍，不得自在，于是修空观，灭身还无，亦即销碍归空，这样一类，名为空处定，故报生空处天。

"诸碍既然全销无余，无碍之念亦不存在，其中惟第八的阿赖耶识全在，第七的末那识只剩半分入于微细，内缘八识，这样一类，名为识处定，故报生识处天。

"空处定是灭色归空，识处定是灭空归识，到此色空两亡，识心亦灭，惟觉十方寂然，再无所往，从此止步不前，这样一类，名为无所有处定，报生无所有处天。

"识性即为如来藏性，从来就寂然不动，而凡夫天人，欲以灭尽定之力，穷研精究，于本无穷尽中，强求穷尽，由于定力所逼，识性虽存，但不起现行作用，似尽而实没有尽，这样一类，名为非想非非想处定，报生非想非非想处天。

"以上四天，前二穷境，后二穷心。欲令心境俱空，故总名穷空；然凡夫外道，不了人空之理，小果圣者，不违法空之理，不知心境当体即空，岂待消灭而后空。若是从不还天修习圣道而来的，满八万劫，断尽思惑，即可超出三界成阿罗汉，这样一类，就名不回心钝根阿罗汉。如果从无想各外道天而来，一味穷空究底，不知归向圣道，惟修有漏禅定，迷于有漏天，作无为想，无多闻性，不知三界以内，根本没有安身立命处，八万劫满，报尽自坠，依然随着自己的宿业，堕入轮回，流转六道。

"阿难！上说四空天，身心灭尽，只有定性现前，随化依正二报，自在受用，已没有业果的色相。所以从空处至非想非非想处，皆名无色界。

"阿难！以上除五不还天为圣人所居外，其他六欲、四禅、四空等天，各天的天人，都是凡夫，以曾修有漏善业、十善八定等所得的福业果报，福报尽了，依然要堕入轮回，随业流转。至于各天的天王，却不是凡夫，而是大乘菩萨，安住于三摩提，游戏神通，假天王之位，以济物利生，成就自己的功德。渐次增进，回向菩提道果，以入圣人之伦，所修乃楞严大定的妙修行路，他们已不再落轮回。

"以上所说三界二十八天，都是由于不知本妙的觉性。本明的真心，原自清净本然，一尘不染；以致从迷积迷，以妄逐妄，而妄生三界。复于三界之中，随着虚妄的七趣漂流，舍生受生，依各自的业因，受各类的果报，不得休歇。

　　"阿难！其次要说明的，是三界之中，尚有四种阿修罗类。一是在鬼道中，因以善愿善心，护持佛法，由这种善的业力，舍却鬼道，乘通入居空界。这种阿修罗，是从卵生，卵生飞空，因果与鬼相类，虽居空界，仍属鬼道类。

　　"二是在天道中，梵行稍亏，情欲稍重，以致失德，遭受贬谪，坠落成阿修罗，福报似天人，住处也相等，所居之处，邻近日月宫。这种阿修罗，是由胎生，胎因情有，以情欲同人，虽居天上，但属人道类。

　　"三是有等阿修罗王，福报与天人相同，能役使鬼神，左右人间祸福，神通力能洞彻诸天，无所畏惧，能与梵王和天帝释争权。这种阿修罗，系变化而有，属天道类。

　　"阿难！另有一部分下劣的阿修罗，生在大海的中心，沉入深水穴的当口，日游虚空，夜回水宿。这种阿修罗，是由湿生，属畜生道一类。

　　"阿难！这地狱、饿鬼、畜生、人、天、神仙以及阿修罗等七趣（道），精研究究起来，其所以升沉往返，无不是因惑造业，随业受报，妄想受生，妄想随业；就妙净圆明、无作无为的本有真心来说，皆如空中花，当处显现，当处消失，本就没有着落可寻，不过一虚妄的名相而已，哪有什么根源可以研究。

"阿难！这等众生所以轮转七趣，经无量劫，不得真正的清净，都是由于不识本有的妙明真心，随顺杀盗淫的缘故。逆上三者而行，就没有杀盗淫，顺杀盗淫就成三恶，堕落饿鬼等三恶道，逆之就成三善，当归天人等三善道。善恶皆无出期，顺逆交替，无有休歇，故起轮回性。若能得妙发三摩提，则妙性常寂，顺逆两亡，断性亦不可得。住此境地，尚没有权小的不杀、不盗、不淫，还说怎么随着凡夫外道去造杀盗淫等恶业呢？

"阿难！众生不断杀盗淫三业，就有各自私造的别业；既有各自私造的别业，在大众的别业相同时，并不是没有一定的处所，所以造业虽别，受报却同。然七趣果报，都由一念妄动而产生，并不是心外果有实境；产生这种妄境，也没有实在的根由可以寻究。你须勉励真实修行人，欲想证得菩提圣道，须知这杀盗淫三者，皆能迷惑真性，是轮回的根本，当先除这三惑；如果不尽除三惑，或仅除世恶，而不除世善，或善恶皆除，而断性尚在，皆不算尽除了三惑种子，遇缘仍会再发。这样纵然以禅定力，获得相似神通，都是世间的有为功用，不能成就超世间的无作妙力。习气不灭，对境复生，纵能超升，终必落于天魔外道。

"既经落入天魔外道，根本已完全没有正念，虽欲想修行，消除虚妄，不过以妄逐妄，倍加虚伪而已。所以如来说他们是最可哀怜的一类。前说的种种妄境，都是你自己妄心所造，实在不是菩提的过咎。

"这样教人修行的，就是代佛弘化，名为正说；若作他说，如赞杀盗淫不碍真修、不须断除等等之类，就是魔王的邪说了。"

邪与正的辨识

当时如来对阿难请求开示的，都已一一分别解说开导，将要离开法座时，却又于狮子床，揽七宝几，回转如紫金山一般的丈六金身，再度凭倚，普告大众及阿难说：

"你们这些有学、缘觉、声闻，今天已经舍弃小乘，回心向大菩提的无上妙觉，我也为你们宣说了真实的修法。但是你们尚不认识修奢摩他、毗婆舍那中的微细魔事，当魔境出现的时候，你若不能辨识，难免以邪为正，将妄作真。原是要将定水洗除心垢，既不识魔境，纵欲洗心，自亦不得其正，就难免要落于邪网了。

"或是你自身的阴魔，或是外来的天魔，或为鬼神所附着，或遭魍魉所支使，这些魔境现前时，心中若不能辨认，必然认贼为子；或自以为已证圣果，未得谓得，或认魔为圣者，不惜以身命供养。

"又于其中，得少为足，例如证四禅的无闻比丘，仅修无想定，不求多闻，只报得四禅天，却妄称已证小乘圣者阿罗汉果。等到天上福报已满，想心又起，衰相现前，他不知自己本就不曾证圣果，反谤阿罗汉也身受后有，认佛说阿罗汉不受后有是骗人的妄言，因谤佛谤法，堕入阿鼻地狱。你现在应当专心谛听，我今为你仔细地分辨。"

阿难当即站起来，和会中有学等众，都欢喜地向佛顶礼，俯首恭听慈诲。

佛告阿难以及大众说："你们应当知道，这充满惑业的有漏世界中，十二类众生，他们本具的妙明觉性，清净圆满的心体，与十方诸佛，并没有两样，也毫无差别。

"为何众生又不是佛呢？这是由于你依从无始以来的妄想，迷失了本有真理的过咎。因为愚痴妄想，不能如实认知真如法性，不觉心动而生爱着，由于妄染爱着，于是化本来的一真心体，而为真妄和合的阿赖耶识。再依它所产生的业识，发而为能见的见分；能见既是妄，所见自然没有一真，致使本觉真心，完全成为晦暗的顽虚；以妄见对顽虚，转觉迷惘，由是而起化除迷惘的心念；因这化除的心念，相续不息，乃于空中，妄见色相，由是而产生了虚妄的世界。当然，这十方微尘数的国土，都不是清净无漏的真实世界，皆是由迷顽妄想而建立的。

"你当知道，这无边无际的虚空，是你认为最大的了，若是将这虚空置于你本觉真心之内，就好像你现在所见的太空中，飘起一片浮云，不但太渺小，也太虚幻。假若你们之中，能够有人发现本有的真心，返本归元，这十方晦暗的顽空，尚且会完全消失，何况这顽空中的虚妄国土，岂有能保全而不坏灭的？

"你们修习禅定，严饰三摩提的，不论行、住、坐、卧，都能亡尘照理。在这理境中，不昏沉、不散乱，能与十方菩萨和一切无漏的大阿罗汉，心精相通而吻合，混同一际，即当处湛然，虚空销殒。

"一切魔王以及鬼神与各凡夫天，见自己所居的宫殿，无故崩裂，大地震坼，水中的河神海怪，地上的山神土地，飞空的大力鬼王，飞行夜叉等天神鬼怪，没有不惊惶的。惟下界凡夫，昏昧无知，不能察觉这些变迁差讹罢了。但这些天神都已获天眼、天耳、神足、宿命、他心等五种神通，只是没有得漏尽通而已，因为有漏的烦恼习气未除，自然留恋尘劳，怎么肯让你摧毁它安居宴乐的宫殿。所以当你修习三昧正定的时候，这些鬼神，各种天魔外道，魑魅妖精，都要来扰乱你，希望破坏你的禅定，他们方能安居宴乐。

"虽然有这些魔乱，但不必畏惧，这些魔怪，因无故摧裂它们的宫殿，怀着满腔愤怒而来，究竟是尘劳中物所起的邪妄行为；而你所修的妙觉心中，本具正定，邪不敌正，以生灭的愤怒邪行，欲坏真常心中的正定，恰如以风吹光，将刀断水，虽欲加害，却了不相干。你如沸汤，它如坚冰，暖气渐渐邻近于坚冰，坚冰不日消融，徒恃五通神力，终同过客，不能久留。所以能够使它们达到破坏戒律、扰乱定心的目的，还是由于你心中的五阴主人；主人若迷，认贼为子，客则乘隙而入，方得为恼为乱。如果主人当处禅那，惺惺不昧，觉悟其非，自然不受其惑，那么它们的神通魔力，就奈何你不得了。由于阴境消除，而入于大光明藏；但那些邪怪，都是禀受幽暗的浊气以成形，而明能破暗，它们一接近光明，自然魂飞胆落，销声隐迹，如何敢强留而扰乱你的禅定。若是五阴主人，自不能明辨它们是魔，又不能觉悟那非善境，那么必被五阴所迷惑，对当前的虚幻境相，妄起欣厌爱憎，这样一来，你阿难必为魔子，凡所修为，都是魔业，终至成为魔人，堕入魔类。

"如摩登伽女，本是很渺小而下劣的，她当初以先梵天咒咒你，不过使你破坏佛所制定的律仪，在八万细行中，只毁你与女身相触一戒，虽曾经钵吉蹄淫躬抚摩，由于你的心中清净，幸不曾毁坏戒体，尚不至于沦溺于苦海。这种阴魔现前，却是要毁你的法身，断你的慧命，使你宝觉全身，俱遭沦堕。如宰官大臣，忽犯王法，抄家削职，辗转飘零，无可哀救，岂可不自警惕？

　　"阿难！当知你坐修道的坛场，反闻自性，心不流逸，虚明、融通、幽隐以及微细精想等念，自然销落。这些杂念若能除尽，就再没有这些心念的相状，一切时中，惺惺不昧，了了常知，这离诸念的精明之体，不因动静而移易，忆忘如一，正当住于这离念精明之处，便可入圆照三摩提。然因定力不深，乍入理境，尚为色尘所覆盖，就如明眼人处大幽暗室中一样，虽说六精之性，妙净明心，本来圆满遍照，但因色阴未破，心光未发，见处皆是一片黑暗，没有光明，这就名为色阴区宇。

　　"若到定力功深，心光独耀，黑暗全消，就是肉眼所见，无不明朗，虽不能圆见三千大千世界，然已十方洞开，皆成光明世界。这时内观五脏六腑，外观山河大地，无不清清楚楚，巨细分明，这就名为色阴已尽。色阴既破，这人就能够超越劫浊，到此再观色阴之所由，方知是由坚固妄想以为根本。

"阿难！在这色阴区宇之中，精研妙明之时，妄想不起，定力增强，于是四大虚融，如云如影，不再密织而成坚实。顷刻之间，这色身就能穿墙透壁，无所障碍，这名为心光发露；流溢于当前根尘坚实之境，是由于定力的逼使，暂得虚融之相，稍懈即失，并非圣者所证，一得永得，不再退失。如果不作圣境想，生欢喜心，名为善境界；若作证圣果解，就会堕入群邪陷阱，受其欺诳播弄，渐成大害。

　　"阿难！复以这禅定心，精研妙明之时，反闻功深，光明内照，身中莹彻，是人忽然于自身内，拾出蛲蛔等虫，而身体完好，毫无毁伤，这就名叫心精妙明；流溢于形体，使五脏虚融，四肢透彻。这不过是精研功行的逼拶，暂得身内莹彻，并不是圣者的实证境相。若不作证圣果想，生欢喜心，名善境界；若作证圣果解，就会落入群邪的圈套，受它们的惑乱，必遭其害。

　　"又以这禅定心，精研内身外境，定力增胜，这时魂、魄、意、志、精神等，除却能感受的身体不改常态外，其他皆交相涉入，互为宾主，会忽然听到空中有说法的声音，或能听到十方同时宣说微密妙义。这是因为精与魄等，递次互相离合，成就的善因种习。暂时的显现，并不是圣者的实证，一得便不再失。若不作证圣果想，生欢喜心，名为善境界；若作证圣果解，就会被群邪所惑乱，失却正定。

"又以这禅定心，澄净独露，皎然莹彻，心光明照，遍见十方，皆成阎浮檀金色，各种众生，都化为如来。这时会忽然看见毗卢遮那佛踞坐于天光台上，受千佛围绕，百亿国土以及莲花，也同时出现。这是因心魂灵悟所染的习气，由于心光研明，故能照诸世界，这不过偶然发露，暂得这种特尊身相，并不如圣者的实证，一得便不再失。若不作证圣果想，生欢喜心，名为善境界；若作证圣果解，便会被群邪所惑乱，失却正定。

"又以这禅定心，精研妙明的闻性，不断地观察，抑制自心，降伏妄念，并欲阻止定超于慧，期使定慧均等。因用功太过，这时会忽然见到十方虚空皆成七宝颜色，甚至百宝颜色，虽色彩各异，但同时遍满虚空，互不相碍，青黄赤白，各各保持纯色。这是抑制的功力过强，反使定超于慧，暂时所现的幻象，并不是圣者的实证境相。若不作证圣果想，生欢喜心，是善境界；若作证圣果解，便会被群邪所惑乱，失却正定。

"又以这禅定心，因精研穷究而澄寂明彻，心光凝然，不因明暗而变易扰乱。这时会忽然于黑夜中，或暗室内也能见种种物件，和白天一样，而暗室中物，一如往常，亦不会消失。这是心光细密，见也精明，所以能见幽察微，但这是暂时的发露，并不如圣者所实证，一得便永不再失。若不作证圣果想，生欢喜心，名善境界；若作证圣果解，便会受群邪惑乱，身受其害。

"又以这禅定心，反闻自性的功深，内身外境，一片虚融，妄身如遗，四肢忽然如同草木，火烧刀砍，毫无感觉；火烧不热，刀割其肉，也像削木头一样。这是诸尘并销，排遣四大性，一向反闻，既专且切，纯觉遗身，偶然如此，并不如圣者所实证，永不再失。若不作证圣果想，生欢喜心，名善境界；若作证圣果解，便会为群邪所惑，将蒙其害。

"又以这禅定心，穷极欣厌，成就清净，净心观照之功，到达极点，因而净极光通，会忽见十方大地山河，皆成佛国，七宝具足，光明遍照；又见恒河沙数诸佛，遍满空界，宫殿楼阁，庄严华丽，无与伦比。下视地狱，上观天宫，毫无障碍。这是由于听说净秽二土，随着而起欣上厌下的凝想，日久想深，今于定中，偶然影现，虽似实境，仍同幻化，并不如圣者所证，一得永得。若不作证圣果想，生欢喜心，名善境界；若作证圣果解，便会被群邪惑乱，将蒙其害。

"又以这禅定心，穷究至极深远之处，色境已不能为碍，会忽遥见远方的市井街巷，亲族眷属，历历分明，或听到他们交谈共语。这是禅定心中被功夫迫到极处，致令心光外射，故多能隔物可见可闻，然这只是暂时光景，并不如圣者的实证，一得便不再失。若不作证圣果想，生欢喜心，名善境界；若作证圣果解，便受群邪蛊惑，将蒙其害。

"又以这禅定心，穷究到至精至极境地，色阴将破而未破之时，魔宫震动，魔心恼怒，必多方扰乱。行者这时会见自身作善知识，形体也随时变易，或作佛身，或化菩萨，无缘无故，作种种变迁，顷刻不停。这是心中本含藏有魑魅邪妄种子，今以防心不密，定中发现，原属虚妄不实；或是天魔乘隙进入行者心腹，把持他的心神，无端说法，并启发他的狂慧，使通达高深的理论，这完全是魔力使然，并不是自己真正心得开悟。若不作证圣果想，生欢喜心，魔事自然消失；若作证圣果解，便会被群邪所惑，无可哀救。

"阿难！以上所说禅那中所现的十种境界，都是行者于色阴中，见理不曾透彻，正定没有达到精纯，不过是禅观与妄想两相交战于心中，互为胜负的结果。禅观胜，就心光发露，现善境界；妄想胜，善境即失，依然如故。

"众生纯顽，迷昧无知，不自揣度思量，我乃博地凡夫，怎能忽然获得这等圣贤境界？遇到这种暂现的因缘，迷昧不能辨识，反而心生欢喜，自以为已登圣位，这是未证言证，未得言得，成大妄语，致堕无间地狱，受无量苦，经无量劫，不得出离。

"你们当依照我的教诲，于如来灭度以后，将来在末法时代，宣说这些道理，令正修行人，知所警惕，不要使天魔外道有机可乘，为害行者；应当予以保任维持，庇护真正的修行人，使能渐次证入，以成无上菩提道果。

"阿难！凡不为以上十境所惑的善男子，继续精进，修三摩提，奢摩他中，色阴的坚固妄想若除，四大即消，前所见的幽暗，到此遍成光明，可亲见诸佛心地；不过如见镜中像一样，似得其体，但不能称体起用，因心虽出碍，但身根犹存，还是有感受的执着。就像人遭受魔魅，虽然见闻清楚，心里也明白，可是力不从心，四肢不能动弹，这就名为受阴区宇。魔咎若停，就没有所执受，这心就能离开身体，反观自己的面貌，去住自由，不再有所留滞与障碍，是名为受阴尽。到了这般境地，这人就能超越见浊。返观受阴的来由，原是感受前境，虚以发明，以颠倒妄想为根本。

"阿难！彼已破色阴的善男子，在这受阴现前之中，得大光明，心中悟知，一切众生，皆本来具有这般光明妙理，与佛无异，却因迷妄，枉受轮回之苦。于是自责自咎，恨未能早悟，化度众生。因用功太急，于这用心过分之际，忽然发起无穷的悲心，遍观水陆空行一切众生，乃至蚊虻，皆如赤子，心生怜愍，不觉流泪。这固然也是同体大悲，但这是由于功夫抑摧过分而发，不同于圣人证得的同体大悲。若能即时觉悟，就不会成为过咎。觉了就不会为此境所迷，这种悲悯情绪，自然会渐渐消失。

"若是作圣者所证解释，自以为与佛所证的同体大悲一样，悲悯不止，就会有悲魔，潜入他的心腑，控制他的神识，使心不由己，见人就悲伤流泪，啼哭不休。因失却正受而成邪受，定当从此沉沦堕落。

"阿难！又彼禅定的诸善男子，见色阴已经消失，受阴明白，出现一种虚明的境界，因而胜相现前，如见佛心等。从前虽然听佛说过心即是佛，到底不曾亲见，现在色阴既尽，于虚明中，亲证实见，不禁感激万分。因过分感激，忽然产生无限的勇气，心意非常猛利，志齐诸佛，以为三大阿僧祇劫，一念之间，就能超越。这是用功太过、急而越理的暂时现象，并不是圣者的实证境界。若能悟知尚为受阴所覆，依然反照自性，勤修本定，就不会成为过咎。觉了就不会为此境所迷，久而自然消歇。

"若作圣境解，就会有狂魔，乘机潜入他的心腑，控制他的神识，使心不由己，逢人就自夸己德，傲慢无比。在他的心目中，上不见佛，下不见人，因而失却正受，妄起各种邪见，定当从此沉沦堕落。

"又彼禅定中的诸善男子，见色阴已经消失，受阴明白，呈现一片虚明的境界；向前进，受阴未破，没有亲证的新境相；向后退归，色阴已尽，又失故居。在这关键的时刻，若能定慧等持，尚不至有所失误；然而却又定强慧弱，智力衰微。在进退两难之际，堕在这二念之中，以致前后皆迷，迥然一无所见，心中忽然产生一种如大旱望雨、如渴待饮的急迫之感，于一切时中，忆念这中堕之境，不敢散乱，以为这就是辛勤精进之相。不知道这名修心，偏于定力，没有智慧相济，自失方便，若能悟知定强慧弱，舍弃沉忆，使定慧等持，就不会成为过咎。须知这并不是圣者的实证境界，不存在两头坐断、中亦不存的光景。觉了就不会为此境所迷，日久自然消歇。

"若作圣境解，就会有忆想魔，乘机潜入他的心腑，控制他的神识，使心不由己，日夜悬心一处。因失却正受，永远没有智慧自救，定当从此沉沦苦海，堕落恶道。

"又彼禅定中的诸善男子，见色阴消失，受阴明白，呈现一片虚明，智慧超过定力，过分珍重自己的所见所证，因见心佛一如，自性本来是佛，常以所见所证，萦绕心中，怀疑己身，就是卢舍那佛，不假修成，以少有所得为满足。这名为用心有偏，定力微弱，忘失了恒常审察，致陶醉于自己的知见中。若能悟知，这时所见，如镜中像，尚不能称体起用，依然进修本定，就不会成为过咎。这并不是圣者实证的境界，若自作圣境解，恋着不舍，以卢舍那佛自居，迷不知返，就会有下劣的自满魔，乘机潜入他的心腑，控制他的神识，使心不由己，见人就自夸，称我已证得无上菩提第一义谛。因失却正受，定当从此沉沦堕落。

　　"又彼禅定中的诸善男子，见色阴消失，受阴明白，呈现一片虚明景象，但尚不能发挥妙用；色阴既破，原有的心又忘失，瞻前顾后，两失凭依，自然产生一种艰危险阻之感，心中忽然有无限的忧愁焦虑，如坐铁床，如饮了毒药，烦躁不安，简直就不想活了，以至常求别人结束他的生命，希望早得解脱。这是修行人，对当前的境相，失去了智慧的观照，以致产生过分的恐惧。若能悟知这是幻境，不须理会，忘却忧急，就不会成为过咎。这原不是圣者实证的境界，若自作圣境解，恋着不舍，就会有一分常忧愁魔，乘机潜入他的心腑，控制他的神识，使心不由己，重则手执刀剑，自割身肉，乐求速死；轻则常怀忧愁，遁入山林，逃避现实，不愿见人。因失却正受，妄起邪见，定当从此沉沦堕落。

　　"又彼禅定中的诸善男子，见色阴消失，受阴明白，呈现一片虚明景象，行者在这清净虚明之中，心安神定，忽然会产生无限的欢欣情绪，心中的喜悦，不能自止，这就名为轻安，不过是定心成就的暂时现象，因缺乏智慧观照，故不能自制。若能觉悟，就不会成为过咎。这原不是圣者实证境界，若自作圣境解，恋着不舍，就会有一分好喜乐魔，乘机潜入他的心腑，控制他的神识，使心不由己，见人就笑，常于街头、路边自歌自舞，任情放纵，自以为已得无碍解脱。因失却正受，妄生邪见，定当从此沉沦堕落。

"又彼禅定中的诸善男子，见色阴消失，受阴当前，呈现一片虚明景象，即自以为妄惑已尽，圆证一真，忽然无端起大我慢，对于不如我的，固然以己为胜，即与人等，亦自以为比人强；对于尊胜的也以自己更尊胜，本不如人，却自以为胜人。未得说得，以劣为胜，自本全无德行，却自以为有德，对胜他太多的，又自甘下劣，不求见贤思齐，反而傲慢不敬。这些轻慢的心理，同时齐发，十方如来，都不放在心，佛果以下的声闻、缘觉，更不放在眼里了。这只是唯见己灵的尊胜，而缺乏自救的智慧，若能悟知法性平等，没有高下，尚不敢轻慢众生，何敢轻慢圣贤？于是慢心自歇，就不会成为过咎。这原非圣人的实证境界，若自作圣境解，恋着不舍，就会有一分大我慢魔，乘机潜入他的心腑，控制他的神识，使心不由己，不礼敬塔寺，摧毁经像，常向檀越善信宣说，像是金石土木的雕塑，经不过树叶或绢帛所写的文字。对我这肉身的真常活佛，你们不恭敬礼拜，反去崇拜金石土木，实在是颠倒愚痴。有深信他的，也就跟着他毁经碎像，埋弃地中，疑误众生，必入无间地狱。因失却正受，定当从此沉沦堕落。

"又彼禅定中的诸善男子，见色阴消失，受阴当前，呈现一片虚明，亲见如来心地，于精明中，圆悟精明的理体，得无罣碍，无不随心顺意，感到无限轻安，于是自言已成圣果，得大自在。不知道只是在精明之中，圆悟精理的智慧，获得轻安的清净境界，暂泯粗重尘相而已，偶然豁悟，何可自满不前？若能觉悟，但依本修，就不会成为过咎。这原不是圣者的实证境界，若自作圣境解，恋着不舍，就会有一分好轻清魔，乘机潜入他的心腑，控制他的神识，使心不由己，以为功行已满，福慧具足，不再求进修。这等行者，不肯亲近善知识，勤求开示，多会成为无想天中的无闻比丘，未证言证，等到临命终时，受生相现，致使众生疑佛法的不足信，因而毁佛、谤法，断菩提种，堕阿鼻地狱。因失却正受，定当从此沉沦堕落。

"又彼禅定中的诸善男子，见色阴消失，于十方洞开的虚明中，了然无碍，观受阴虚明的体性，朗然显现，无一物可得，心中忽然产生一种空净的感受，永远沉醉于空明寂灭中，致否定因果，一向入空，净空的心念现前，由是而产生断灭见解。若能觉悟这净空并不是究竟的真空，仍向本定进修，就不会成为过咎。这原不是圣者的实证境界，若强自作圣境解，恋着不舍，就会有空魔，乘机潜入他的心腑，于是执空谤戒，说严持戒律的人是执着，是小乘；菩萨悟一切皆空，有什么持戒犯戒可说；并常在正信三宝弟子的面前，饮酒食肉，广行淫秽，因受魔力的役使，能以各种巧妙的说辞，掩饰他的破戒恶行，使人信而不疑。魔鬼的心，潜居他的心腑日久，熏染亦日深，甚至吃屎饮尿，和饮酒食肉等，以为净秽皆空，破坏佛制的戒律威仪，以错误的言行，导人入于罪恶的渊薮。因失却正受，定当从此沉沦堕落。

"又彼禅定中的诸善男子，见色阴消失，受阴现前，常细玩味虚明的体性，贪着不舍，深入心骨，心中忽然产生无限的爱欲。爱到极处，情动于中，欲境当前，狂难自制，便成为贪欲，这是由于对安顺的定境，爱入心骨，没有慧力以自把持，致误入诸淫欲。若能及时觉悟，不贪着当前的定境，仍依本定进修，就不会成为过失。这原不是圣者的实证境界，若强自作圣境解，迷恋不舍，就会有欲魔，乘机潜入他的心腑，使说淫欲就是菩提圣道，自己常行淫欲，又教别人行淫欲事，不分僧俗，平等行淫，说行淫的人，名持法子。因仗鬼神的魔力，能于末法时代，摄受凡愚妇女，以供淫乐，其数至百，辗转勾引，或一百二百，或五六百，多而至于千万的。欲魔一旦心生厌烦，离开他的身体而去，神通既失，本来又没有威仪德行，平时欺骗良家妇女的罪行暴露，当难逃国法的制裁。因疑误众生，后必入无间地狱；失却正受，定当从此沉沦堕落。

"阿难！如上面所说的十种禅那境界，都是受阴未破之时，理欲交战之际，互为胜负，而产生的胜劣各种境相。原不过偶逢乍现，见胜相，固不必喜，逢劣相，也不必忧，自然无咎。但众生顽迷，逢此因缘，迷而不识，自言已登圣境，成大妄语，当堕无间地狱。

"你们当谨记如来的教诲，在我灭度之后，传示末法时代的修定众生，使皆能了悟这些道理，不要让天魔有机可乘，要保持他们的真心，庇护他们的禅定，使渐次进修，以成无上佛道。

"阿难！那越过受阴十境的善男子修三摩提，因为受阴既尽，已断见惑，分别我执已除，不再迷执四大假合的身体，以为自我，虽未证得灭尽，但心已不受形体局限，如鸟出笼，翱翔自在，已成就历圣位的基础，从这凡夫身，可以上历菩萨以至妙觉等六十种圣位，获得意生身，随意而往，无所障碍。

"这人虽然已破受阴，得意生身，但又为想阴所覆盖。譬如有人，在熟睡中，魇咎虽歇，尚未清醒，仍作呓语，这作呓语的人，虽然自己不知他说了些什么，可是他所说的，音韵分明，有条不紊，伦次井然，使清醒的人听了，都能明白他是说些什么，这就名为想阴区宇。

　　"若清醒的时候已绝动念，则取境的浮想自然消除，于本觉虚明的心，如明镜洗去了尘垢，三界之内，十二类众生，从卵生以至非无想生，首尾皆能圆照，知生从何来，死归何处，这就名想阴尽，行者到了这般境地，就能超越烦恼浊。返观想阴的由来，原是融通妄想以为根本。

　　"阿难！彼超越前说十种禅境的善男子，受阴既尽，心离形体，作用自在，见闻无碍，不再被受阴的邪虑迷惑，圆通妙定，已得发明，于三摩提中，忽然心生爱乐，企望妄想速尽，觉心圆明，以行教化，广做佛事，于是心志猛锐，精进思维，贪求善巧变化。这时天魔见有机可乘，立即飞遣精魅，附在旁人身上，资其邪慧，使能讲经说法。其人并不知是着了魔，自称已证得无上涅槃圣果，到那贪求善巧的善男子处，敷座说法，顷刻之间，形态各异，或化作比丘，使见者以为同侣，或作帝释，或为妇女，或比丘尼，或独卧暗室，身放光明。

“这贪求善巧的人，愚而无智，迷不自觉，误认作菩萨降临，倾心信他的教化，定心动摇，破佛律仪，偷偷地行贪欲事。口好预言灾祥变异，或说如来将在某处出世，或言劫火之灾将至，或将有刀兵之难，使人心生恐怖，为求消灾免难，倾家荡产。这名为怪鬼，年老成魔，恼乱修行的善男子，见定心既破，即满足地离体而去。那被魔附体的人，原无威德，既曾妖言惑众，败坏风俗，为害人群，他与徒众，都难逃王法的惩罚。

　　“你当先自察觉，知道是魔，才不受迷惑，就不会堕入轮回；如果迷惑不知，受它恼乱，失却定心，必堕无间地狱。

　　“阿难！又善男子，受阴既尽，心离形体，作用自在，见闻无碍，不再被受阴的邪虑迷惑，圆通妙定，得以发明，于三摩提中，忽然生起爱好游荡的心念，于是集中精神思维，贪求游历。这时天魔见有机可乘，立即飞遣精灵，附在旁人身上，资以邪慧，使能讲经说法。这人亦不觉知是着了魔，也自称证得无上涅槃圣果，到那贪求游历的善男子处，敷座说法，他自己身形不变，那听法的人，忽然会见自身，坐宝莲花上，全身化成紫金光聚，俨然成佛，所有听众，各皆如此，这是从来没有见过的事。

　　“这贪求游历的人，愚迷不觉，误认作菩萨降临，于是纵逸其淫心，破佛律仪，偷偷地行贪欲事。又见那人好说诸佛应化事迹，指某处某人，当是某佛化身，某人就是某某菩萨，来到人间，施行教化，于是心生渴仰，邪见暗自增长，种智消灭。这是名为魅鬼，年老成魔，专来恼乱修行的善男子，见定心既破，就会满足地离体而去。那被魔附体的人与他的徒众，因显奇炫异，惑人听闻，扰乱社会，当难逃王法的惩罚。

"你应当事先察觉，诱使他人行淫毁戒的，必定是魔，而不受其惑乱，就不会堕入轮回；若迷惑不知，被它恼乱，失却定心，必堕无间地狱。

"又善男子，受阴既尽，心离形体，作用自在，见闻无碍，不再被受阴的邪虑迷惑，圆通妙定，得以发明，于三摩提中，忽起爱慕之心，自觉定心绵密，企求这绵密的定心，上契诸佛，下合众生，于是澄寂精神，竭尽思虑，贪求契合。这时天魔见有机可乘，立即飞遣精灵，附在旁人身上，使能讲经说法。那人实不知是着了魔，也自称证得无上涅槃圣果，到贪求契合的善男子处，敷座说法。他及听众，外形都没有什么变迁，但能使听者，没有闻法以前，就自然开悟，且念念移易，或得宿命通，能知过去未来，或有他心通，能知他人起心动念，或见地狱苦状，或知人间好恶各事，或宣说偈语，或背诵经文，使各自感到前所没有的欢欣娱乐。

"这修行人，愚迷不知，误认作菩萨降临，从心里产生缠绵的欲爱，为遂所求，以致破佛律仪，暗行贪欲事。又见常常好言，佛有大小的分别，指某佛是先佛，某佛是后佛，其中还有真佛假佛，男佛女佛，菩萨也是如此。这修行人，见那着魔的人，能使他开悟，自然就相信他的话，于是认邪为正，将妄作真，舍弃本有的禅定心境，改入邪悟的罗网。这是名为魅鬼，年老成魔，专来恼乱修行的人，见定心既破，即舍人体，满足而去。那曾经着魔的人与他的徒众，都会受到王法的惩罚。

"你应当事先察觉，知道是魔，才不受惑，方不会堕入轮回；若迷惑不知，受其恼乱，失却定心，必堕无间地狱。

"又善男子，受阴既尽，心离形体，作用自在，见闻周遍，不再被受阴的邪虑所惑，圆通妙定，得以发明，于三摩提中，忽然喜爱穷究一切的根本，欲明了万物的变化、物性的始终，于是提起精神，竭尽心力，贪求分辨，剖析物理。这时天魔见有机可乘，立即飞遣精灵，附在旁人身上，资以邪慧，使能讲经说法。那人并不知是着了魔，也自称证得无上涅槃圣果，到贪求物理本源的善男子处，敷座说法。身有威严摄服之力，使见者尚未闻法，先以心悦神伏，这些领受邪说辗转教化蛊惑人心的徒众，将佛的涅槃、菩提、法身等常住不变的圣果，说是现在我肉身上。父父子子，延绵不绝，就是法身常住不绝，都指现在所居之地，就是佛国，没有另外的清净佛土，也没有什么觉行圆满的金色佛身。

"这修行人，信受了邪说，忘失了先前修定的本心，故以身命皈依，以为这是从未曾听闻过的至理。这等愚迷无知的人，误认是菩萨降临，信其邪说，破佛律仪，暗行贪欲事。又百般巧言掩饰，好说眼、耳、鼻、舌，都是净土；男女二根，就是菩提、涅槃真正所指之处，诱人恣情淫欲，使那些无知的人，都相信这些污秽的言语。这是蛊毒魇胜恶鬼，年老成魔，专来恼乱修行的人，见定心既破，就会满足地离体而去。这曾经着魔的人与他的徒众，因妖言惑众，败坏善良风俗，当难逃王法的惩罚。

"你应当事先察觉，知道这是魔，就不会堕入轮回；若是迷惑不知，受它恼乱，失却禅定，必堕无间地狱。

"又善男子，受阴既尽，心离形体，作用自在，见闻无碍，不再被受阴的邪虑迷惑，圆通妙定，得以发明，于三摩提中，忽然起爱好悬应的心，希望久远劫前，有缘圣众，应己所求。于是周遍流历，精研穷究，贪求冥感。这时天魔见有机可乘，立即飞遣精灵，附在旁人身上，资以邪慧，使能讲经说法。这人不知是着了魔，也自称证得无上涅槃圣果，到那贪求冥应的善男子处，敷座说法，能使听众，暂时见到的身相，好像百千岁的老翁，自然产生一种爱敬心，不愿舍离，甘愿为奴做仆。恭敬供养饮食、医药、衣服、卧具等生活之需，永不会感到疲劳厌倦。使他座下的徒众，都心知那是他们前世的师傅，本来是善知识，从而产生一种前所未有的法眷情爱，如胶似漆般的粘着。

"这修行人，愚迷无知，误认作菩萨降临，亲近着魔者的心，受他教说的染熏日久，亦相信他的邪说，接受他的邪行，破坏佛制的律仪，暗行贪欲事。这等着魔的人，常好说我在前世，于某一生中，先度某人，那时他是我的妻妾，或是兄弟，现在又来相度，要和他同归某某世界，去供养某佛；或说另有大光明天，佛就住在那里，那是一切如来所休息安居之地。有无知的人，相信了这些虚妄欺诳的邪说，致遗失本心，顺从邪教。这是疠鬼，年老成魔，专来恼乱修行的人，见定心既破，就会满足地离体而去。这着魔的人和他的徒众，因妖言惑众，扰乱社会秩序，当难逃王法的惩罚。

"你应当事先察觉，知道是魔，方不为它所惑，自不会堕入轮回；若迷惑不知，受它的恼乱，失却禅定，必堕无间地狱。

"又善男子，受阴既尽，心离形体，作用自在，见闻无碍，不再被受阴的邪虑所惑，圆通妙定，得以发明，于三摩提中，忽生渴求深入圆通的心，辛苦勤奋地克制自己，乐处幽隐寂静之处，贪求宁静。这时天魔见有机可乘，立即飞遣精灵，附在旁人身上，资以邪慧，使能讲经说法。这人不知是着了魔，也自称证得无上涅槃圣果，到修行的善男子处，敷座说法，使听他说教的人，各知自己的宿业。或就在说法的当场，对某人说，你现在虽没有死，但已变了畜生，又故意使另一人，从其身后，踏着他的尾巴，那人竟站不起来，于是在场听众，都完全深信不疑，钦敬得不得了。若有起心动念，也能先知。于佛陀制定的律仪以外，又再增加一些苦行方法，诽谤比丘，说他们不能耐劳苦，借机责骂徒众，表示没有私心，揭露他人隐私，大肆攻讦，不避讥嫌，表示心直口快。又常好预言祸福吉凶，到时也能完全应验。这是大力鬼，年老成魔，专来恼乱修行人，见定心既破，就会满足地离体而去。这曾着魔的人与他的徒众，因妖言惑众，自难逃王法的惩罚。

"你应当事先察觉，知道是魔，不为所惑，就不会堕入轮回；若迷惑不知，必堕无间地狱。

"又善男子，受阴既尽，心离形体，作用自在，见闻无碍，圆通妙定，得以发明，于三摩提中，忽然生起爱好知见的心，希望知人之所不知，见人之所不见，于是勤苦研寻，贪求通达宿命。这时天魔见有机可乘，立即飞遣精灵，附在旁人身上，资以邪慧，使能讲经说法。这人并不知是着了魔，也自称证得无上涅槃圣果，到贪求知见的善男子处，敷座说法。这人于说法处，会无缘无故得大宝珠。这魔有时化为畜生，口中衔珠及各色珍宝，或简册符牍之类的奇异物品，先送给那着魔的人，而后附着其体。或为诱惑听法的人，诈现宝珠，藏于地下，而后故意示人，说地下有夜明珠，照耀该处，验之果然，使听众感到这是从未见过的奇事。因受魔力的支持，多食药草，不食人间烟火，有时静坐，每日只吃一麻一麦，反而身体肥胖，血气旺盛。他诽谤比丘，不修苦行，责骂徒众，饱食终日，也不怕别人讥讽嫌厌。常说哪里有宝藏，何地是圣贤隐居之处。若跟着他走，也往往能见到奇异的人。这是山林、土地、城隍、川岳等鬼神，年老成魔，或宣说淫秽，破佛戒律，与侍奉他的人，暗行五欲，或有表示精进，纯食草木，行为不一，无非欲恼乱这修行的善男子，见定心既破，目的已达，就会满足地离去。这曾着魔的人与他的徒众，因妖言邪行，当难逃王法的惩罚。

"你应当事先察觉，知道是魔，不为所惑，就不会堕入轮回；若迷惑不知，受它恼乱，失却禅定，必堕无间地狱。

"又善男子，受阴既尽，心离形体，作用自在，见闻无碍，不再被受阴的邪虑所惑，圆通妙定，得以发明，于三摩提中，心中忽生贪求神通的意念，喜欢菩萨的种种神通变化，因此研究变化缘由，贪求神通力用。这时天魔见有机可乘，立即飞遣精灵，附在旁人身上，资以邪慧，使能讲经说法。这人也实在不知是着了魔，亦自称证得无上涅槃圣果，到那贪求神通的善男子处，敷座说法。这着魔的人故意示现神通，有时一手执大火炬，一手撮取火光，分别置于四众头上，使所有听众的头顶上都有数尺高的火光，但并不觉热，也不会焚烧头发；或在水上行走，如履平地；或悬空安坐不动；或入瓶内；或处囊中；穿墙透壁，毫无障碍。惟怕见刀枪，因虽有神通，但欲念全在，身见犹存，怕受伤害的缘故。这人自称是佛，但身着白衣，受比丘礼拜。诽谤修禅行者，自命能顿超生死，讥谤持律为小乘，责骂徒众，故示无私，揭人隐私，表示正直，也不怕别人讥嫌憎厌。常说神通自在，有时使人亲见其他佛土，这不过假鬼神魔力，以迷惑人，当然不会是真的。

"又赞扬男女淫行，说就是这令法身常住不绝。以粗鄙污秽的事，作为传法。这是天地间的大力精、山精、海精、风精、河精、土精，一切草木积劫精魅，或者是龙魅，或寿终的仙人，再活为魅，或仙期已终，计年应死，形骸不化，为他怪所附，年老成魔，专来恼乱这修行人，今见定心既破，目的已达，就会满足而离去。这曾经着魔的人和他的徒众，因妖言邪说，惑乱人心，当难逃王法的惩罚。

"你应当事先察觉，知道是魔，方不受惑，自不会堕入轮回；若迷惑不知，受它恼乱，失却禅定，必堕无间地狱。

"又善男子，受阴既尽，心离形体，作用自在，见闻无碍，不再被受阴的邪虑所迷惑，圆通妙定，得以发明，于三摩提中，忽然产生爱入寂灭的心念，研究万物变化的体性，贪最深的空寂，不但希求身境俱空，并想存没自在。这时天魔见有机可乘，立即飞遣精灵，附在旁人身上，资以邪慧，使能讲经说法。这人始终不知是着了魔，也自称证得无上涅槃圣果，到那贪求空寂的善男子处，敷座说法。在大众当中，忽然形体消失，大家都空无所见。复又从空中，突然现形，存没自在，有时身体透明如琉璃，有时垂手足，发出栴檀香气，或变大小便如冰糖，炫异惑众，诽谤戒律，轻视出家人。

"常常宣称没有因果报应，一死就永远消灭，并没有再转生的后身，也没什么凡圣迷悟的分别。虽然以断灭为得空寂，但仍暗行贪欲事，凡信受他的教诲，而行贪欲事，也得空心魔力的摄持，否定因果。这是日月薄蚀精气，金玉芝草、麟凤龟鹤之类，经千万年，不死为灵，出生国土，年老成魔，专来恼乱修行人，今见定心既破，目的已达，就会满足地离人体而去。这曾着魔的人与他的徒众，以炫异惑众，扰乱社会，当难逃王法的惩罚。

"你应当事先察觉，知道是魔，方不受它惑乱，自不入轮回；若是迷惑不知，受它恼乱，失却禅定，必堕无间地狱。

"又善男子，受阴既尽，心离形体，作用自在，见闻无碍，不再被受阴邪虑所迷惑，圆通妙定，得以发明，于三摩提中，忽然生起喜爱长寿的心念，于是辛勤地研究幾微，贪求长生不老，舍弃三界以内有形的分段生死，希望立刻获得变易的生死。这时天魔见有机可乘，立即飞遣精灵，附在旁人身上，资以邪慧，使能讲经说法。这人根本不知是着了魔，也自称已证得无上涅槃圣果，到那贪求长生的善男子处，敷座说法。好言往还他方，来去无踪；或去万里之外，眨眼之间，就可归来，并可取回信物，以作证明；或在某处的宅舍中，不过数步距离，使人从东至西，这人急步行走，经年也走不到，行远若近，视近如远，因此使人信从，疑他是佛陀降世。

"他又常说：'十方一切众生，都是我的儿子，诸佛也是我所生，世界是我所造，我是最初的佛，先世界生，自然出世，也不是因修才证得。'这是自在天魔，使他的眷属，如役使鬼（又名嫉妒女）及属四天王统辖的啖精气鬼等，尚没有发心护法的，乘那修行人定心虚明之际，助发他的邪慧，以吸取他的精气。或不须借重着魔的人以为师，这修行人亦可亲自见到魔王现身，口称善金刚坚固之术，可使长生，然后现美女身，诱他行淫，朝夕无度，不要一年半载，必然肝脑枯竭。常自言自语，实在是与魔共语，别人不知不见罢了。任凭妖魔摆布，那些听众，也不知这着魔的人是因妖魔附体，一旦妖魔离体而去，多难免受王法的惩罚，但没有到接受刑罚的时候，早已精竭力尽而死，那恼乱修行人的着魔者，也因枯竭而至殒命。

"你应当事先察觉，知道是魔，方不会堕入轮回；若迷惑不知，必堕无间地狱。

"阿难！你当知道，这十种魔，将来在末法时代，于我佛法中，出家修道，或附在别人身上，或亲自现形，都自言已成正遍知的佛果，赞扬淫怒痴，就是戒定慧，破坏佛制禁戒律仪，如前说的十种着魔的人与他的徒众，以淫淫相传，遗害后世。这等邪妖精灵，迷魅心腑，世人不察，陷入魔网，近则于佛灭后九百年，多则三千年后，那时去圣已远，人的根机浅薄，原欲真实修行，反会成为魔业，总为魔王眷属，命终之后，必为魔民，亡失正遍知的佛性，而堕入无间地狱。

"你现在不须先取寂灭，纵然得证无学道果，还是要发愿留在人间，于末法时代，起大慈大悲的救度纯正之心，深信众生，皆具佛性，使他们真修正定，慧眼圆明而不着魔，而得正知正见。我现在已度你出生死苦海，你若能依我的嘱咐，传示末法众生，就是真报佛恩了。

"阿难！以上所说的十种禅那魔境，都是观照力与妄想交战于心中，互为胜负所致。妄想胜于观照时，就会出现这些魔境。众生顽迷无知，不自思量，逢这等境相，迷不自识，自认已登圣境，成大妄语，致堕无间地狱。

"你们必须谨记如来的教诲，在我灭度之后，传示末法时代的众生，使普遍明白这些道理，不要令天魔有机可乘，要保持他们的真心，庇护他的禅定，使成无上正等正觉的圣道。

10　卷十

邪与正的辨识

"阿难！那超越想阴十种魔境的善男子，仍不弃本修，常住性定，想阴既破，这人平常，梦想消灭，寤寐常是一样，本觉妙明的真心，没有颠倒妄想的扰乱，清虚寂静，宛如万里晴空，再没有粗相的前尘影事现前。观一切世间的山河大地，如镜照物，物来即现，物过随空，正照物时既不粘着，物过自然了无痕迹，只是虚照虚应，根本不会留下旧时习气，惟一识精真体，湛然独存，一切生灭现象的根源，从此显露。这时已能见到十二类众生的生灭。虽没有通达十二类众生各各受命的来龙去脉，但已见共同的生灭根基，好像阳炎熠熠，乍明还灭，闪烁不停，扰乱清虚的湛澄，为浮尘四根流转变迁的枢纽，这就名为行阴区宇。

"若这清扰熠熠的性体，归于平静无波的识海；一入原本澄静的识海，就永绝行阴的粗重习气，如波澜平息，化为澄澈平静的止水，这是行阴灭尽的境相，到此就能超越众生浊，再回观行阴的由来，方知是以幽微隐密的妄想为根本。

"阿难！你应当知道，这得正知奢摩他（正定）中的诸善男子，正心凝然不动，觉照常明，前说的十类天魔，无可乘的机会，方得精研究究十二类众生的生灭根本，于本类中的生灭根源，得以显现。观彼行阴，幽微轻清，不像想阴那样的明显重浊。遍十二类众生，皆以这行阴迁流的微细动相为扰动的根源，以这样观察的结果，误执为胜性，不知尚有不扰不动的真如本性在，因此妄起计度，忘却本修，以致堕入外道的二种无因论中：第一，这人误认行阴迁流的微细动相为生灭的本源，执为胜性。不知这不过是行阴显现，尚没有到行阴尽的时刻，况行阴尽后，还有识阴，须待识阴尽后，方是本觉。这人竟认定这行阴为生灭的原始，根本是无因而起。为什么会产生这种见解呢？因为这人既见行阴完全显露，乘于清净眼根的八百功德，以所见的最高极限，只能见到八万劫以内，所有众生，业行迁流，转弯回环，这里死，那里生。因此他只见众生，随着业行迁流，生生死死，总在这八万劫之内，轮回不息，对于八万劫以外，如黑漆一片，茫然无所见。由于邪计揣度，认定这八万劫以内的种种，是无因而自有，以致亡失正遍知，堕落外道邪见论中，惑乱菩提正觉的自性。

"第二，这人以过去而例未来，见末也无因，什么缘故呢？是人既见众生于八万劫前本来没有根，乃无因而有。如是妄想转计，成为自然外道，知人自然生人，悟鸟自然生鸟，乌从来自然是黑色，鹄本来自然是白色。人与天人，本自竖立而行，畜生本来横着而走，白既不是因洗涤而白，黑也不是因染造而黑，一切都是自然如此，八万劫以来，没有改变与移易。从今以后，尽未来际，当然仍是如此。而我于八万劫前，本来不见十二类众生从菩提性起，怎么能说众生于劫后有成菩提道果的事？当知现在一切物象，皆本无因而自有。由于这样邪知妄计，致亡失正遍知，堕落于外道恶见之中，惑乱菩提正觉自性。于是创立无因论，这就是第一种外道。

"阿难！这三摩提中，定慧均等的诸善男子，正心凝然不动，明照不惑，魔无机可乘，于是欲穷究十二类众生生灭变化的根本。观察那行阴幽微轻清的相状，却见不到微细的迁流，误以这本不是周遍圆满、湛然常存的境相，妄自计度以为圆常，这人即堕入四种遍常论的邪见中：

"第一，这人欲穷究内心外境的本源之性到底自何而起，然于心境二处，所见不远，仅能见到二万劫内，皆是无因自有，于二万劫外，茫然无所见。因为所穷究的对象，粗略而偏狭，所以见量有限，这样修习，只能知道二万劫中，十方众生的生灭变化，皆是循环相续，从不曾散失，遂妄计以为遍皆常存不灭。这是第一种邪见遍常论。

"第二，这人乘着心开境现，见森罗万物，皆由地、水、风、火四大和合而成，所以立意穷其底蕴，究极本源，却见四大的体性，本来常住，依此修习，能知道四万劫中，十方所有众生，虽有生灭，而四大的体性常存不灭，从不曾散失，于是妄计以为常。这是第二种邪见遍常论。

"第三，这人乘着心开的见地，欲穷究眼、耳、鼻、舌、身、意六识以及第七末那识、第八执受识，将这八识的心、七识的意、前六识的意识等，各自开始有生灭的源头处，而不知自己尚被行阴所遮盖，仅能见及行阴区宇之内，限于第七识，而不能达到第八的执受识，却自以为它们的性体是常存不变，故依之修习，所以至多能知八万劫中的一切众生，死此生彼，于十二类中，循环不息，而八识中，不会少却一个，各各识性，本自常存，于是妄计这生灭的根源为常住性。这是第三种邪见遍常论。

"第四，这人既然穷尽了想阴的缘由，当然没有再生的道理。想阴既破，动相已绝，流止运转的生灭想心，现在已由定力而永远灭除，那么不生不灭的理体，自然属于行阴。于是妄以生灭为不生灭，不再穷研谛观，依据妄心的揣度，便以为这是真常。这是第四种邪见遍常论。

"由这本不是遍圆而妄认为是遍圆，本非真常而妄立为真常，以致失却正遍知觉，而落入外道的邪知邪觉中，惑乱菩提正觉自性。这就是第二种外道所创立的圆常论。

"又三摩提中的诸善男子，定力更深，坚贞凝然，正心朗照，于前想阴各境，不起爱欲，使天魔外道，无机可乘，所以破想阴而行阴现前，得以穷究十二类众生的生灭本源。观那幽微轻清、常扰动源之相，于自而身心，他而众生国土，妄起邪妄分别计度，这人就会堕入四种颠倒见中，生一部分是无常，一部分是常恒的谬论。

"第一，这人误认行阴幽清扰动的境相，为本自妙明的真心，以为周遍十方世界，因不见那幽微的扰动，惑为究竟湛然，名为神我。由是妄计这神我，遍满十方，凝然朗照，一切众生，在我的心中，自生自死，而我的心性，寂然不动，没有生灭，名之为常，那有生有灭的众生，才真没有常性。

"第二，这人既已误认自心是常，当不再于定中观自心，而以相似通力，遍观十方世界恒河沙数国土，成坏不一。见劫坏处，妄计为究竟的无常种性；见劫不坏处，名为究竟真常。

"第三，这人不观其他，独个别的观察自心，见这心精细微密，有如微尘的难以察觉，虽依此起惑、造业、受报，流转于十方世界，但体性没有丝毫移易改变。心为身主，能使身有生灭。这没有移易的心性，名我性常；一切有生死的身体，从我而产生，名为没有常性。

"第四，这人既知想阴业已破除，见行阴现前，因行阴相状，幽清轻扰，本亦无常，但因不易见其迁流，于是妄计以为常性；色、受、想等阴，现在既已灭尽，乃名为没有常性。

"由于这种虚妄计度虽有自他依正的所执不同，总不出一分是常，一分是无常的立论原则，故堕落于外道的邪见论中，惑乱菩提自性。这就是第三种外道创立的一部分是常恒的谬论。

"又三摩提中的诸善男子，定力坚贞，正心朗照，凝然不动，天魔外道，无机可乘，得以穷究十二类众生的生灭根本。但观现前行阴幽清常扰动源的相状，于三际、见闻、人我、生灭等四种分位中，若妄生计度，这人就会堕入外道的四种有边论中。

"第一，这人既误认行阴为十二类众生的生灭根源，而现在业用迁流，循环不息，计过去已灭，未来的尚没有来，名为有边。妄计这生灭相续心，从没有间断，名为无边。

"第二，这人以定力观八万劫内，才见众生，生而灭，灭而生，轮回不息。于八万劫前，就寂然不闻不见，于是以那见闻都不能及之处，黑漆一片，渺无涯际，名为无边。以八万劫内，有众生生灭之处，名为有边。

"第三，这人妄认自己为神我，众生皆在我的心中，我能遍知一切众生，我已得无边的知性。彼一切人性，现在我知之中，惟有我的知能知彼，却不知道彼人的知性亦能知我，因此名彼不得无边的知心，但能自知，而有边性。

"第四，这人以定力，穷究行阴，欲求灭除，但在定时，觉行阴已灭，出定又生。于是以在行阴中所见的心路历程筹度，谬以为一切众生，于一身之中，都是半生半灭；又以偏概全，认为世界上所有一切，皆是一半有边，一半无边。

"由于这种妄计有边无边，致堕落于外道之中，迷惑菩提自性。这就是为第四种外道所创立的有边论。

　　"又三摩提中的诸善男子，定力坚贞，正心朗照，凝然不动，天魔外道，无机可乘，得以穷究十二类众生生灭变化的根本。当观察那幽清常恒扰动的根源时，若于定心中的所知所见，妄起计较，这人必堕入四种颠倒邪见中。如有外道以无想天为不死天，若一生不乱答人语，死后当可生无想天。因求长生不死天，故作神秘乱语，遍计虚论。

　　"第一，这人观察当前行阴的境相，认为是变化的根源，因见其有变迁，于是名之为变。又见虽有变迁，但前后相续不绝，从没有间断，因此就叫作恒。在八万劫以内，凡见所能及的，好像是众生的生处，因名为生。八万劫以外，凡见所不及之处，似众生灭，因名为灭。前后所以能够相续，中间必另有一使两者联系不断的体性存在，因这人不知行阴之外有识阴，但见其性不断，好像断续之间多出一样东西来，故名之为增。正当相续的时候，中间必有间隙之处，又必有所缺，即名之为减。观众生各个的生处，以生为有，就名之为有。见互互亡处，名之为无。虽然都是依行阴之理而行观察，但以行者用心不同，所见有别，终究没有正知正见。如果有求法的人询问修证的义趣，就答以两可之语，如说我现在亦生亦灭，亦有亦无，亦增亦减，不论什么时候，总是乱说一通，使来问法的人不可捉摸，两可之语，不知到底何者为正。

"第二，这人仔细观察行阴当前的心，互互无处，惑于一切法，皆是由无而生。如有人来问，只答一无字，除了无字外，什么也不说了。

"第三，这人细察行阴当前的心，各各生处，名之为有，因而悟得念生后必有灭相，灭后必有生相，由是证知一切皆有。如有人来问，只答一是字，除是字外，什么也不说了。

"第四，这人观察行阴，有无皆见，既见心念生处，又见心念灭处，所见的境相如木分两枝，心中自亦难以肯定谁是谁非。如有人来问，只好说亦有就是亦无，亦无之中，不是亦有，一切矫乱，无法追根究底。

"由于矫乱虚无的计度，堕落外道之中，迷惑菩提本性。这就名为第五种外道，四颠倒性、不死矫乱的遍计虚论。

"又三摩提中的诸善男子，定力坚贞，正心朗照，凝然不动，天魔外道，无机可乘，得以穷究十二类众生生灭的根本。观行阴幽清常扰的境相，相续不绝，迁流不息，于是妄计行阴，为诸动的根本。认为色、受、想三阴，虽现在已灭，将来必生，以致堕入死后有相，因而发心颠倒；或自固执这身体，百般养护，说地、水、火、风四大色，皆是我；或见我圆融，遍含十方国土，说四大色皆在我中；或见眼前之色，皆随我回旋往返，说色属我；或复见我于行阴之中，迁流相续，说我在色中。总之，皆妄自计度，说为死后有相存在，这样色、受、想、行，辗转循环，共有十六种相状。

"从此推演计度，菩提、烦恼理亦相同，那么烦恼永远是烦恼，菩提永远是菩提，决没有更改，而真妄两性，并驾齐驱，并行不悖，各各不相抵触。因为妄计死后有相，所以堕落外道的邪见海中，迷惑了菩提本性。这就名为第六种外道，创立五阴中死后有相、由心颠倒的邪论。

"又三摩提中的诸善男子，定力坚定，正心朗照，凝然不动，使天魔无机可乘，得以穷究十二类众生生灭的根本。观察当境的行阴，见前色、受、想三阴已灭，不复存在，乃先有而后无。于是妄自计度，例如当境的行阴，将来亦当灭，因想到死后，终归断灭，这人必堕入死后无相。以用心颠倒，见色灭，想到形因色有，没有色自不成形；观察想灭，心失所系；悟受灭，色想就没有了连缀。色、受、想三阴的性体既皆消散，纵有当前行阴的生理，若没有受、想，就没有知觉，与草木何异？是行亦灭了。

"今在定中，见四阴现在，尚皆无相可得，何况死后，哪里还会有诸相状？准此证验，死后的阴相，一定是没有的，这样循环推究，每一阴生前死后，皆是无相，色、受、想、行四阴，共有八种无相。

　　"由此推演计度，涅槃、因果、世间法、出世间法一切皆空，不过徒有虚名，并无实质，终究都归于断灭。因为妄自计度死后是无相，所以堕落于外道邪见之中，迷惑了菩提本性。这就名为第七种外道，立五阴中，死后无相，这是由用心颠倒的邪论。

　　"又三摩提中的诸善男子，定力坚贞，正心朗照，凝然不动，使天魔外道无机可乘，得以穷究十二类众生生灭的根本。观察幽清常扰的境相，区宇宛然，见前之色、受、想三阴已灭，体相全空，因此于存就妄计为有，于灭即妄计为无，自体相破，这人就堕入死后俱非，而起颠倒的谬论了。

　　"从色、受、想中看，见行阴的有，亦同灭而非有；由行阴的迁流内，看前三阴的无，亦就同有而不是无了。这样循环推究，穷尽色、受、想、行四阴的界限，有无俱非，有八俱非相，任举一阴为所缘，皆可说死后非有相，非无相。

　　"因为由是推演妄计，万法的性体，统皆变迁淆讹，有既非有，无亦不是无，于是心发通悟，增广邪见邪解，有无俱非，虚实失措。因为妄自计度死后四阴有无俱非，并没有明确的正当理论基础，有无皆无可说的，致堕落于外道之中，迷惑菩提本性。这就名为第八种外道，立五阴中，死后俱非，这是由颠倒心妄计以立论。

"又三摩提中的诸善男子，定力坚贞，正心朗照，凝然不动，使天魔无机可乘，得以穷究十二类众生生灭的根本。观察行阴幽清常恒扰动的根源，见行阴念念灭处，名后后无，若由此妄生计度，这人就会堕入外道的七断灭论。或妄计欲界人天的身灭，或初禅天的欲尽灭，或二禅天的苦尽灭，或三禅天的极乐灭，或四禅四空的极舍灭。这样循环推究，穷尽四洲、六欲、初禅、二禅、三禅、四禅、四空七际，现前的终要消灭，灭后必不再生。因此妄自计度，死后必归断灭，堕落外道之中，迷失菩提本性。这就名为第九种外道，立五阴中，死后断灭，这是由心颠倒的邪论。

"又三摩提中的诸善男子，定力坚贞，正心朗照，凝然不动，使天魔无机可乘，得以穷究十二类众生生灭的根本。观察那行阴幽清常恒扰动的根源，念念迁流，相续无间，因为无间，后必是有，若于这有上妄生计度，这人必堕外道的五种涅槃论。

"有的以欲界各天为正转生死作可依的涅槃。因想阴既破，初得天眼，普观天光，见圆满明照，超过日月，清净庄严，远离人间秽浊，于是心生爱慕，认为现在就是涅槃真境。或以初禅天苦恼不能侵逼，妄计现证涅槃。或以二禅天心绝忧愁，妄计为现证涅槃。有的以三禅天获极喜悦，得大随顺，妄计为现证涅槃。有的因四禅天舍念清净，苦乐两亡，三灾所不能坏，性无生灭，就妄计以为现证涅槃。

"迷昧无智，以有漏的诸天，误作无为的涅槃解释，认上说五天为安稳处，乃最胜清净之所依，这样循环观察，五处皆是无上的究竟极果。

"由于这样妄自计度，五处皆现证涅槃，受寂灭妙乐，因而堕落外道邪见中，迷惑菩提本性。这就名为第十种外道，立五阴中，五现涅槃，这是由颠倒心妄计以立论。

"阿难！以上所说，十种禅那狂妄知解，皆是因行阴现前的时候，欲以定慧力，断除妄惑，趣向真常，于真妄交攻，互为胜负，故出现这些邪悟。众生顽迷，不自思揣度量我是何根器，逢到这种悟境出现，以迷妄为解悟，自称已登圣位，构成大妄语业，必堕无间地狱。

"你们必须将如来这些话，在我灭度以后，转告末法时代的众生，使普遍觉察，彻底明白这些道理，不要使心魔自造深重魔业，当保持他们的禅定，庇护他们的进修，消弭他们的邪见。使他们身心开显，觉悟真心实义，于求无上佛道途中，不走迂回歧路，枉费精神，不使他们心中有所祈求，以得少为满足，你们当作大觉王的清净明确指标。

"阿难！那修三摩提的善男子，若行阴已尽，一切世间的十二类众生共同所依生灭的根源、幽清扰动的行阴相状，就会忽然消散；这是众生取趣受生的枢纽，沉隐难见，微细难指，随业受报的深潜脉络。现在行阴既尽，补特伽罗（中阴身）亦随之而止。于是诸类无感，八识无应，因亡果丧，不再受生。

"众生的涅槃性，从前为色、受、想、行、识等五阴所遮盖，如处长夜，一片黑暗，功行到此，涅槃性天，将大放光明，就像鸡鸣三更，已见东方晓色乍露，曙光初升，这时眼、耳、鼻、舌、身、意等六根，虚明寂静，不再随着六尘境界，奔驰放逸，内根外尘，融而成一湛然光明之境，内不见根，外不见尘，到此已入无所入。根尘既然两皆消亡，业识自然显露，所以深切明了，十二类众生各自受命的缘由，不再像在行阴阶段中，没有通达各各受命的由来。现在既然观知受命的由来，必能坚守受生的原本，使不放逸，于是十二类众生皆不再互相感召，牵引受生，于十方有情界，已得其同。不过这只是开始见佛的境界，如见东方晓色，但已不再为四阴所沉没，可发现幽微隐秘之物，惟不若丽日当空，见处清晰明白，似有一层薄雾遮障，这就名为识阴区宇。

"若于群类不再互相感召，而获得同中的识元，更以金刚智慧之力，消磨六根门户的局限，使合而成一，开又成六，开合自由，眼与耳等六根，如邻舍的相通，可以相互为用，如眼也能闻，耳也能见，鼻尝舌嗅，识触身知，了无障碍。十方世界与自身心，如晶莹无疵的琉璃，内根外境，浑然圆融，清净明彻，这就是识阴已尽的境相。受命之浊，本依于识阴，识阴若尽，这人就能超越命浊。观察识阴的来由，原是罔象虚无，颠倒思想以为根本。

"阿难！你当知道，这修习圆通妙定的善男子，已能穷尽有生灭的行阴，归还识海的本位，幽清常扰的相状，趋于澄静，是生灭虽灭，但于不生不灭的寂灭精妙一边，尚没有圆成，仍有微细注流的生灭存在，这是行阴灭、识阴已现的景象。

"这时已能使自身的六根，隔碍销熔，自由开合，相互为用。也能与十方各类众生，同一见闻觉知。觉知既已通同吻合，所以能入圆元的识阴。若以所入的圆元，妄立为真常的实境，谬执为究竟安稳的归依处，作殊胜的极果解。是人就堕入有能因与所因的谬执中，如外道的妄立一真常境，以本不能归依的幻境，而谬执为能依的心，所依的境。这与黄发外道妄立冥谛为究竟归依处一样，而成了他们的伴侣，迷失菩提佛果，失却了因地妙心的正知正见。这是识阴中第一种邪境，立所得心，成所归果，去本修的圆通妙定日远，与涅槃城背道而驰，反入生死途，生外道种族。

"阿难！又善男子，已穷尽有生灭的行阴，是生灭虽灭，但于不生不灭的寂灭精妙一边，尚没有圆成，这原是识阴显露的景象。若将这所证的境界，揽为自体，认为尽虚空界，十二类的所有众生，都是由我身中的识体一类流出，妄作胜果解，必以为能生一切众生，一切众生不能生我，致堕能与非能的谬执中。如大自在天主，自以为亡身，能现无边众生身，而成了他的伴侣，迷失菩提佛果，失却因地正知正见的妙心。这是识阴第二种邪境，立能为的因心，成事相的实果，离本修的圆通妙定日远，与涅槃城背道而驰，反入生死途，生大慢天我遍圆种族。

"又善男子，穷尽有生灭的行阴，识阴现前，生灭虽灭，但于不生不灭的精妙一边，尚没有圆成，这原是识阴显露的景象。若误认当前所证的境界为所归之处，自疑身心，皆从它流出，十方虚空，都由它产生，就于这生起流出处，妄计为真常身，作无生灭解。不知识阴，乃真妄和合，名和合识，必破和合识，灭相续心，才是常住真心。现在识阴尚没有尽，妄计以为常住，不但惑于不生不灭的真常，亦迷失生灭的识阴，沉迷于当境，生最胜的极果解。谬以识阴为常住，我及万法，皆为非常。这人就堕入这常与非常的邪执。如自在天，妄计自己为产生万物基因，而成了他的伴侣，迷失菩提佛果，亡失因地正知正见的妙心。这是识阴第三种邪境，立因依心，成妄计果，去本修的圆通妙定日远，与涅槃城背道而驰，反入生死途，生倒圆种族。

"又善男子，穷尽生灭的行阴，识阴现前，生灭虽灭，但不生不灭的寂灭精妙一边，尚没有圆成，这原是识阴显露的景象。若于所观的识阴，见它的知性，无处不遍，无境不圆，由此妄立知解，认为万物皆由一知性产生。人与物既同出一源，十方草木，当然与人无异，皆当称为有情。草木为人，人死还为草木，不分有情无情，遍皆有知。若妄作这样的殊胜解释，认定本没有知觉的无情之物为有知，这人就堕入知而实无知的邪执中。如婆吒霰尼外道，执一切觉相同，成了他们的伴侣，迷失菩提佛果，亡失因地正知正见的妙心。这是识阴第四种邪境，计圆知心，成虚谬果，去圆通妙定日远，与涅槃城背道而驰，反入生死途，生倒知的种族。

"又善男子，穷尽有生灭的行阴，识阴现前，生灭虽灭，但于不生不灭的寂灭精妙一边，尚没有圆成。若以当前的六根圆融相互为用，没有阻碍之中，已能随意，便于这圆融的变化的理上，妄生计度，以为一切万象，皆是由四大产生，误认四大为常住不变，于是背自性的性火，乐求外火的光明，乐水的清净，爱风的周遍流动，观大地的成就等等，各随己执，崇拜事奉，以这四大尘，为产生一切万法的根本原因，而妄作常住解，这人就会堕入生、无生的谬执中。四大本不是能生，妄以为是万法的能生者。如诸迦叶波及婆罗门，或诚心以身事火，或崇拜水，希望求得脱离生死的圣果，而成了他们的伴侣，迷失菩提佛果，丧失因地正知正见的妙心。这是行阴第五种谬执，崇事邪业，迷于一真灵觉的本心，依四大无知之物，立虚妄的求因，妄求获得实果，错乱修习，离圆通妙定日远，与涅槃城背道而驰。不知心本化源，识为化种，四大本不是能化能生，谬认为是能化为生，因果皆妄，颠倒化理，致入生死途，生颠化种族。

"又善男子，穷尽生灭的行阴，识阴现前，生灭虽灭，但于不生不灭的寂灭精妙一边，尚没有圆成。若于当前圆明的识阴境相，妄计明中虚无，为究竟的体性，欲毁灭群尘所化的根身国土，以永灭群尘化生所依的空，为究竟的归依托迹处，舍弃本修不再前进；不知这仍是虚而不实的境界，却作究竟可依的实境解，这人就会堕归、无归的谬执，以本不是归依之处，为实在的归依之处。如无想天中的天众，成了他们的伴侣，迷失菩提佛果，丧失了因地正知正见的妙心。这是识阴第六种邪境，以圆明中的虚无心为因，成就空亡果，离圆通妙定日远，与涅槃城背道而驰，反入生死途，生断灭种族。

"又善男子，穷尽生灭的行阴，识阴现前，生灭虽灭，但于不生不灭的寂灭精妙一边，尚没有圆成。若对识阴精明的体性，湛然而不摇动，就妄计以为是圆满常住，因见识阴为一身之主，自可使这身体坚固常存，同识精一样圆明，长生不死，妄作这样殊胜解，这人就堕贪、非贪执。妄想贪求长生，而实在是无可贪着的，如那些长寿仙人勤求长生一样，成了他们的伴侣，迷失菩提佛果，丧失因地正知正见的妙心。这是行阴第七种邪境，执着识阴为受命的根源，于是立坚固色身的妄因，趣向长恋尘劳的果报，而不再求解脱，舍弃本修，离圆通妙定日远，与涅槃城背道而驰，反入生死途，生妄想延长寿命的寿仙种族。

"又善男子，穷尽生灭的行阴，识阴现前，生灭虽灭，但于不生不灭的寂灭精妙一边，尚没有圆成。若因见受命的主由乃是识阴，与各类众生，觉性互通，一切尘劳，皆与命元有关，尘在命就在，尘亡命就亡，于是妄想留住尘劳，恐尘劳销尽，命亦随着断绝。便于这时坐庄严香洁的莲花宫，广化七珍至宝，多增名媛美女，纵情声色，以无常的声色之乐，作真常的妙乐胜解，这人就堕入真、无真的谬执中。妄执业识的命元为真常，而实非真常。就像咤枳迦罗（天魔）一样，自以为变化欲境，成了他们的伴侣，迷失菩提佛果，丧失因地正知正见的妙心。这是识阴第八种邪境，以邪思纵欲为因心，以炽盛的尘劳为果觉，离圆通妙定日远，与涅槃城背道而驰，不断欲而修禅，终落魔道，生天魔种族。

　　"又善男子，穷尽生灭的行阴，识阴现前，生灭虽灭，但于不生不灭的精妙一边，尚没有圆成。若于明白各自受命的由来，知识阴普遍包容一切有漏与无漏的种子，为凡、圣的所共依，因而分别圣位精，凡位粗，条疏抉择，认圣道为真，外道为伪，以为世间法与出世法皆依因感果，自相酬答，急欲舍伪从真，惟求真修实证，以致背弃一乘实相的清净道。所谓见苦而断集，为证寂灭而修道，停留于寂灭的化城，作涅槃的胜解，得少为足，以为所作已办，生死已了，不再前进，以求大乘中道，进趣究竟涅槃，这人就会堕入定性声闻，为钝根阿罗汉或四禅天中的无闻比丘。增上慢人成了他的伴侣，迷失菩提佛果，丧失因地正知正见的妙心。这是行阴中第九种境界，虽非邪境，亦仅是圆满的易粗为精、为求感应的因心，成就沉空滞寂而得定性声闻的小果，离圆通的妙定日远，与涅槃城背道而驰，生缠空种族。

"又善男子，穷尽生灭的行阴，识阴现前，生灭虽灭，而于不生不灭的寂灭精妙一边，尚没有圆成。若于六根圆融，清净不染，照见各自受命缘由之时，寂居观化，无师自悟，或以顺逆观察因缘，悟知无性，就以这悟境，作涅槃的胜境解，以为究竟的归依处，安住不前，不再追求真如不动的寂灭场地，这人就会堕入定性辟支佛，或缘觉、独觉小果一类，不肯回小向大，成了他们的伴侣，迷失了菩提佛果，丧失因地正知正见的妙心。这是识阴第十境，以悟境为因心，成就湛明的道果，离圆通妙定日远，与涅槃城背道而驰，生觉圆明而不化圆的种族。

"阿难！这样十种禅那境界，所以中途成狂，或因误入歧路，各起狂解，因执狂解而不自觉，或以得少为足，本没有到寂灭现前境地，就生满足证想，这都是识将破而未破的时候，因用心不纯，妄念与正念交战之际，若妄念胜，就会产生以上各种谬执现象。

"众生愚顽无知，迷昧无识，不自思考揣度，遇到这种境界当前，以各自爱好，加上积劫的习染迷昧心眼，便欣然执着现境，以为是究竟的安心立命处。自以为证得无上菩提圣果，未得言得，未证言证，成大妄语，外道邪魔，所招感有漏的禅定福业若尽，必堕无间地狱。声闻、缘觉虽是无漏禅定所感的圣果，但从此不会再上进，永不能亲证菩提极果。

"你们怀救世的大悲心，秉承如来的圣道，当于我灭度以后，将这种辨别邪魔的法门，传示末法之世，令一切众生，普遍明白这种道理，不要让他们见到魔境，自作沉沦的罪孽。必须保护禅定众生，哀救行人，消灭他们邪见的机缘，使他身心清净，自然而入佛的知见，从始至终，不遭逢歧路。

"这五阴辨邪法门，于过去世恒河沙数劫中，微尘如来都因这法门才心开意解，得成无上佛道。

"当知这识，起于真妄和合，识阴若尽，就成纯真无妄，那么当下就可用六根相互为用。于六根互用中，即能超入菩萨金刚慧，转八识为大圆镜智，转前五识为成所作智，纯净无染的精心，于慧中发起神通变化，运用无碍。慧如晶莹皎洁的琉璃，心似慧中所含的宝月，圆明寂照，周遍法界。这样以至超越十信、十住、十行、十回向，四加行心，菩萨所行的金刚十地而至等觉圆明，由是直入如来妙庄严海，圆满菩提圣道，得证一一契合性真本有，不从外得。

"这是过去世先佛世尊，于奢摩他中，毗婆舍那以始觉智，观察分析，微细难明的魔事。过去诸佛，既然都从分辨魔事，方成正觉，末法行人，也一定不能免。今已详细解说，若魔现前，你必能熟识，为害好像是外魔，着魔实由心起，心中若没有尘垢，自不会堕落邪见网中。既已洗除心中尘垢，阴魔消灭，外在的天魔，自然魂飞胆碎，退避唯恐不速，大力鬼神，亦当丧魄而逃，至于魑魅魍魉一类的小鬼神，更是销声匿迹，不敢再出而扰乱。内外魔绝，故能超越各种圣位，直至无上菩提智果，于一切功德，自然圆满，没有丝毫欠缺，纵然是下劣小乘，也能回小向大，励志进修，不再心中迷惘，而决定趣向大涅槃圣果。

"若是将来末法时代的愚钝众生，没有明白禅那中各种差别境相，不知佛所说的辨魔法要，但又乐于修习耳根三昧，你如果恐怕他不识魔境，误蹈邪见网，当一心劝他，持诵我的佛顶陀罗尼咒，如果不诵，就是书写咒语于禅堂，或佩带于身上，一切妖魔就不能动。你应当恭敬钦承十方如来究竟进修的最后垂范。"

消除五阴妄想法要

阿难听完佛陀的教诲，立即从座位站起来，顶礼承当，对佛陀所说的教法，完全记在心中，没有丝毫忘失，并于大众中再次向佛启请说："我现在尚有三点疑问。第一，如佛所说，五阴相中，如色名坚固，受名虚明，想名融通，行名幽隐，识名虚无等，为什么总名妄想？我们平常未蒙如来微妙的开示，何以五阴皆以妄想为根本。第二，这五阴既然都是以妄想为本，现在欲想破除，是一次同时顿除呢，还是要渐次灭尽？第三，欲破除这五种阴境，须以何处为何阴的界限？

"惟愿如来大慈不倦，一一详为开示，不但为这会中大众清明心目，也好为末世一切众生，做将来入道的正眼。"

佛告阿难："我为什么说五阴皆是以妄想为根本呢？你当知道，精真妙明的本觉真心，本来圆满清净，一念不生，一尘不染；并没有生死的根身，也没有依而生存的尘垢世界，甚至晦昧的虚空，哪里会有五阴的差别相状？这些都是由妄想而产生。推究这妄想的根源，皆是因本觉妙明真精的妙心中，一念随缘，转成妄想，所以才产生一切物质世界的境相，本非实有，而误认为真实的存在，这就和前面所说的演若达多迷失自己本来的头，反认镜中影像为己头一样。

"妄想的产生本没有实在的基因，只是妄想辗转相因，递为种子，乃于妄想中，假立因缘性，这已是方便，并没有真实的意义；何况外道邪见，拨无因果，复又昧于因缘，称五阴为自然性。不知那虚空性，看似不动不坏，实在仍是由幻妄所生，更说什么因缘自然，都不过是众生妄心颠倒分别计度罢了。

"阿难！若能知道妄想所起之处，尚可说妄想因缘；若没有妄想的起处可得，当体全空，那么说妄想因缘，就元无所有了。何况外道连因缘也不知，都谬推为自然，岂不更加虚妄？所以如来为你明白指出，五阴虽有坚固、虚明、融通、幽隐、虚无等差别，但同是妄想以为根本，别无他物。

"例如你现在的身体，先是由父母的爱欲妄想而起，如果你的中阴身没有爱憎的妄想，就不会揽为自体，必须父母与自己，三人的妄想感应和合，才能于这和合妄想中，传续命根。如我前所说的，心想醋味，口中就流酸水，心想站立高处，足心就感觉酸麻，然眼前并没有悬崖，也没有酸物，你的形体，一定不与虚妄通为一类，为什么因谈酸而口出水？因思悬崖而足酸麻？因此你当知道，你现在的色身，名为坚固第一妄想。

"即以上项譬喻来说，因有临高的虚妄想心，就能使你的形体，真正感受酸涩的痛苦，由于想心为因，能扰动色因的形体，真受酸涩的妄境。所以你当前有益的顺境，就是乐受，有损的逆境，就是苦受，现前的苦、乐二受，役使自己的身心。然顺逆皆妄，受阴无体，虚有所明，这就名为虚明第二妄想。

"由于你的想念与思虑，就能役使你的身体；而身属色法，为有形的物体，想念与思虑属心法，无形无相，两者显然不是同一类型。你的身体为什么会受念虑的役使，发生各种作为？心怎么想，形体就怎么做，完全与心念相应。不但如此，且醒时的想法，睡时就会成各种梦境，由于想心不息，摇动妄情，融会色、心二处，通于寤寐两境，这就名为融通第三妄想。

"变化的理体，迁流不停，暗暗推移，隐密难以察知，如指甲渐长，须发渐生，锐气的消失，容颜的改变，日夜不停地在新陈代谢，但从古至今，不曾有一人因此而觉悟。阿难！若说这能念虑的不是你的心，怎么又可使你的形体产生变迁？若说真是你的心，为何又毫无所觉？那么当知是你的行阴，念念不停，幽隐难察，是名幽隐第四妄想。

"又若你这识阴的精明、湛然不动摇处为真常，那么你一身不出见闻觉知等六根，若果是精真，就当纯一不杂，真实而非虚妄，不应再受杂妄的熏息。为何你们从前看见什么奇物，多年以后，本已完全忘记，后来忽然又见到那奇物，却又记忆如新，毫没有遗忘？由此可知，这精明了知、湛然不动摇中，念念受前六识的熏习，从来没有停息，也无法筹量计算。

"阿难！你当知道，这湛然不摇之性，以真熏之就是真，以妄熏之就成妄，决不是真正的真常不动之性。譬如急流的水，远远望去，好像很恬静，因水流太急速，反看不出流动的相状，貌以静止，实在并不是水真没有流动。这识阴若不是前四阴的妄想根源，怎么会受妄染所熏习？这种微细妄想，要到何时才可消灭呢？除非你的六根能够互用，开合自由，这种妄想才能够消灭。所以你现在的见闻觉知中，相互贯穿的习气，虽极几微，但在湛精了别之间，似实而虚，无而似有，这就是罔象虚无，第五颠倒的微细精想。

"阿难！如是观察，这五种受阴，虽有精粗深浅的分别，总是五种妄想所造成，并非真如妙心所本有。

"你现在欲知道因果的深浅，当知有相的色，无相的空，是色阴的边际；根与境相对的触，相背的离，是受阴的边际；有念的记，无念的忘，是想阴的边际；迷位中散心粗行的生相，修位中定心细行的灭相，是行阴的边际；湛入与合湛，归于识阴的边际。

"这五阴的根源，由于一念不觉，致真妄和合而成识，于是有五阴等重叠，次第产生，是知生是从识而起，由细而粗；灭却是要由粗而细，当先灭色。理可以顿悟，一念悟，五重妄想，可同时并消；事相上说，决不能同时并消，须由浅而深渐次断尽。我前已解劫波巾结为喻，详细开示，理应领悟，为何仍不明白这其中道理，又有这种疑问！

"你应当将这妄想的根本缘由，研究得明白透彻，传示将来末法时代的修行人，使他们认识五阴的虚妄，自然对生死产生深切的厌离心，知有涅槃的至乐，不再贪恋尘劳的三界。

"阿难！若是有人以遍满十方所有虚空的七宝，奉献给微尘数之多的佛陀，并一一承事供养，心无虚度。你以为这人施佛的殊胜因缘，得福多不多？"

阿难恭敬地说："虚空无尽，珍宝无边。从前有一人，只布施佛陀七钱，舍报再生，尚且获得转轮王位的福报；何况现在，穷尽虚空，十方国土，皆充满珍宝，以奉施佛陀，就是穷劫思议，尚不能及，这样将来所得的福报，哪里还有边际呢？"

佛告阿难："诸佛如来从来不说虚妄的话。若是有人身犯杀、盗、淫、妄四种重罪及犯大乘十恶重罪，瞬息之间，经历此方他界的阿鼻地狱，乃至历尽十方无间地狱，若在将要堕落之时，能以一念回光返照，顿悟这圆通法门，并发愿于末劫中，开示未学，这人的深重罪障，就会应念消灭，化地狱苦因，成安乐国土，所得福报，超过前说七宝施佛的人百十万倍、千万亿倍，以至无法用算数或譬喻可以说明。

"阿难！若有人能诵读这部经和咒，这人所得的福报，我如果详细地广为宣说，穷劫也说不完的。你们当依我的教诲，如教而行道，当能直成菩提圣果，不会再遇一切魔业。"

佛陀说完这部经后，所有参与法会的比丘、比丘尼、优婆塞、优婆夷，一切世间的天、人、阿修罗，以及他方来的菩萨、二乘无学、圣仙童子，并初发心的大力鬼神等，都满怀欢喜，作礼而去。

后记

　　一个学佛行者，若能真正发菩提心，必得诸佛菩萨加被，龙天护持，这是我学佛以来，坚贞不移的信心。因此，在弘法护教事上，只自问发心真不真，从不及个人的利、害、得、失，于讥、毁、称、誉，也了不介怀，但求随缘随分，尽心竭力而已。惟以障深业重，福薄慧浅，愧于上求下化，两皆一无成就罢了。

　　这次本经的出版，事先毫无计算，也没有估价，就于去年（一九八一年）十月前，已排版十分之八九。原想于十一月刊登预约广告，一月出版，不料印刷厂老板远游美国，无法作正确的估价。待他归来，已是十二月，只有约略评估，以宁可偏低不可偏高，故预约价，除却扣除划拨手续费五元及寄书邮资，所余几已与工本费相等。原希望稍有盈余，俾作再译他经的出版基金，看来是要落空了。不过也有使我增加信心的，刊出预约广告后，竟有这么多位缁素大德，热心助印，有些是素昧平生者，这也是事先不曾想及的。诸方的鼓励，师友的支持，令我非常感动；而预约的踊跃，也为前此出版拙著《雨花集》《红楼梦与禅》《圣僧玄奘大师传》等所不及，且大多是单本预约，而识者极少，一人约二本以上的，不过三五位，应少有纯系存心捧场之雅意，这是值得庆慰与感激的。

本书的校对，内子亚琳，费心不少，至五校时，系由她以念广播词的语调，逐句诵念，若念起来有滞碍之感，就记下以便重新考虑。一月八日晚间八时，我在三楼佛堂静坐，她在座后书案前念诵，约八时半，忽觉满室弥漫浓郁的鲜花清香，似桂若兰，很难说真正是何花香，当时我也没有特别去分辨，去关心，至九时，内子见我放腿，准备下座，才轻声问："你有没有闻到什么？"我说："鲜花香！"她说："你也闻到了？好久了，我怕是自己幻觉，不敢说，也不敢干扰你。"在议论间，仍持续好些时，方由浓而淡，渐至消失。是内子念诵虔诚所感？是天人散花赞叹拙译未乖原义？姑志之，聊作纪念！

出版后记

　　星云大师说："我童年出家的栖霞寺里面，有一座庄严的藏经楼，楼上收藏佛经，楼下是法堂，平常如同圣地一般，戒备森严，不准亲近一步。后来好不容易有机缘进到藏经楼，见到那些经书，大都是木刻本，既没有分段也没有标点，有如天书，当然我是看不懂的。"大师忧心《大藏经》卷帙浩繁，又藏于深山宝刹，平常百姓只能望藏兴叹；藏海无边，文辞古朴，亦让人望文却步。在大师倡导主持下，集合两岸近百位学者，经五年之努力，终于编修了这部多层次、多角度、全面反映佛教文化的白话精华大藏经——《中国佛教经典宝藏》，将佛教深睿的奥义妙法通俗地再现今世，为现代人提供学佛求法的方便途径。

　　完整地引进《中国佛教经典宝藏》是我们的夙愿，

三年来，我们组织了简体字版的编审委员会，编订了详细精当的《编辑手册》，吸收了近二十年来佛学研究的新成果，对整套丛书重新编审编校。需要说明的是此次出版将丛书名更改为《中国佛学经典宝藏》。

佛曰：一旦起心动念，也就有了因果。三年的不懈努力，终于功德圆满。一百三十二册，精校精勘，美轮美奂。翰墨书香，融入经藏智慧；典雅庄严，裹沁着玄妙法门。我们相信，大师与经藏的智慧一定能普应于世，济助众生。

东方出版社

图书在版编目（CIP）数据

大佛顶首楞严经 / 圆香 语译 . —北京：东方出版社，2018.9
（中国佛学经典宝藏）
ISBN 978 - 7 - 5060 - 8572 - 4

Ⅰ . ①大… Ⅱ . ①圆… Ⅲ . ①大乘—佛经②《楞严经》—研究 Ⅳ . ① B942.1

中国版本图书馆 CIP 数据核字（2015）第 267921 号

本书中文简体字版权由上海大觉文化传播有限公司独家授权出版
中文简体字版专有权属东方出版社

大佛顶首楞严经
（DAFO DINGSHOU LENGYANJING）

语 译 者：圆　香
责任编辑：王梦楠
出　　版：东方出版社
发　　行：人民东方出版传媒有限公司
地　　址：北京市西城区北三环中路 6 号
邮　　编：100120
印　　刷：北京明恒达印务有限公司
版　　次：2018 年 9 月第 1 版
印　　次：2022 年 6 月第 5 次印刷
开　　本：880 毫米 × 1230 毫米 1/32
印　　张：12
字　　数：209 千字
书　　号：ISBN 978 - 7 - 5060 - 8572 - 4
定　　价：58.00 元
发行电话：（010）85924663　85924644　85924641